TRAUNER VERLAG
GASTRONOMIE
Bildung, die begeistert!

PETER KIRISCHITZ

SHIT HAPPENS

Kulinarische Höhenflüge statt Kochfiaskos

1. Auflage 2021

Köglstraße 14, 4020 Linz, Austria

Layout und Gestaltung: Bettina Victor, Teresa Foissner

Lektorat und Produktmanagement: Claudia Höglinger

Korrektorat: Mag. Bettina Trauner

Coverfoto: RapidEye/istockphoto.com

Fotografien: Mag. Bernhard Bergmann, Hartberg (www.reportagefotografie.com), stock.adobe.com, shutterstock.com

Herstellung: Gutenberg-Werbering Gesellschaft m.b.H.
Anastasius-Grün-Straße 6
4020 Linz

ISBN: 978-3-99062-440-1

SHIT HAPPENS

Peter Kirischitz

Kulinarische Höhenflüge statt Kochfiaskos

INHALTSVERZEICHNIS

VORSPIEL

Shit ist mit großer Wahrscheinlichkeit der gängigste „Fachausdruck" in der Küche. Er folgt auf kleine Hoppalas oder wirklich große Pannen – ob aus tiefster Verzweiflung, Empörung oder Wut.

Wenn etwas so sicher ist wie das Amen im Gebet, dann ist es der Umstand, dass Speisen meistens misslingen, wenn man besondere Gäste verwöhnen möchte. Zum Albtraum werden Küchenpannen, wenn man vorhat, seinen neuen Schwarm einzukochen – der Horror für jede Hobbyköchin bzw. jeden Hobbykoch!

Dann hört man folgenden Satz: „Es ist nichts geworden!" – Was immer das „Es" auch gewesen sein mag, welches die Speise misslingen lies. Fakt ist jedoch, dass immer du den Fehler gemacht hast. Möglicherweise hast du einen ungeeigneten Fleischteil verwendet, das Spiel mit den Temperaturen vernachlässigt oder einfach Kochtechniken angewandt, die dem Shit die Möglichkeit gegeben haben, dir zu zeigen, wer am Herd das Sagen hat.

Als ehemaliger Kochlehrer an einer Wiener Tourismusschule sah ich nahezu täglich, wie Schülerinnen und Schüler schon an den einfachsten Rezepten scheiterten. Ob Angaben falsch verstanden oder falsch interpretiert wurden, wesentliche Informationen in Rezepten einfach vergessen wurden (auch Kochbücher sind nicht fehlerfrei ...) – Fehler passieren immer wieder und zwar nicht nur beim Kochen. Nicht umsonst hat jede Berufsgruppe eigene Möglichkeiten gefunden, Fehler zu verdecken: Köche verstecken ihre Fehler zumeist unter Saucen, Konditoren unter Glasuren und Ärzte unter der Erde ...

Kann es sein, dass auch dir das eine oder andere Gericht nicht gelingt? Selbst versierte Hobbyköchinnen und -köche sind vor Shits in der Küche nicht gefeit.

„Das steht aber in keinem Kochbuch!" ist ein Standardsatz, den ich nahezu in jedem meiner Kochkurse, die ich für Hobbyköchinnen und -köche leite, zu hören bekomme. Kein Wunder – ein Rezept ist nichts anderes als eine Liste der benötigten Zutaten. Ob die Speise brav, interessant oder gar sensationell wird, hängt jedoch nicht nur davon ab, in welcher Reihenfolge du die Zutaten in den Topf wirfst.

Die Wahl und Qualität der Zutaten sowie das gefühlvolle Spiel mit der Temperatur lassen dem Shit am Herd wenig Chancen. Allerdings lockt ihn das allzu oft fehlende Fingerspitzengefühl wieder hinter dem Herd hervor und hält ihn gesund und munter!

Eines sollte klar sein: Kochen ist vor allem eine große logistische Herausforderung. Wann beginne ich womit? Welche Speisen kann ich ohne Qualitätsverlust warm halten, welche Techniken stehen mir zur Verfügung, damit ich alle Speisen zum richtigen Zeitpunkt fertig habe?

Ich zeige in diesem Buch eine Sammlung der häufigsten Fehler, die tagein, tagaus, am und rund um den Herd passieren. Ebenso gibt es Tipps und Tricks aus der Profiküche, die ich dir nicht vorenthalten möchte.

In diesem Sinne wünsche ich dir gutes Gelingen!

Dein Peter Kirischitz

„SHIT"? „SO!" GELINGT DIR ALLES IN DER KÜCHE

Die von mir beschriebenen Shits habe ich an den Stellen eingefügt, an denen die Missgeschicke meist geschehen.

Die Shits passieren auch bei Rezepten, die in diesem Buch nicht angeführt sind. Wenn du der Meinung bist, dass der Fehler an deinem Rezept liegt, dann habe ich in diesem Buch Rezepte für dich, die hundertprozentig gelingen. Vergiss aber trotzdem nicht, die Shits zum Rezept zu lesen, denn in den seltensten Fällen ist das Rezept schuld.

Ich habe die Fehlerquellen mit großer Sorgfalt ausgewählt. Sollte ich trotzdem dein spezielles Hoppala vergessen haben, kannst du mir ein Mail (shithappens@kirischitz.com) mit der Beschreibung deiner „köchlichen" Sorgen schicken. Ich werde mich bemühen, dieses zu beantworten, sofern du einverstanden bist, dass dein Shit in einem zweiten Band veröffentlicht wird.

Koch-Workshops
Du hast Lust, dich intensiver mit der Materie des Kochens zu beschäftigen? Dann sind meine Koch-Workshops genau das Richtige für dich. Mehr Informationen zu Kursen und Terminen findest du unter www.kochen.wien.

EINIGE TIPPS VORAB

Die Küche als „Labor"

Wie du weißt, ist das ganze Leben Physik und Chemie: Vernachlässigst du die grundlegenden Erkenntnisse, kannst du in der Küche keine großartigen Ergebnisse erwarten. Du brauchst natürlich keine naturwissenschaftlichen Studien zu betreiben, um den Küchengeheimnissen auf die Spur zu kommen. Das Wissen um das Zusammenspiel von Lebensmitteln und Zubereitung hilft dir aber, die Ergebnisse, die am Teller landen, zu optimieren.

Gerade in der Küche feiern falsche Informationen und Aberglaube fröhliche Urstände. Um nur ein Beispiel aus der endlosen Liste der kulinarischen Unwahrheiten zu nennen: Die Fehlinformation, dass Fleisch heiß angebraten werden muss, weil sich dann die Poren schließen und der Saft nicht austreten kann, wird selbst heute noch fleißig unterrichtet. Der „Schönheitsfehler" bei dieser Theorie ist: Fleisch hat keine Poren und der Saft tritt trotzdem aus. Richtig ist: Fleisch muss heiß angebraten werden, damit der Saft schneller verdampfen kann, als er aus dem Fleisch austritt. Dadurch entstehen die begehrten Röstaromen. Eine Erkenntnis, die der Wissenschaftler Harold McGee schon vor 30 Jahren publizierte.

Auch wenn jede Zubereitung auf physikalisch-chemischen Grundlagen basiert, musst du nicht alle Zusammenhänge bis ins kleinste wissenschaftliche Detail studieren. Die Küche ist im Normalfall Labor genug, um falsche Informationen als solche zu erkennen. Allerdings ist es notwendig, in Stein gemeißelte Ansichten immer wieder kritisch zu hinterfragen.

Typisch österreichisch

Die Leser/innen werden feststellen, dass ich typisch österreichische Ausdrücke verwendet habe. Für alle Freunde und Freundinnen aus dem deutschen Nachbarland gibt es auf S. 398 eine Übersetzung dieser Begriffe.

VORWORT VON HELMUT ÖSTERREICHER

In diesem besonderen Kochbuch liest du schon zu Beginn Wörter wie Albtraum, Horror oder Shit. Shit ist leider wirklich ein gängiger Ausdruck in der Küche, aber Gott sei Dank zählt er nicht zu den kochspezifischen Fachausdrücken – dies sei nur gesagt, um die Ehre der Kochzunft wiederherzustellen!

Aber ich weiß natürlich ganz genau, wovon mein Kollege hier schreibt, denn viele der genannten Hoppalas sind sehr real und auch mir nicht fremd. Peter Kirischitz hat sich die Mühe gemacht, zu jedem Rezept die häufigsten Fehler (Shits) und auch deren Vermeidung (So!) herauszuarbeiten. Dank seiner gezielten Hinweise bleiben den aufmerksamen Leserinnen und Lesern viele Rückschläge und somit auch viel Ärger erspart.

In dem Kapitel, wo Peter Kirischitz auf die fachlich richtige Anwendung von Küchenutensilien eingeht, sehe ich ihn im Geiste mit erhobenem Zeigefinger und strengem Blick eines Pädagogen! Und genau dieses konsequente und kompromisslose Qualitätsdenken ist nun mal auch eine wichtige Zutat bei der Umsetzung von Gerichten und eine Eigenschaft, die ich an ihm sehr schätze. Nur ein erfahrener Vollprofi, der in allen Kochbereichen sattelfest ist, kann eine solche Sammlung von „Rückschlägen" zusammenstellen. Peter Kirischitz bringt diese Erfahrung mit. Er hat alle Bereiche der Küche durchwandert – von der klassischen Wiener Küche bis zur Molekularküche ist ihm nichts unbekannt.

Lieber Peter! Ich danke dir für dieses Buch und freue mich, dass viele Leserinnen und Leser nicht dieselben Fehler begehen müssen, die du für uns bereits durchleiden musstest. Ich verrate dir aber nicht, wie oft es mir ebenso ergangen ist, denn ...

Shit happens!

EIN HERZLICHES DANKESCHÖN

Großer Dank gebührt **Dr. Fritz Treiber**, dem Koordinator des Lehrganges „Ernährung, Gesundheit und Konsum" an der Karl-Franzens-Universität in Graz. Er hat sämtliche Texte, die im naturwissenschaftlichen Kontext stehen, nochmals genau kontrolliert.

Meine größte Anerkennung gilt der Frau an meiner Seite, **Petra Mühlbacher.** Petra hat sich in ihrem privaten und beruflichen Umfeld umgehört, wo der sprichwörtliche Schuh beim Kochen am meisten drückt. Vor allem aber hat sie geholfen, meine fachchinesischen Formulierungen in eine alltagstaugliche Sprache zu übersetzen.

Mein Dank geht auch an die Konditorin **Karin Hübler.** Karin hat mir geholfen, die Tricks des Glasierens von Kuchen und Torten sowie die Technik der Schokoladebeschriftung für „Shit Happens" zu optimieren.

Basics

Kochen ist doch ganz einfach, das Problem beginnt erst dann, wenn das Ganze gegessen werden soll!

Damit deine Küchenaktionen nicht kampfsportmäßig anmuten, ist es notwendig, dass du einige grundlegende Basics unfallfrei anwenden kannst.

Ich kenne viele Hobbyköchinnen und Hobbyköche, die atemberaubende Speisen auf den Tisch zaubern und vor denen selbst ein gestandener Koch den sprichwörtlichen Hut zieht. Leider beschränkt sich diese Himmelstür öffnende Qualität oft nur auf ein Repertoire von zehn bis zwanzig Speisen.

Da diese küchenambitionierten Menschen die wesentlichen und sich immer wiederholenden Grundlagen nie gelernt haben, bleibt es bei diesem überschaubaren Repertoire.

Was dir in einem Topf locker von der Hand geht, solltestest du auch in allen anderen Töpfen schaffen. Deshalb habe ich Grundlegendes zusammengefasst, damit du dein Speisenangebot einfach erweitern kannst.

GUTES WERKZEUG MACHT ES LEICHTER

MESSERSCHARF GEGEN DEN SHIT

Scharfe Messer sind der Stolz einer jeden Köchin bzw. eines jeden Koches. Gut abschneiden wirst du jedoch nicht alleine mit der Schärfe der Messer. Ebenso wichtig sind die folgenden Punkte:

Qualität der Messer

Der Fachhandel bietet verschiedene bekannte Marken an, unter denen du bestimmt fündig wirst. Mit billigen Messern kaufst du den Ärger mit. Möglicherweise kannst du mit diesen Messern einen Nagel absägen. Deine erstklassigen Lebensmittel quälst du jedoch nur, wenn du sie mit einem stumpfen Messer bearbeitest und dieses nicht gut in der Hand liegt.

Du musst nicht gleich deinen halben Monatslohn für das Super-Profimesser hinlegen – ein Markenmesser aus hochwertigem Stahl, das gut in der Hand liegt, genügt vollkommen.

Gib dem Messer die Hand

Achte darauf, dass das Messer gut in der Hand liegt – kaufe auf keinen Fall ein Messer, dem du nicht „die Hand geschüttelt" hast.

So wie du die Hand zum Händeschütteln hinhältst, solltest du auch das Messer halten. Das unterschiedliche Empfinden eines Messers in der Hand ist der Grund, warum eine Empfehlung einer bestimmten Marke nicht möglich ist.

Es mutet an wie Harry Potters Zauberstab – jedes Messer sucht sich seine Köchin bzw. seinen Koch aus.

Pflege deine Messer

Dass Messer recht rasch stumpf werden, wenn du sie in den Geschirrspüler gibst, wird für dich nichts Neues sein. Reinige dein Messer nach jedem Arbeitsgang mit warmem Wasser und einem milden Reinigungsmittel.

Halte deine Messer scharf

Ziehe dein Messer nach jedem Kochtag mit dem Wetzstahl ab und zwar immer in die gleiche Richtung.

Einmal im Jahr solltest du deine Messer von einem Profi, wenn möglich von einem gelernten Messerschmied, schleifen lassen. Verwende Messerschärfer, die im Handel für den Haushalt angeboten werden, bitte nur für billige Messer. Wenn du dich für gute Schneidewerkzeuge entschieden hast, lasse die Finger von den eisernen Schärfemachern und überlasse das Schärfen einem Profi. Du wirst es nicht bereuen!

Nur du allein verwendest deine Messer

Du kannst dein Auto, dein Notebook oder dein Motorrad verborgen, nicht aber deinen Lebensmenschen oder gar deine Messer.

Achte auf die Schneidetechnik

Mache nicht den Fehler, den die meisten Hobbyköchinnen und -köche begehen: Messer sind zum Schneiden und nicht zum Drücken oder Quetschen gemacht. Schneiden bedeutet: Ziehe das Messer mit zartem Druck durch die Lebensmittel, die du zerkleinern willst. Nur so erhältst du eine exakt kantige Schnittfläche. Nebenbei benötigst du weniger Kraft, um mühelos sehr viel zu schneiden. Somit werden dich auch Blasen an den Händen nicht quälen.

Noch einmal: Die Betonung liegt auf „das Messer durch das Schneidegut ziehen", aus diesem Grund sind die Messer auch länger.

Verwende das passende Messer

» Das lange, breite Allround-Messer brauchst du am häufigsten. Damit schneidest du Zwiebeln, Gemüse, Fleisch, Fisch und hackst Petersilie und andere Kräuter.

» Mit dem langen, schmalen Messer schneidest du kalten oder heißen Braten, aber auch Terrinen und Pasteten.

» Magst du gerne Räucher- oder Graved-Lachs, brauchst du das Messer mit der langen, abgerundeten Spitze, das auch als Schinkenmesser Verwendung findet.

» Das kleine Messer eignet sich sehr gut zum Putzen von Gemüse. Willst du damit Zwiebeln etc. schneiden, quälst du dich selbst, die Lebensmittel und das Werkzeug.

» Bei den meisten Sägemessern ist die Klinge nur auf einer Seite geschliffen. Sägemesser mit Doppelwellenschliff (wenn die Klinge auf beiden Seiten geschliffen ist) sind wahre Krustengenies und helfen dir, beim Schneiden nicht schräg abzudriften. Mit dem Sägemesser schneidest du nicht nur Brot und Gebäck, sondern auch Braten mit knuspriger Schwarte und Speisen mit Teigkruste.

WERKZEUGE VON A BIS Z

Bratenthermometer

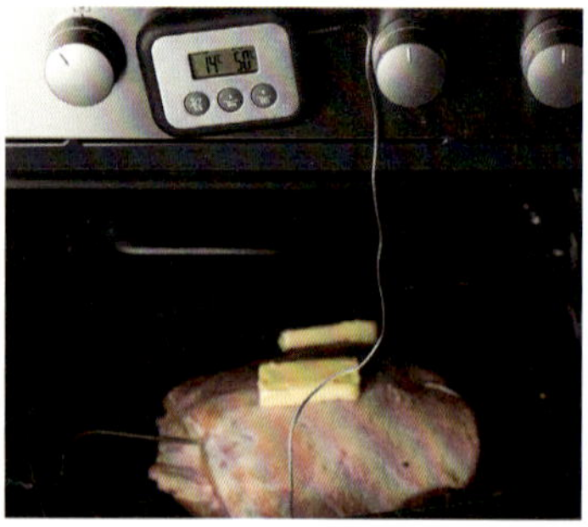

Nur ein Braten, der exakt am Garpunkt gebraten ist, ist ein perfekter Braten. Am genauesten kannst du den Fortschritt der Garung im Zentrum des Bratens mit einem Bratenthermometer feststellen. Diese Thermometer sind im Fachhandel preisgünstig zu erwerben. Ich bevorzuge Thermometer, die während des Bratvorgangs im Rohr bleiben können. So kann ich den Fortschritt der Kerntemperatur laufend überwachen.

Moderne Thermometer sind zweigeteilt. Ein Teil steckt während des Bratens im Bratgut und misst die Kerntemperatur. Der zweite Teil befindet sich außerhalb des Backrohrs und zeigt über Funk oder mithilfe eines dünnen Drahtes die aktuelle Temperatur an.

Gitterlöffel, Drahtschöpfer, Frittierlöffel

Um Knödel oder Nockerl aus der Flüssigkeit zu heben, ist ein Gitterlöffel dem Lochschöpfer vorzuziehen. Die eher flache Gitterkonstruktion ermöglicht, dass selbst zarte Nockerl unverletzt aus der Flüssigkeit gehoben werden können. Flüssiges Fett bzw. Frittierfett kann komplett und schnell abfließen.

Haushaltsvakuumiergerät

Gute Haushaltsvakuumierer werden schon ab 100 Euro angeboten. Unterschiedliche Ausführungen bieten zusätzlichen Komfort:

- Eine doppelte Schweißnaht garantiert doppelte Sicherheit. Wenn eine Schweißnaht undicht wird, verhindert die zweite Naht das Auslaufen.
- Eine Vakuumregulierung verhindert das Absaugen von Flüssigkeiten.
- Eine Temperaturüberwachung schließt ein Überhitzen des Gerätes aus.

Ein Haushaltsvakuumierer ermöglicht dir, die Haltbarkeit von Lebensmitteln um ein Vielfaches zu verlängern. Fertige Saucengerichte können damit bis zu drei Wochen haltbar gemacht werden. Wenn du diese Speisen zusätzlich 10 Minuten bei 120 °C erhitzt und danach so rasch wie möglich auf eine Temperatur von 3 °C abkühlst, kannst du die Haltbarkeit deiner fertigen Speisen um ein Vielfaches verlängern.

Fürs Vakuumgaren (Sous-vide), eine der schonendsten Zubereitungsarten mit Temperaturen zwischen 50 und 90 °C, ist der Vakuumierer nahezu unumgänglich. Achte darauf, dass du den zukünftigen Schweißrand sauber hältst, damit das Gerät die Chance hat, eine haltbare und sichere Schweißnaht zu bilden.

Noch etwas!
Untersuchungen haben ergeben, dass Vakuumieren trotz der Kunststoffbeutel ökologisch sinnvoll ist. Du fragst dich warum? Viele Menschen leben nach dem Motto „lieber zu viel als zu wenig". Deshalb platzen viele Kühlschränke auch beinahe aus den Nähten. Oft rätselt man, was mit den Essensresten gemacht werden soll und viele landen früher oder später im Müll. Mit dem Vakuumieren erübrigt sich das verschwenderische Wegwerfen von Lebensmitteln, da sie dadurch länger haltbar gemacht werden können.

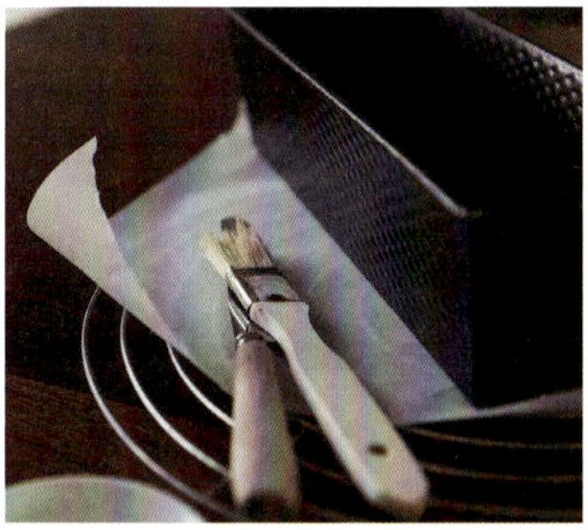

Kasten- und Terrinenformen

Kastenformen mit beschichteter Innenseite verhindern das Festkleben von süßem und salzigem Gebäck und Pasteten. Terrinenformen eignen sich sowohl zum Zubereiten von Terrinen im Wasserbad als auch als Formgeber für süße Cremen und Parfaits.

Küchenmaschine mit Kochfunktion

Dieses Multitalent erleichtert die Arbeit sowohl in der Restaurantküche als auch im Haushalt ungemein. Mixen, Pürieren, Reiben und Mahlen sind kein Problem. Schnee schlagen, Teig kneten, ja sogar den Germteig bei der Idealtemperatur von 36 °C zu verarbeiten, schafft dieses Wundergerät mühelos. Eine eingebaute Induktionsplatte ermöglicht temperaturgenaues Kochen. Mit ausgeklügeltem Zubehör ersetzt diese Maschine sogar einen Dampfgarer.

Es gibt etliche Modelle von verschiedenen Anbietern in unterschiedlichen Preisklassen.

Nudelmaschine

Selbstgemachte Nudeln oder Ravioli sind geschmacklich und von der Konsistenz her einfach unübertrefflich. Für passionierte Hobbyköchinnen und -köche ist eine Nudelmaschine deshalb ein Muss. Es muss ja nicht gleich eine elektrische Maschine sein. Geräte, die mit einer Kurbel per Hand zu betätigen sind, gibt es schon um wenig Geld.

Pfannen

Früher war die schwere gusseiserne Pfanne ein Muss zum Braten von Steaks, denn keine andere Pfanne konnte die Hitze so gleichmäßig verteilen wie dieses schwere Kampfbratgerät. Weil diese Eisenpfannen sehr rasch rosten, sind sie bei den Hygieneexperten in Ungnade gefallen – kein Grund, die Nerven zu verlieren! Moderne Bratpfannen aus Edelstahl mit Sandwich-Boden schaffen es heute ebenso gut, die Hitze gleichmäßig am Pfannenboden zu verteilen.

Sollten Bratenrückstände erwünscht sein, damit man nach dem Braten eine aromatische Sauce aus der Pfanne ziehen kann, darf die Pfanne keinesfalls beschichtet sein. Beschichtete Pfannen werden verwendet, wenn das zu Bratende sich nicht anlegen darf, wie z. B. Fischhaut, die am Ende knusprig sein sollte, oder Palatschinken.

Pfanne im Rohr

Sehr oft müssen dickere Fleischstücke im Rohr fertiggebraten werden. Machst du das Ganze mit der Pfanne im Rohr, werden sich schöne Röstaromen am Boden bilden, die für die Sauce notwendig sind.

Es ist wohl hinlänglich bekannt, dass du Pfannen mit Kunststoffgriffen nicht ins heiße Rohr schieben darfst. Zum Fertigbraten im Rohr eignen sich daher Pfannen mit abnehmbarem Griff besonders gut. Oft ist der Pfannenstiel so lang, dass sich die Backrohrtüre nicht mehr schließen lässt. Denk daran, wenn du dein Küchen-Equipment kaufst.

Pürierstab (Stabmixer)

Dieser Mixstab dient zum Pürieren von weichen Lebensmitteln, zum Aufschäumen von Suppen und Saucen, oft auch zum Zerkleinern von Kräutern in Öl oder einer anderen Flüssigkeit. So manche Zutaten werden unter den rotierenden Klingen zu köstlichsten Pestos geadelt.
Der Motor sollte eine Leistung von 1 200 Umdrehungen pro Minute nicht unterschreiten. Ein Anschlusswert von mindestens 300 Watt ist von Vorteil.

Scheebesen

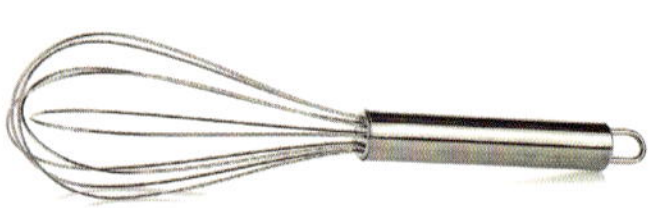

Dieser dient zum Aufschlagen von Schnee, Schäumen und Schlagobers. Immer wenn viele Luftblasen in einen Teig oder in eine Masse eingearbeitet werden sollen, wie z. B. bei Sabayons oder Brandteig, übernimmt der Schneebesen die Hauptrolle. Zum Umrühren eignet sich der Kochlöffel besser.

Ein dicker Griff verschont dich vor allzu schnellem Ermüden. Außerdem solltest du versuchen, aus dem Handgelenk zu schlagen. Wenn du den gesamten Arm einsetzt, um den Schneebesen zu bewegen, werden deine Muskeln bald das sprichwörtliche Handtuch werfen.

Schlagobersflasche (Sahnespender)

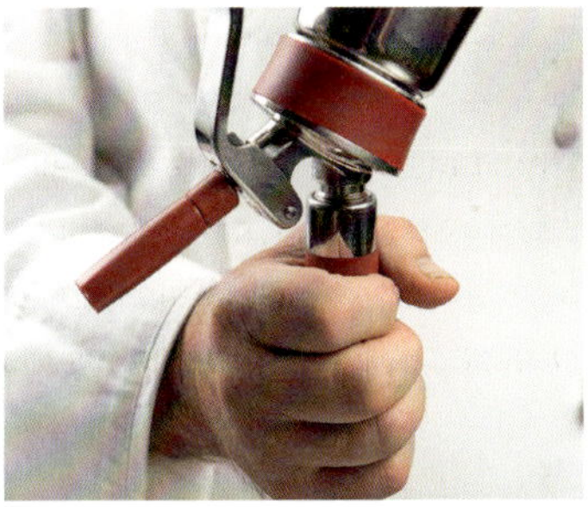

Espumas – so werden in Spanien Schäume genannt. Wir verstehen darunter Schäume, die aus der Flasche kommen. Die Schlagobersflasche wird schon lange nicht mehr ausschließlich zum Aufschlagen von Schlagobers verwendet – kalte, warme und heiße, salzige oder süße Schäume werden heute zur Freude von Feinspitzen aus der Flasche gezaubert.

1. Bevor du mit der Flasche zu arbeiten beginnst, achte darauf, dass du den Dichtungsring eingesetzt hast.
2. Halte die Flasche beim Begasen mit der Sahnekapsel so, dass sie auf dem „Kopf" steht, damit das nach oben strömende Gas den ganzen Flascheninhalt erreichen kann.
3. Bevor du loslegst, schüttle die Flasche kräftig. Halte die Flasche beim Dressieren immer senkrecht. Nur so stellt dir der „Flaschengeist" die größtmögliche Menge zur Verfügung.

Reinige den Flaschenkopf immer mit den kleinen Bürsten, die beim Kauf mitgeliefert wurden. Bereits kleinste Staubpartikel können die Tülle verstopfen. Seihe daher alles ab, bevor du die Flasche damit befüllst. Die Flaschenerzeuger bieten dafür passende Trichter und Siebe an. Auch wenn diese nicht ganz billig sind, werden deine Nerven es dir spätestens dann danken, wenn dir der „Flaschengeist" beim kleinsten Klümpchen zu verstehen gegeben hat: „Nicht mit mir!"

Softistep

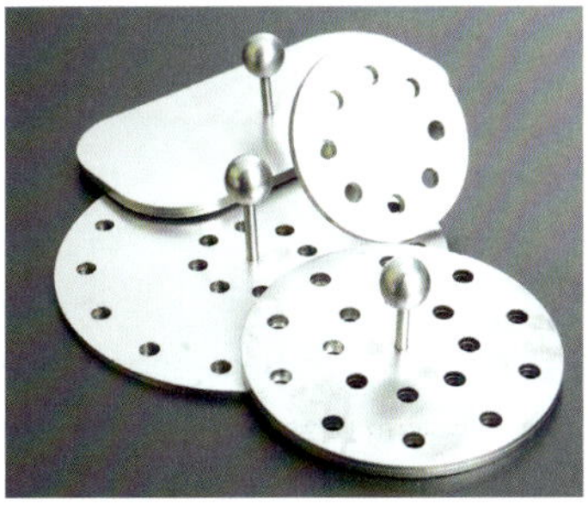

Softistep ist ein Gerät, das unsere Küchen noch nicht erobert hat. Ich verwende den Softistep beim Braten von Portionsstücken, damit sich das Fleisch nicht wölbt, der Fisch saftig und die Haut knusprig bleibt. Gebratene Hühner- oder Entenbrust wird damit gleichmäßiger durchgebraten und bleibt saftiger. Softistep ist eine Erfindung, die wir dem großen Küchenchef Helmut Österreicher zu verdanken haben.

Teigspachtel

Die Teigspachtel, umgangssprachlich auch „Gummihund" genannt, brauchst du, um wirklich alle Lebensmittelreste aus Schüsseln, Töpfen und Pfannen zu holen.

Es hilft nichts, wenn du dich ganz genau an die Rezeptur hältst, exakt mit Waage und nach Maß arbeitest, aber beim Zusammenmischen zweier Komponenten, die du mit einem Löffel von einer Schüssel in die andere kratzt, ein ansehnlicher Teil zurückbleibt. Teigspachteln erleichtern das saubere Ausputzen von Schüsseln und Töpfen. Am besten besorgst du dir gleich mehrere in unterschiedlichen Größen. Denn hast du einmal die Vorzüge des sauberen Arbeitens mit den „Gummihunden" erlebt, willst du diese Dinger nicht mehr missen.

Tortenringe

Tortenringe sind Metallreifen ohne Boden, die die Springform ersetzen. Sie ermöglichen eine bessere Wärmeverteilung innerhalb des Reifens. Kuchen und Torten gehen darin gleichmäßiger auf als in Springformen.

Der Tortenreifen wird auf Backpapier gestellt und dieses dann rund um den Ring eingeschlagen, damit keine Masse ausrinnen kann.

Achte darauf, dass du Edelstahlringe verwendest, die zum Backen im Rohr geeignet sind. Im Fachhandel kannst du auch verstellbare Tortenringe kaufen. Damit bist du mit dem Durchmesser des Gebäckes flexibel.

Du kannst Tortenringe auch zum Schichten und Füllen für Cremetorten verwenden, um diese exakt in Form zu bekommen. Deshalb sind diese Reifen auch in unterschiedlichen Höhen erhältlich.

Zerkleinerer

Kleinere Mengen Kräuter, Schokolade, Fleisch, Nüsse und Käse können mit dem Zerkleinerer in Sekunden fein gehackt werden. Auch kleine Mengen an Farcen (rohes Fleischpüree) können damit zubereitet werden. Für größere Mengen rate ich eher zu den Küchenmaschinen mit Kochfunktion.

AUFTAUEN

„Hey, ich komme kurz vorbei!“ – Untertitel: „Und ich habe Hunger!“

Wer kennt das nicht? In diesem Fall heißt es, rasch mit etwas Essbarem zu reagieren. In den untersten Regionen der Tiefkühltruhe findet sich schlussendlich noch etwas, das sich als genießbar zu erkennen gibt. Also ab in die Mikrowelle, das Auftauprogramm starten, danach würzen und los geht´s in der Pfanne oder im Rohr.

Die Ernüchterung folgt stehenden Fußes. Egal, ob Geflügel, Rind oder Schwein: Das misshandelte Fleischstück rächt sich mit zäher Trockenheit, der klassische Eigengeschmack bleibt auf der Strecke. Mit gebratenen und gewürzten Putzschwämmen lässt sich ein ähnlicher Grad an Ungenießbarkeit herstellen.

Shit DAS AUFGETAUTE FLEISCH IST NACH DER ZUBEREITUNG ZÄH WIE LEDER.

So!

Solltest du die Möglichkeit haben, dann gib dem Fleisch eine Chance, indem du es am besten am Vortag aus der Tiefkühltruhe nimmst und im Kühlschrank langsam auftauen lässt. Achte darauf, dass das gute Stück nicht in der Auftauflüssigkeit badet oder noch schlimmer, dass der Fleischsaft auch noch andere Lebensmittel beehrt. Lege aus diesem Grund ein großes flaches Sieb über ein passendes Gefäß, damit der ablaufende Saft aufgefangen werden kann und nicht die Qualität des auftauenden Fleisches gefährdet. Aber das Beste, um auch für Spontanüberfälle gewappnet zu sein, sind fertige, in Saucen eingefrorene Gerichte wie Gulasch, Rindsrouladen oder Rahmschnitzel. Diese lassen sich rasch und ohne Qualitätsverlust erhitzen. Übrigens: Zu den meisten dieser Speisen passen Nudeln, die Fast-Food-Beilage schlechthin.

BUTTERABTRIEB

Shit DER ABTRIEB LÄSST SICH NICHT ZU EINER GLATTEN MASSE VERRÜHREN.

So!

- Wenn du für ein Rezept einen Butterabtrieb brauchst, musst du die Butter auf Zimmertemperatur bringen und die Dotter oder Eier nach und nach mit dem Schneebesen einrühren.
- Rühre so lange, bis die Farbe des Abtriebes deutlich heller wird. Du solltest möglichst viele Luftbläschen in die Buttermasse einrühren, dann wirst du am Ende mit einer locker-luftigen Speise belohnt.

Bei Süßspeisen wird zuerst der Staubzucker in die Butter eingerührt. Erst danach folgen die Eier bzw. Dotter.

Schaumig oder flaumig? – Das ist hier die Frage
Üblicherweise spricht man in der Profiküche von „Butter schaumig rühren". Aber: Ein Schaum sieht anders aus. Die Luftbläschen, welche den Schaum ausmachen, sind im Butterabtrieb so klein, dass sie nicht sichtbar sind. Da dieses Buch hauptsächlich für Hobbyköchinnen und -köche geschrieben wurde, haben meine Lektorin und ich uns auf „flaumig" geeinigt. Die Profis mögen es mir verzeihen!

EINFRIEREN

Shit ICH HABE BEIM EINFRIEREN OFT ANGST, DASS DER GEFRIERBRAND MEINE SPEISEN VERNICHTET.

So!

Extra konzipierte Tiefkühlbeutel helfen dabei, den Gefrierbrand zu vermeiden. Trotzdem würde ich die Speisen zur Sicherheit noch einmal in Frischhaltefolie einwickeln. Für mich persönlich ist hier gar ein bisschen viel Plastik im Spiel. Um auf Nummer sicher zu gehen, zahlt sich die Investition in ein Haushaltsvakuumiergerät (siehe S. 12) deshalb auf jeden Fall aus.

GEKLÄRTE BUTTER

Bei vielen Rezepten brauchst du geklärte Butter – klassisch beispielsweise bei Sauce hollandaise, Leberterrinen, aber auch zum Braten. Natürlich kannst du auch fertiges Butterschmalz kaufen. Der Preis ist allerdings ein gutes Argument, die Butter selbst zu klären.

Shit IN VIELEN REZEPTEN STEHT „IN BUTTER ANBRATEN". LEIDER VERBRENNT MIR DABEI IMMER DIE BUTTER.

So!

Nicht das Fett verbrennt, sondern die flüssigen und eiweißhaltigen Bestandteile der Butter, also die Molke. Für das Anbraten in Butter musst du diese zuerst klären. Zum Dank hält geklärte Butter dann mühelos Temperaturen bis 205 °C aus.

Butter klären – die klassische Methode

1. Die Butter (250 g oder mehr) bei kleinster Hitze in einem flachen Topf schmelzen. Das kann ruhig etwas dauern.

2. Sobald die Butter geschmolzen ist, die Temperatur auf mittlere Hitze erhöhen.

3. Die Butter aufkochen lassen. Weißer Schaum steigt an die Oberfläche.

4. Den Schaum mit einem Teesieb abschöpfen. Passe auf, dass du dir deine Hände nicht durch Fettspritzer verbrennst!

5. Die Hitze wieder ein wenig reduzieren. Die Flüssigkeit verdampft und weiterer Eiweißschaum steigt nach oben. Den Schaum abschöpfen. Dieses Spiel geht etwa 90 Minuten so weiter, bis die „Bruzzelgeräusche" aufhören und die Butter vollkommen geklärt ist. Je mehr Zeit du dir dafür nimmst, umso besser ist die Qualität deines Butterschmalzes.

Vorteile dieser Methode	Nachteile dieser Methode
» Geklärte Butter ist sehr lange haltbar.	» Sehr zeitaufwendig – für unsere Zubereitungen ist diese hochwertige Qualität nicht notwendig. » Gefahr des Verbrennens: Ist während des Kochens die Temperatur zu hoch, verbrennt die Molke in der Butter.

Butter klären – meine Methode

1. Butter in einem abgedeckten Glas in der Mikrowelle schmelzen lassen. Du kannst die Butter ohne weiteres auch in einem flachen Geschirr auf kleinster Stufe am Herd zergehen lassen.

2. 15 Minuten warten, bis sich die Molke abgesetzt hat und das klare Fett an die Oberfläche steigt.

3. Das klare Butterfett durch ein Sieb langsam in ein anderes Geschirr umleeren.

4. Stoppen, wenn die Molke kommt.

Die Molke mit dem verbliebenen Butterfett lasse ich in der Pfanne aufschäumen, ohne weiteres auch bräunen. Dann schwenke ich zur Vollendung Gemüse oder Kartoffeln darin.

Vorteile dieser Methode	Nachteile dieser Methode
» Diese Methode nimmt weniger Zeit in Anspruch. » Die Qualität der geklärten Butter genügt für unsere Ansprüche.	» Die Hitze beim Frittieren muss genauer beachtet werden. » Die geklärte Butter ist zwar länger haltbar als herkömmliche Butter, aber nicht so lange wie bei der klassischen Methode des Butterklärens.

GELATINE

Shit **DIE GELATINE LÖST SICH BEIM EINWEICHEN AUF UND VERSCHWINDET IM NICHTS.**

So!

Du musst Gelatine immer in kaltem Wasser einweichen, da sie schon bei leichter Erwärmung schmilzt.

Shit **DIE GELATINE IST KRAFTLOS, DAS GELEE WIRD NICHT SO FEST, WIE IM REZEPT GEWÜNSCHT.**

So!

- Lasse die Gelatine nicht zu lange im kalten Wasser herumliegen, sonst wirkt sie zu schwach. Eine Einweichdauer von 5 Minuten ist ideal.
- Danach musst du die Gelatine aus dem Wasser nehmen und ausdrücken.
- Lau schmelzen, am besten mit etwas Flüssigkeit.

Für die,
DIE ES GENAU WISSEN WOLLEN

Gelatine entsteht durch das Auskochen von Sehnen und Flachsen, also Bindegewebe, das nur so vor Kollagen strotzt. Kollagen besteht aus drei Proteinfäden, die sich wie ein Seil ineinander verdrehen. Erhitzt du das Ganze, entdrillen sich die Kollagenfasern. Beim Abkühlen bilden diese Fasern ein Netzwerk, indem sie sich untereinander verbinden und dabei Wasser einschließen. Manchmal klappt die Fadenverbindung aber nicht auf Anhieb und die Fasern machen sich auf die Suche nach einem anderen Partnerfaden. Erst wenn ein solcher gefunden ist, wird wieder Wasser eingeschlossen. Gibst du den Fäden nicht die Zeit, eine neue Verbindung einzugehen, hat das Gelee keine Chance, das Wasser einzubinden und fest zu werden. Gelee braucht also vor allem eins: Zeit!

Shit DIE CREME HAT GELATINEFÄDEN UND IST ZU FLÜSSIG.

So!

- Wenn du Gelatine zu heiß werden lässt, verliert sie an Kraft und du hast Geleefäden in der Creme, die keiner will.
- Leichtes Erwärmen genügt und die Gelatine löst sich auf.

GELIEREN MIT GELATINE

Um ein schnittfestes Gelee zu erhalten, benötigst du 12 Blätter Gelatine pro Liter Flüssigkeit.

Shit ICH SCHMECKE CREMEN, GELEES ETC. IMMER GUT AB. SOBALD SICH DAS GELEE ABER VERFESTIGT HAT, SCHMECKEN DIE SPEISEN FAD.

So!

Soll deine gelierte Creme oder Sulz nach etwas schmecken, musst du kräftig würzen. Die Gelatine ist stets ein „Geschmacksräuber". Das kommt daher, dass flüssige Speisen sich schneller auf der Zunge ausbreiten als Cremen oder Sulzen – also je fester, umso mehr Gewürze braucht es schon im flüssigen Zustand!

Shit ES BILDEN SICH WASSERTROPFEN AUF DEM GELEE (AUF DER SULZ).

So!

Kühlst du gelierte Speisen zu schnell ab, beginnen sie zu weinen. Wenn du versuchst, Gelee im Kühlschrank rasch fest werden zu lassen, steht es wieder 1:0 für den Shit. Lasse das Gelee bei Zimmertemperatur fest werden, bevor du die Speise in den Kühlschrank gibst.

GELIEREN MIT AGAR-AGAR

Vorteile von Agar-Agar	Nachteile von Agar-Agar
» Gelees, die aus Agar-Agar hergestellt werden, stocken schon bei 45 °C in kürzester Zeit. Sie müssen nicht zwangsweise im Kühlschrank gelagert werden. » Agar-Agar-Gelees können bei einer Temperatur von über 80 °C wieder verflüssigt werden, um etwa eine weitere Zutat hinzuzufügen. » Agar-Agar ist vegan.	» Weil Agar-Agar bei 45 °C zu gelieren beginnt, kannst du keine Zutaten, in denen geschlagenes Schlagobers enthalten ist, hinzufügen. Das Schlagobers würde sofort ausflocken. » Mit Agar-Agar zubereitete Gelees haben eine sprödere Konsistenz als jene, die mit Gelatine zubereitet werden.

Für Veganer und Vegetarier ist Agar-Agar die pflanzliche Alternative zum Gelieren. Pro Liter Flüssigkeit (Fruchtsaft, Gemüsefond …) werden 8–10 g Agar-Agar gerechnet.

Für die, DIE ES GENAU WISSEN WOLLEN

Auch wenn Agar-Agar als chinesischer Fischleim bekannt ist, hat es mit Fisch wenig zu tun. Denn Agar-Agar wird aus den Zellwänden von Algen gewonnen. Man könnte es eher als Wasserleim bezeichnen, weil Vielfachzucker, also Kohlenhydrate, unter Wasserzugabe eine leimartige Konsistenz bekommen. Auf Fachchinesisch heißen diese Gelees „Hydrokolloid".

Zubereitung

1. Agar-Agar in die kalte Flüssigkeit einrühren.
2. Unter ständigem Rühren aufkochen und 2 Minuten verkochen lassen.

Shit DAS GELEE SCHÄUMT SEHR STARK.

So!

Das lässt sich nicht verhindern, da du Agar-Agar-Pulver mit dem Schneebesen einrühren musst, damit es sich auflöst. Schöpfe nach dem Kochen den Schaum einfach ab.

Shit OBWOHL ICH STÄNDIG RÜHRE, HABE ICH BRÖCKERL IM GELEE.

So!

Das passiert sehr oft. Seihe in diesem Fall das heiße Gelee einfach durch ein Sieb ab.

KÜHLEN

Sommer ist´s und ich habe eine größere Menge Gulasch gekocht. Ein Teil davon ist für den Tiefkühler bestimmt, um für überraschenden Besuch gerüstet zu sein. Aber so weit kommt es nicht. Die schäumende Oberfläche am Tag darauf macht deutlich, dass das Gulasch nicht mehr den Gästen, sondern dem öffentlichen Kanalnetz zugutekommen wird.

Shit **DAS GULASCH SCHÄUMT.**

So!

Wenn du Suppen oder Saucengerichte nicht rasch genug abkühlst, haben Bakterien viel Zeit, um sich bei kuscheliger Idealtemperatur zu vermehren und dem Gulasch den Garaus zu machen.
Aber: Kühlen im Kühlschrank? AUF KEINEN FALL! Wenn du heiße Speisen in den Kühlschrank stellst, bringst du Wärme hinein, also den Tod für alle Lebensmittel, die bereits dort lagern.
Stelle einfach den Topf mit dem Saftgericht in ein mit kaltem Wasser gefülltes Waschbecken, rühre öfter um und ersetze das Wasser, wenn es warm wird, wieder durch kaltes. Erst wenn das Saftgericht wirklich kühl ist, kannst du es im Kühlschrank lagern.
Wenn du deine Speisen kühlen willst, achte darauf, dass die Luft unter dem Boden des Topfes zirkulieren kann, damit kein Hitzestau entsteht, der den Saft von der Unterseite aus zerstören könnte. Lege einfach einen Kochlöffel unter das Geschirr! Das gilt auch, wenn du deine Suppen- oder Saucengerichte wie beschrieben im Wasser abkühlst. So kann das kalte Wasser auch die Unterseite des Geschirrs kühlen.

SAUCEN BINDEN

Binden mit Einmach

1. Für 1 Liter Sauce 50 g Butter in einen kalten Topf geben und bei schwacher Hitze schmelzen.

Shit **WENN ICH DEN TOPF ERHITZE UND DANN DIE BUTTER HINEINWERFE, VERBRENNT DIESE SOFORT.**

So!

Gib die Butter in das kalte Geschirr und erhitze sie langsam.

2. 50 g glattes Mehl einstreuen und einmal aufschäumen lassen.

Shit **DIE SAUCE SCHMECKT MEHLIG.**

So!

Lasse die Einmach einmal aufschäumen, damit die Sauce nicht mehlig schmeckt.

3 Einmach kurz überkühlen lassen und mit kochender Flüssigkeit aufgießen.

Shit **ES ENTSTEHEN MEHLBRÖCKERL IN DER SAUCE.**

So!

Die Mehlbröckerl (Mehlklümpchen) entstehen, wenn Einmach und Flüssigkeit beim Aufgießen die gleiche Temperatur haben. Lasse die Einmach am Herdrand ein bisschen auskühlen und gieße sie mit der kochenden Suppe oder Milch auf.

Shit **KANN ICH DIE EINMACH FÜR DIE BÉCHAMEL MIT KALTER MILCH AUFGIESSEN?**

So!

Wenn du die kochende Einmach mit der kalten Flüssigkeit aufgießt, wirst du zwar keine Mehlbröckerl in der Sauce haben, aber es dauert viel zu lange, bis die Sauce aufkocht. Deine Sauce oder Béchamel wird schnell anbrennen.

4 Sauce aufkochen und kurz den Rohmehlgeschmack verkochen lassen.

Tipp

- Gebundene Suppen werden mit etwa 30 g glattem Mehl und 30 g Butter pro Liter Flüssigkeit gebunden.
- Für Saucen brauchst du ca. 50 g Butter und 50 g glattes Mehl.
- Soll eine dicke Béchamel-Schicht als Abschluss einer Lasagne überbacken werden, sind 100 g Butter und 100 g glattes Mehl für einen Liter Milch das richtige Maß.

Binden mit Stärkemehl

1 Für 1 Liter Sauce 1–2 Esslöffel Stärkemehl in ca. 50 ml kaltes Wasser einrühren.

2 Nach und nach in die kochende Sauce leeren.

Stärkemehl musst du immer mit kaltem Wasser oder Wein verrühren, bevor du die Sauce damit bindest, ansonsten geschieht das gleiche „Bröckerldrama“ wie beim Pudding (siehe S. 370).

Shit **NACHDEM ICH DIE STÄRKEMISCHUNG IN DIE KOCHENDE SAUCE GELEERT HABE, TUT SICH GAR NICHTS. KAUM KOCHT DIE SAUCE EINE MINUTE, IST SIE AUF EINMAL EIN VIEL ZU DICKER, PUDDINGARTIGER GATSCH.**

so!

Ob die Sauce zu dick oder zu dünn geraten ist, siehst du erst, wenn die Sauce wallend aufkocht.

- Gib vorerst die halbe Menge des abgerührten Stärkemehls zur Sauce und lasse die Sauce gut aufkochen.
- Wenn sie noch zu flüssig ist, kannst du noch etwas abgerührte Stärke beigeben.

Binden mit Teigerl

1. Für 1 Liter Sauce 2 Esslöffel glattes Mehl mit kaltem Wasser, Schlagobers oder Sauerrahm glatt rühren und in die kochende Sauce leeren.
2. 10 Minuten unter ständigem Rühren kochen lassen.

Shit **DIE SAUCE SCHMECKT MEHLIG.**

so!

Die Sauce muss ordentlich verkochen, da du sonst ein Problem mit dem lästigen Rohmehlgeschmack hast.

Binden mit Mehlbutter

1. Für 1 Liter Sauce 70 g Butter mit 50 g glattem Mehl verkneten.
2. In die kochende Flüssigkeit einrühren.

Shit **WENN ICH GRÖSSERE MENGEN AN FLÜSSIGKEIT NUR MIT MEHLBUTTER BINDE, BRENNT DIE SAUCE AN, BEVOR DER MEHLGESCHMACK VERKOCHT IST.**

so!

Verwende Mehlbutter nur als Hilfsmittel. Wenn eine Sauce zu dünn ist, kannst du die Konsistenz damit korrigieren.

SCHNEE SCHLAGEN

Korrekt geschlagener Schnee ist entscheidend für die Qualität des Endproduktes.

Shit

MANCHMAL GELINGT DER SCHNEE, OFT IST ER ABER SCHWER AUFZUSCHLAGEN UND MANCHMAL GEHT GAR NICHTS.

So!

- Wenn du den Nervenkitzel suchst, schlage den Schnee in einer Plastikschüssel. Meist befindet sich eine leicht fettige Schicht darin, auch wenn du die Schüssel vorher ordentlich gereinigt hast. Schlage den Schnee auch nicht in einer Glasschüssel, wenn du nicht unbedingt Glassplitter in deiner Speise haben möchtest. Auch wenn du manchmal im Glas oder Plastik zu einem brauchbaren Schnee kommst – mit einer Metallschüssel bist du auf der sicheren Seite.
- Halbiere eine Zitrone und streiche damit die Schüssel aus.
- Passe auf, dass keine Dotterflankerl (Dotterreste) im Eiklar sind. Mit diesen kannst du keinen brauchbaren Schnee schlagen.
- Mit Zitronensaft und etwas Salz im sauberen Eiklar geht es leichter. Jede Mehlspeise braucht auch etwas Salz!
- Gib nicht den ganzen Zucker auf einmal in das Eiklar. Beginne mit dem Schneeschlagen und leere dann nach und nach den Zucker dazu, so geht es leichter. Bei starken Rührmaschinen kann der Kristallzucker auch zu Beginn zum Eiklar gegeben werden.

Der Schnee gelingt am besten, wenn du ihn in einer rostfreien Metallschüssel aufschlägst. Das Eiklar wird vor dem Schlagen immer gesalzen.

Schlage das Eiklar mit dem Handmixer, bis die ersten Luftbläschen den Schnee erahnen lassen

Wenn dein Rezept Zucker im Schnee verlangt, schlage diesen nicht auf einmal, sondern in 3–4 Partien unter den werdenden Eischnee

Shit

WENN ICH DIE ZUTATEN UNTER DEN SCHNEE RÜHRE, FÄLLT DIESER WIEDER ZUSAMMEN.

So!

- Schlage den Schnee nur so lange, bis sich „Wölkchen“ bilden.
- Die restlichen Zutaten kannst du dann vorsichtig mit dem Kochlöffel unterheben, ohne dass der Schnee wieder zusammenfällt.
- Wenn der Schnee zu lange geschlagen wird, kannst du die restlichen Zutaten nicht unterheben, ohne den Schnee wieder zusammenzurühren.
- Jede unnötige Bewegung in steif geschlagenem Schnee lässt diesen wieder zusammenfallen.

STABILISIEREN MIT QIMIQ

Ich empfehle für die Zubereitung mancher Speisen sehr gerne QimiQ Sahne-Basis anstelle von Schlagobers und Gelatine. QimiQ besteht aus natürlichen Zutaten und kommt ohne die industrielle Chemiekeule aus.

Die einfache Anwendung wirst du schon nach wenigen Versuchen zu schätzen wissen. Die vom Hersteller angebotenen Rezepte in den Rezeptheften und Newslettern helfen dir bei den ersten Schritten mit diesem Produkt. Neben einer hohen Erfolgsquote und reduziertem Kaloriengehalt hält QimiQ Hitze und Säure aus und verzeiht dir die Fehler, die das Schlagobers stehenden Fußes bestrafen würde.

Ich beziehe das Produkt über die Website des QimiQ-Shops.

SUPPEN UND SAUCEN ENTFETTEN – SO HAST DU DEIN FETT WEG!

Suppen oder Saucen kannst du auf unterschiedliche Art und Weise entfetten.

Meine Methode geht so:

1. Fülle die Flüssigkeit in eine Plastikflasche und warte etwa 10 Minuten, bis sich das Fett an der Oberfläche abgesetzt hat. (Lasse die Flüssigkeit vorher soweit abkühlen, bis du ohne Probleme die Plastikflasche in der Hand halten kannst.)

2. Stich mit einem spitzen Gegenstand ein Loch in den untersten Teil der Flasche. Halte die Flasche dabei über ein Auffanggeschirr und lasse die Flüssigkeit ausrinnen, bis das Fett kommt.

3. Bevor das Fett herausrinnt, drehst du die Flasche um.

ZWIEBELN SCHNEIDEN

Shit **DIE ZWIEBELN HABEN IMMER EINEN SÜSSLICH-BITTEREN NACHGESCHMACK.**

So!

Die Zwiebel will mit einem scharfen Messer geschnitten werden. Eine Zwiebel, die mit einem kleinen Messer mehr gequetscht als geschnitten oder gar durch eine eigenartige Küchenmaschine gequält wird, rächt sich mit einem süßlich-bitteren Nachgeschmack und bring dich außerdem zum Weinen.
Wie du eine Zwiebel ökonomisch und korrekt schneidest, zeige ich dir hier.

Zwiebel-Südpol

Zwiebel-Nordpol

Schale von oben nach unten abziehen

1. Beim Planet Zwiebel wird am „Südpol" zuerst die Wurzel ganz knapp abgeschnitten. Schneidest du zu viel weg, wird dir die Zwiebel beim Schneiden auseinanderfallen, da der Wurzelansatz die Zwiebel bis zum Schluss zusammenhält. Wenn du besonders schlau bist und den Wurzelansatz nicht wegschneidest, riskierst du, dass der in der Wurzel verbliebene Sand dein Essen zähneknirschend würzt.

2. Am „Zwiebelnordpol" kannst du schon etwas mehr wegschneiden, weil der Stielansatz sehr oft in die Zwiebel hineingewachsen ist.

3. Jetzt kannst du die Schale von oben nach unten abziehen.

4. Halbiere die Zwiebel und lege sie so vor dich hin, dass der „Südpol" von dir wegschaut. Nimm ein großes Messer und ziehe das Messer mit sanftem Druck durch die Zwiebel.

Ein Profi schneidet die Zwiebel ein- oder zweimal der Länge nach durch. Wenn du noch nicht ganz so geübt bist, dann verzichte bei den ersten 500 Zwiebeln auf diesen Arbeitsschritt.

Schneide die Zwiebel so, dass der Wurzelansatz nicht ganz durchgeschnitten wird. So hält die Zwiebel beim Schneiden zusammen.

Ziehe das Messer locker durch die Zwiebel und verzichte auf allzu heftiges Drücken. Je weniger Druck du auf die Zwiebeln ausübst, umso weniger Tränen wird es dir aus den Augen drücken.

Mit einer Vierteldrehung der Zwiebel kannst du nun feine Würfel schneiden.

MENGEN

1 gehäufter Esslöffel bei trockenen Lebensmitteln entspricht ca.:

- 20 g Mehl, Grieß, Kristallzucker oder Stärkemehl
- 12 g Staubzucker
- 10 g Butter, Mayonnaise, Senf

1 gestrichener Esslöffel bei Flüssigkeiten entspricht ca.:

- 10 g Öl
- 15 g Schlagobers
- 10 ml Milch, Spirituosen, Wasser, Essig

1 Kaffeelöffel bei trockenen Lebensmitteln entspricht ca. 5 g Salz, Vanillezucker, Backpulver etc.
1 Kaffeelöffel Flüssigkeit entspricht ca. 5 ml.

Kleinere Mengen werde ich nicht erwähnen, weil diese von deinem persönlichen Geschmacksempfinden abhängen.

Eine Prise ist die Menge an Salz oder gemahlenen Gewürzen, die du mit Daumen, Zeige- und Mittelfinger fassen kannst. Eine Messerspitze ist verdammt wenig.

Mengen	Portionen	Menge pro Person
1 l Suppe	4	250 ml
0,5 l Sauce	10	50 ml
1 l Sauce für Schmor- und Saucengerichte	10	100 ml
1 kg Kartoffeln als Beilage	4	250 g
1 kg Reis als Beilage	15–20	50–60 g
1 kg Reis als Hauptspeise	10	100 g
1 kg frisches Gemüse als Beilage	4–5	200–250 g
1 kg Nudeln als Beilagen	15	60–70 g
1 kg Teigwaren als Hauptspeise	8	ca. 120 g
1 kg Faschiertes	10	100 g

- Frisch gebratenes Fleisch: für Schnitzel 160 g, für Steaks 200 g pro Person
- Gedünstetes oder gekochtes Fleisch: 200–250 g pro Person (Durch den größeren Gewichtsverlust bei den langen Garzeiten muss mehr Fleisch kalkuliert werden.)
- Fisch im Ganzen: 350 g pro Person, Fischfilet: ca. 180 g pro Person
- Hühnerkeulen mit Knochen: 300 g pro Person

Salate

SALATE

» Die Salatblätter sind total welk und zerknittert.
» Der Kartoffelsalat schmeckt wie kaltes, gesäuertes Kartoffelpüree.
» Heiße Kartoffeln schälen – ich verbrenne mir immer die Finger dabei.
» Der Kartoffelsalat schmeckt ungewürzt und fad.
» Der Kartoffelsalat schmeckt nach der Würzung gut, zwei Stunden später ist er aber geschmacklos.
» Der Gemüsesalat ist matschig.
» Der Gemüsesalat schmeckt langweilig.

MARINADEN UND DRESSINGS

» Die Marinade schmeckt wässrig.
» Der Salat ist zu ölig.
» Der Salat sieht traurig und welk aus.

Salate

Salate werden oft nur als Beilage, sozusagen als „Beiwagerl", wahrgenommen. Dementsprechend schmecken sie. Mit einem lieblos hingeklatschten Salat wird selbst der saftigste Braten oder das perfekt gebratene Fischfilet in den kulinarischen Abgrund gezogen.

1

SO WERDEN BLATTSALATE VORBEREITET

Eines vorab: Ganz egal, ob du Häuptelsalat, Batavia, Eichblattsalat, Lollo bianco oder irgendein anderes grünes „Blattl" in Bearbeitung hast – sie alle sind äußerst zartfühlende Wesen, die es gar nicht mögen, wenn man sie grob anfasst.

1. Die äußeren, nicht so schönen Blätter entfernen. Welke Spitzen wegschneiden: Das geht am einfachsten, wenn der Salatkopf noch im Ganzen ist.

2. Den Strunk herausschneiden und die Blätter in kaltes Wasser fallen lassen.

Shit **DIE SALATBLÄTTER SIND TOTAL WELK UND ZERKNITTERT.**

So!

Behandle Salat nicht wie eine Lederhose! Die zarten Blätter von grünem Salat musst du beim Waschen in kaltem Wasser sehr sanft behandeln. Ein rauer Umgang beleidigt den Salat, der sich dann mit „letscherten", traurigen Blättern revanchiert.

3. Die Blätter in der Mitte der Blattrippen mit einem kleinen Messer teilen, große Blätter noch einmal zerkleinern und gut waschen.

4. Salat gut trocknen, damit du die Marinade nicht verwässerst.

Shit **DIE MARINADE SCHMECKT WÄSSRIG.**

So!

Zu feuchte Salatblätter verwässern deine Marinade. Trockne deshalb die Salatblätter nach dem Waschen gut, aber trotzdem vorsichtig. Mit einer Salatschleuder bekommst du das überschüssige Wasser schonend von den Salatblättern.

KARTOFFELSALAT (ERDÄPFELSALAT)

Zutaten für 4 Personen

- 600 g speckige Kartoffeln
- Salz
- Weißer Pfeffer, gemahlen
- 1 Esslöffel Estragonsenf
- 50 ml Apfelessig
- 1–2 Esslöffel Staubzucker (oder auch nicht!)
- 150 ml heiße Rindsuppe
- 100 ml Sonnenblumenöl
- 1/2 rote Zwiebel
- Schnittlauch

Vorbereitung

1. Zwiebel fein schneiden.
2. Schnittlauch fein schneiden.

Zubereitung

1. Kartoffeln in kaltem Wasser mit etwas Salz zustellen und zugedeckt kochen.

Shit DER KARTOFFELSALAT SCHMECKT WIE KALTES, GESÄUERTES KARTOFFELPÜREE.

So!

Mehlige Kartoffelsorten zerkochen rasch. Nimm deshalb für den Kartoffelsalat nur speckige Sorten (z. B. Sigma, Sieglinde, Agata, Ditta oder die besonders festkochenden Kipfler).

2. Das Wasser abgießen. Die noch heißen Kartoffeln schälen und in Scheiben schneiden.

Shit **HEISSE KARTOFFELN SCHÄLEN – ICH VERBRENNE MIR IMMER DIE FINGER DABEI.**

So!

Ziehe über deine Greifhand zwei Einweghandschuhe übereinander an. Damit kannst du die heißen Kartoffeln angreifen, ohne dass du dir die Finger verbrennst.

3. Salz, Pfeffer, Senf, Essig und nach Wunsch Zucker über die Kartoffeln geben.

4. Mit kochend heißer Rindsuppe übergießen.

Shit **DER KARTOFFELSALAT SCHMECKT UNGEWÜRZT UND FAD.**

So!

Mariniere den Salat mit heißer Suppe, dann ziehen die Gewürze in die Kartoffelscheiben ein und du hast gute Chancen, dass dein Salat schmecken wird!

5. Mit Öl und Zwiebel fertigstellen und 1–2 Stunden ziehen lassen.

6. Danach erneut abschmecken und bei Bedarf nachwürzen.

Shit **DER KARTOFFELSALAT SCHMECKT NACH DER WÜRZUNG GUT, ZWEI STUNDEN SPÄTER IST ER ABER GESCHMACKLOS.**

So!

Die erste Zeit laben sich die Kartoffeln an den Gewürzen und saugen diese gierig in sich auf. Der Salat schmeckt später aber nicht mehr so, wie du ihn anfangs abgeschmeckt hast. Aus diesem Grund muss der Salat nachgewürzt werden.

7. Anrichten und mit Schnittlauch bestreuen.

KARFIOLSALAT

Der nachfolgende Karfiolsalat (Blumenkohlsalat) steht als Prototyp für alle Salate, die du aus gekochtem Gemüse zubereiten kannst – beispielsweise aus Fisolen (grünen Bohnen), Spargel oder Wurzelgemüse. Besonders reizvolle Varianten entstehen, wenn du rohe und knackige Gemüsesorten wie Radieschen, Paprika, Rettich etc. darunter mengst.

Mit Radieschen & Co. ist der Karfiolsalat eine Augenweide

Zutaten für 4 Personen

- 1 Karfiol
- Salz
- Ganzer Kümmel

Marinade

- 60 ml Weißweinessig
- 60 ml Wasser
- Salz, weißer Pfeffer, gemahlen
- 200 ml Öl (am besten Erdnussöl)
- 1 rote Zwiebel

Vorbereitung

1. Karfiol in Röschen teilen.
2. Zwiebel fein schneiden.

Zubereitung

1. Karfiol im kochenden Salz-Kümmel-Wasser kernig kochen.

Shit **DER GEMÜSESALAT IST MATSCHIG.**

So!

Nimm das Gemüse aus dem Kochwasser, bevor es zu Tode gekocht ist, und übergieße es sofort mit der Marinade.

2. Das noch heiße Gemüse mit Essig, Wasser, Salz und Pfeffer marinieren.
3. Mit Öl und Zwiebel fertigstellen, 1 Stunde ziehen lassen. Danach nochmals abschmecken und bei Bedarf nachwürzen.

Shit **DER GEMÜSESALAT SCHMECKT LANGWEILIG.**

So!

Kann das Gemüse die Gewürze und die Marinade nicht aufnehmen, schmeckt es wie ungewürzt. Mariniere das Gemüse, solange es noch heiß ist!

Marinaden und Dressings

Ein perfekt marinierter Salat kann wahrlich eine Erfrischungsbeilage sein, die mit ihrer dezent kontrollierten Säure die Magensäfte auf den großen Genuss vorbereitet – vorausgesetzt, dass sie gekonnt zubereitet ist. Nur einige Tropfen Öl in ein verwässertes Nullachtfünfzehn-Essig-Salz-Zucker-Gemisch zu geben, ist der falsche Weg, wenn du deinen Magen nicht mit Übersäuerung quälen möchtest.

2

DRESSING

Durch das Dressing ziehst du dem Salat die „Dress" über – du kleidest ihn sozusagen ein. Der angerichtete Salat sollte mit dem Dressing aber nur überzogen, niemals vermischt werden. Ist das Dressing zu dünn, rinnt alles von den obersten Blättern ab und der Salat schwimmt hoffentlich nicht zu weit hinaus. Ist das Dressing zu dickflüssig, sind die obersten Schichten zwar gut angezogen, alles darunter führt jedoch ein genierliches Leben ohne „Unterwäsche".

MARINADE

Im Unterschied zum Dressing wird beim Marinieren der Salat nicht „angezogen", sondern gewürzt. Oft wird extra eine Marinade zusammengemixt, der Salat durchgezogen und angerichtet – eine Methode, die ich entschieden ablehne. Spätestens nachdem der dritte Salat angerichtet worden ist, fehlt der Marinade das Öl und über bleibt die „Luri". So nennen Köche dieses urinähnliche Wasserl, welches den Salaten ein trauriges Dasein beschert.

Das Problem dabei ist: Selbst wenn das Öl gut mit der restlichen Flüssigkeit emulgiert ist, fällt die Emulsion früher oder später auseinander und das Öl bleibt nur an den ersten drei Portionen haften. Aus diesem Grund werde ich niemals eine klare Marinade an einem Buffet anbieten. Ist die Emulsion zähflüssig genug, ist es besser, den Salat wie beim Dressing zu überziehen.

Die einzig gute Methode, Salate zu marinieren, ist die internationale Version (siehe S. 39 f.). Nur wenn du sämtliche Zutaten in der richtigen Reihenfolge mit dem Salat vermischt, wirst du für alle Portionen ein gleichmäßiges Ergebnis schaffen.

Etwas anders sieht es beim Marinieren von gekochtem Gemüse aus. In diesem Fall muss die Marinade abgerührt werden, bevor das heiße Gemüse damit übergossen wird. Dieses muss in der Marinade auskühlen, damit die Gewürze gut einziehen können. Spare auf keinen Fall mit dem (guten) Öl, auch wenn das Gemüse mit der Flüssigkeit bedeckt sein soll.

KLASSISCHE HAUSHALTSMARINADE

Zutaten für 4 Personen

- 50 ml Apfelessig
- 50 ml Wasser
- Salz
- Weißer Pfeffer, gemahlen
- Zucker
- 100 ml kalt gepresstes Öl

Zubereitung

1. Apfelessig mit Wasser verdünnen, Salz, Pfeffer und Zucker beigeben.
2. Das Öl tröpfchenweise mit dem Stabmixer einarbeiten, bis eine stabile Essig-Öl-Verbindung (Emulsion) entsteht.

Shit DER SALAT IST ZU ÖLIG.

So!

Fett und Wasser lieben sich nicht und neigen dazu, sich so rasch wie möglich zu trennen. Aus diesem Grund musst du das Öl tröpfchenweise in die Flüssigkeit einmixen.

DIE INTERNATIONALE METHODE, SALATE ZU MARINIEREN

So einfach sie auch klingt: Diese Methode bedarf viel Erfahrung und Fingerspitzengefühl für die richtige Menge der Zutaten. Mit einiger Übung schaffst du es, Salat so zu marinieren, wie es bei Feinschmeckern üblich ist.

Ein altes Sprichwort besagt:
Um eine gute Salatmarinade zuzubereiten, braucht es drei Personen:
einen Geizhals für den Essig,
einen Verschwender für das Öl
und einen Verrückten, der alles zusammenmixt!

Zubereitung

1 Salat leicht salzen.

Shit **DER SALAT SIEHT TRAURIG UND WELK AUS.**

So!

Mariniere die gewaschenen, getrockneten Salatblätter erst im letzten Augenblick. Lässt du sie zu lange in der Marinade, verlieren sie ihr knackiges Aussehen und schmecken welk.

2 Salatblätter reichlich mit Öl überziehen. Nur hochwertige, kaltgepresste Öle, wie z. B. Olivenöl, Traubenkernöl oder Haselnussöl, kommen hier in Frage.

3 Mit einigen Tropfen gutem Essig (z. B. Balsamico-, Himbeer-, Portweinessig) säuern.

Das Verhältnis von Essig zu Öl soll 1:4 sein, also 1 Teil Essig und 4 Teile Öl.

Den Salat hast du dann gut mariniert, wenn er „kein Fußbad nimmt", wenn er also mit der ganzen Flüssigkeit benetzt ist und am Schüsselboden keine Marinade übrig bleibt.

Für die, DIE ES GENAU WISSEN WOLLEN

Dass grünes Gemüse prinzipiell Probleme mit der Säure hat, wird uns im Kapitel „Gemüse" noch beschäftigen. Hier nur so viel: Damit grüner Salat aufgrund der Essigsäure nicht vorschnell in die Knie geht, ist es vorteilhaft, ihn zuerst durch eine Fettschicht (Öl) zu schützen und erst im allerletzten Moment zu säuern. Laienhaft wäre es, die Marinade extra anzurühren, um den armen Salat darin zu ertränken.

JOGHURT-DRESSING

Mit einem Joghurt-Dressing bist du auf der sicheren Seite und kannst gleichzeitig Öl und Kalorien sparen.

Zutaten für 4 Personen

- 100 g Joghurt
- 50 g Magertopfen
- 1 Spritzer Zitronensaft
- Salz
- Weißer Pfeffer, gemahlen
- 2 Esslöffel Olivenöl

Zubereitung

1. Joghurt mit Topfen, Zitronensaft, Salz und Pfeffer glattrühren.
2. Anschließend mit einem Schneebesen das Öl nach und nach einrühren.

ANTIPASTI

- Die feste Haut der gebratenen Paprika klebt unangenehm am Gaumen.
- Wenn ich den Strunk aus den Paprika entferne, geht der ganze Saft verloren.
- Die Melanzani sind am Ende schlapp und ledrig.
- Die Melanzani saugen das Öl wie ein Schwamm auf.

BEEF TARTARE

- Das Beef tartare schmeckt wie „gewürzte Paste".
- Das Beef tartare verliert rasch die schöne rote Farbe.

CARPACCIO

- Das Carpaccio ist nicht hauchdünn wie im Restaurant und hat auch keine schöne Farbe.
- Das Öl verbindet sich nicht mit den anderen Pestozutaten.

Kalte Köstlichkeiten

SULZEN

» Die Sulz wird nicht fest.
» Die Gewürze nach dem Kochen herauszuklauben, ist schlimmer als Mäusemelken.
» Die Sulz ist nicht klar.
» Das Gemüse für die Sulz ist zerkocht und hat seine leuchtende Farbe verloren.
» Die Sulz schmeckt fad.
» Die Sulz beginnt zu schwitzen, ist also mit Wassertropfen bedeckt.

MOUSSES

» Die Gelatine zieht in der Mousse Fäden.
» Das Schlagobers flockt beim Einarbeiten in die Mousse aus.
» Das QimiQ lässt sich nicht in das Schlagobers einrühren.

TERRINEN

» Die Farce nimmt nicht genügend Schlagobers auf und die Masse flockt aus.
» Nach dem Garen der Terrine setzt sich das Fett ab.
» Die Terrine zerfällt.
» Die Masse für die Hühnerleberterrine ist wässrig und grießig.
» Die Butter trennt sich von der Lebermasse.
» Teile der Terrine bleiben beim Stürzen in der Form hängen.

Antipasti

Während die meisten Gemüsesorten für Antipasti in Olivenöl am Herd oder im Rohr angebraten und mit Olivenöl und Gewürzen mariniert werden, darfst du bei Paprika und Melanzani nicht in diese kulinarischen Fallen tappen.

1

PEPERONATA

Zutaten für 4 Personen

- 1 grüner Paprika
- 1 roter Paprika
- 1 gelber Paprika
- 100 ml Olivenöl
- 2 Knoblauchzehen
- 20 ml Balsamicoessig
- Salz
- Weißer Pfeffer, gemahlen
- 1 Rosmarinzweig oder 1 Teelöffel getrockneter Rosmarin

Vorbereitung

Backrohr auf 220 °C Umluft vorheizen.

Zubereitung

1. Paprika im Ganzen mit Olivenöl bestreichen.
2. Locker auf einem Backblech oder Gitterrost verteilen.
3. Im vorgeheizten Rohr braten, bis die Paprika stellenweise Farbe bekommen haben und die Haut Blasen wirft. Zwischendurch einmal wenden.
4. Paprika aus dem Rohr nehmen, kurz überkühlen lassen.

Shit **DIE FESTE HAUT DER GEBRATENEN PAPRIKA KLEBT UNANGENEHM AM GAUMEN.**

So!

Schäle die Paprika. Rücke dabei den Paprika nicht mit einem Sparschäler zu Leibe, du verschwendest damit zu viel. Wenn du die Paprika im sehr heißen Rohr erhitzt, kannst du die Haut ganz einfach abziehen.

Brate die Paprika zum Schälen im Ganzen. Dadurch entsteht im Inneren der Paprika ein würzig-aromatischer Saft, der beim Marinieren den Eigengeschmack der Paprika verstärkt.

5 Paprikastrunk entfernen.

Shit WENN ICH DEN STRUNK AUS DEN PAPRIKA ENTFERNE, GEHT DER GANZE SAFT VERLOREN.

So!

Entferne den Strunk der Paprika über einem Sieb, das auf einer Auffangschüssel liegt. So kannst du den Saft auffangen, der aus dem Inneren der Paprika austritt.

6 Mit einem kleinen Messer die Paprikahaut mehr abzupfen als wegschneiden.

7 Paprika in mundgerechte Stücke schneiden und in den aufgefangenen Saft legen.

8 Das restliche Olivenöl mit den Knoblauchscheiben und dem Balsamicoessig vermischen.

9 Paprika mit Salz und Pfeffer würzen und mit der Ölmischung übergießen.

MELANZANI-ANTIPASTI

Zutaten für 4 Personen

- 200 g Melanzani (Auberginen)
- Salz
- Olivenöl zum Anbraten

Marinade

- 2 Knoblauchzehen
- 1 Rosmarinzweig
- 60 ml Olivenöl
- 20 ml Balsamicoessig
- Salz, Schwarzer Pfeffer, gemahlen

Vorbereitung

1 Melanzani in 1 cm dicke Scheiben schneiden.

2 Melanzani salzen und 1 Stunde zum Entwässern stehen lassen.

Shit **DIE MELANZANI SIND AM ENDE SCHLAPP UND LEDRIG.**

So!

Um das Vollsaugen der Melanzanischeiben mit Öl zu reduzieren, musst du die Stücke vor dem Anbraten entwässern. Salz entzieht Obst und Gemüse durch seine osmotische Wirkung Wasser. Die optimale Zeit zum Entwässern beträgt 1 Stunde.

3 Knoblauch schälen und dünnblättrig schneiden.

4 Rosmarin abrebeln.

Zubereitung

1 Pfanne mit einem in Öl getränkten Stück Küchenrolle ausstreichen und mit diesem dünnen Ölfilm erhitzen.

Shit **DIE MELANZANI SAUGEN DAS ÖL WIE EIN SCHWAMM AUF.**

So!

Zum Anbraten genügt es, die Pfanne mit einem Tuch oder einem Stück Küchenrolle, das in Olivenöl getunkt wurde, auszustreichen.

2 Melanzani mit Küchenrolle abtupfen und dann in der Pfanne beidseitig Farbe nehmen lassen.

3 Melanzanischeiben dachschindelartig auf eine Platte schlichten.

4 Olivenöl mit Knoblauch, Balsamicoessig, Rosmarin und den Gewürzen vermischen, über die Melanzani gießen und etwas ziehen lassen.

Vorspeisen sollen Hunger und Gusto auf mehr machen

Richte die Vorspeise in kleinen Portionen an und sorge dafür, dass deine Gäste nicht schon mit der Vorspeise satt sind, auch wenn die Verlockung groß ist, mehr von diesen köstlichen Happen zu ergattern. Ein wenig Hunger ist für die Hauptspeise der beste Koch.

Beef Tartare und Carpaccio

2

Willst du mit deinen Gästen nach dem Genuss von rohem Fleisch oder Fisch die Zeit nicht auf der Toilette oder gar im Krankenhaus verbringen, sorge schon beim Heimtransport dafür, dass die Kühlkette nicht unterbrochen wird. Eine Kühltasche leistet dafür gute Dienste.

BEEF TARTARE

Zutaten für 4 Personen

- 600 g Rindslungenbraten (Filet)
- 1/2 Zwiebel
- 100 g Essiggurkerl
- 20 g Kapern
- 20 g Petersilie
- 3–4 Eidotter
- 1 Esslöffel Estragonsenf
- 1 Kaffeelöffel edelsüßes Paprikapulver
- 1/2 Kaffeelöffel Curry
- Salz
- Cayennepfeffer

Es gibt eine endlose Zahl an weiteren Zubereitungsmöglichkeiten und jeder Koch behauptet, dass sein Rezept das beste ist, was natürlich nicht stimmt, weil meines das beste ist!

Vorbereitung

1. Lungenbraten 1 Stunde vor der Zubereitung straff in Frischhaltefolie einwickeln und einfrieren.
2. Eine Schüssel zum Mischen kühlen.
3. Zwiebel fein schneiden.
4. Essiggurkerl und Kapern fein hacken.
5. Petersilie fein hacken.

Zubereitung

1. Lungenbraten von Haut und Sehnen befreien. Zuerst feinblättrig, dann in feine Streifen und anschließend in kleine Würfel schneiden. Wenn nötig, zuletzt das Fleisch noch mit dem Fleischmesser etwas hacken.

Shit DAS BEEF TARTARE SCHMECKT WIE GEWÜRZTE PASTE.

So!

Quäle das Fleisch nicht durch den Fleischwolf, der die Fleischfasern zerquetscht und damit die pure Fleischeslust trübt.

2 Das Fleisch in einer gekühlten Schüssel mit allen anderen Zutaten gründlich vermischen.

Shit **DAS BEEF TARTARE VERLIERT RASCH DIE SCHÖNE ROTE FARBE.**

So!

Damit das Fleisch in seiner appetitlichen, natürlichen Farbe auf den Tisch kommt, musst du drei wesentliche Punkte beachten:

» Achte darauf, dass das Fleisch frisch und hellrot, also noch nicht allzu lange abgelegen ist.
» Gib den Lungenbraten eine Stunde bevor du ihn verarbeitest in den Tiefkühler – so wirst du ein Beef tartare in der appetitlichsten Farbe erhalten.
» Vermische alle Zutaten in einer vorher gekühlten Schüssel.

3 Aus dieser Masse Laibchen formen und anrichten. Klassisch wird mit dem Messerrücken ein Karomuster auf der Oberseite eingedrückt.

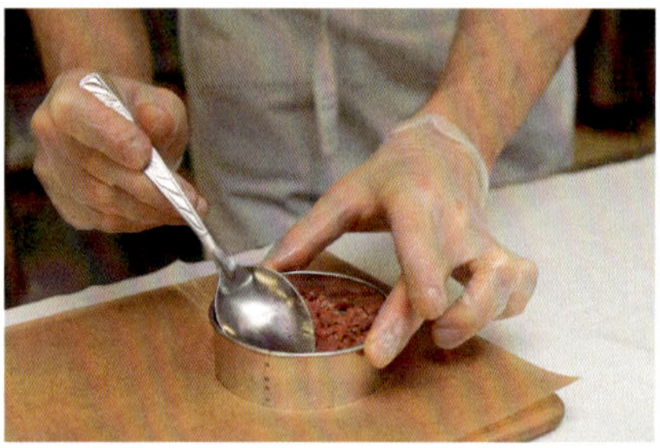

Mit einer Form wird das Beef tartare ganz exakt

Für die, DIE ES GENAU WISSEN WOLLEN

IST BEEF TARTARE EIGENTLICH ROHES FLEISCH?

Nicht wirklich – der Molekularbiologe Thomas Vilgis meint dazu: „Man braucht Proteine nur sauer anzuschauen, um sie aus der Fassung zu bringen." Wesentliche Bestandteile der Säuren (Wasserstoffprotonen) verändern die Umgebung der Eiweiße so stark, dass sie sich auffalten und garen (denaturieren). Selbst wenn Beef tartare und Carpaccio als rohes Fleisch daherkommen, sind sie durch die Säure der Gurkerl und Kapern „gegart".

CARPACCIO

Zutaten für 4 Personen

- 350 g Rindslungenbraten (Filet)
- Salz
- Schwarzer Pfeffer, gemahlen
- 80 ml kalt gepresstes Olivenöl
- Zitronensaft
- Parmesan, gehobelt

Vorbereitung

1. Lungenbraten von Haut und Sehnen befreien.
2. Das Fleisch straff in Frischhaltefolie einwickeln und im Tiefkühler etwa 1 Stunde anfrieren.

Shit **DAS CARPACCIO IST NICHT HAUCHDÜNN WIE IM RESTAURANT UND HAT AUCH KEINE SCHÖNE FARBE.**

so!

Du schneidest das rohe Fleisch mit dem Messer hauchdünn, um es danach zwischen Frischhaltefolie zu plattieren. Es ergibt aber nicht das feine, dünne Carpaccio, wie du es aus dem Restaurant kennst? Wenn du den Lungenbraten einfrierst und danach mit der Aufschnittmaschine dünn aufschneidest, schlägst du zwei Fliegen mit einer Klappe: Das Fleisch behält die frische rote Farbe und du kannst das Fleisch hauchdünn schneiden und perfekt auflegen. Du kannst das Fleisch schon am Vortag oder noch früher einfrieren und 1 Stunde vor dem Anrichten aus dem Tiefkühler nehmen.

Zubereitung

1. Lungenbraten mit der Aufschnittmaschine in hauchdünne Scheiben schneiden und die gekühlten Teller damit belegen.
2. Gleichmäßig mit Salz und Pfeffer bestreuen.
3. Mit Olivenöl bepinseln, mit etwas Zitronensaft beträufeln und mit Parmesanhobeln bestreuen.

Sehr gut schmeckt Carpaccio, wenn du den Teller vorher mit Pesto bestreichst.

KLASSISCHES PESTO

Zutaten für 500 g

- 4 Knoblauchzehen
- 50 g Parmesan
- 150 g Pinienkerne
- 150 g Basilikumblätter
- 250 ml Olivenöl
- Salz, schwarzer Pfeffer, gemahlen

Für weitere Spielarten dieses Pestos kann Basilikum durch andere Kräuter wie Petersilie, Bärlauch oder Rucola ersetzt werden. Für ein Kürbiskernpesto werden die Pinienkerne durch Kürbiskerne und das Olivenöl durch Kürbiskernöl ersetzt.

Vorbereitung

1. Knoblauch schälen und grob schneiden.
2. Parmesan reiben.

Zubereitung

1. Pinienkerne in einer Pfanne ohne Fett leicht braun werden lassen, dann abkühlen lassen.
2. Pinienkerne, Basilikumblätter und Knoblauch in einem hohen Geschirr mit dem Stabmixer oder einem elektrischen Zerkleinerer pürieren.
3. Öl langsam einmixen. Erst nach und nach das gesamte Öl einarbeiten.

Shit DAS ÖL VERBINDET SICH NICHT MIT DEN ANDEREN PESTOZUTATEN.

So!

Jedes Pesto ist prinzipiell eine Emulsion, also eine innige Verbindung aus Fett und Flüssigkeit. Damit sich das Öl mit den restlichen Zutaten zu einer homogenen Masse verbindet, musst du das Öl vorerst tropfenweise unter kräftigem Rühren oder Mixen in die restlichen Zutaten einarbeiten. Erst dann das gesamte Öl untermengen.

4. Salz, Pfeffer und Parmesan einmixen.

Sulzen

Eine Sulz erhält ihre Konsistenz aufgrund des Gelatineanteils in den Schweinehaxen, aber auch durch Blattgelatine, Agar-Agar u. Ä. Wichtig ist vor allem eins: Spare nicht mit der Würzung. Die Sulz muss vor dem Stocken auf jeden Fall kräftig gewürzt werden. Eine gute Würzung mit einem harmonischen Säurespiel bringt die Magensäure auf Trab und macht Lust auf mehr. Am besten legst du dein ganzes Temperament in die Würzhand.

3

HAUSSULZ

Zutaten für eine Kastenform (30 x 10 x 8 cm)

- 1 Zwiebel
- 1 Tasse Suppengrün
- 3 Blätter Gelatine
- 500 g rohe Schweinsstelze mit Schwarte, ohne Knochen
- Salz
- 100 ml Essig
- Schwarze Pfefferkörner
- 2 Lorbeerblätter
- 1 Thymianzweig
- 100 g Erbsen

Für Vegetarier

Du kannst natürlich das Fleisch weglassen und eine Gemüsesulz machen. Allerdings brauchst du dafür das Geliermittel Agar-Agar.

1. Gib die gewürzten Gemüsewürfel in die Form.
2. Rühre pro Liter kalter, gut gewürzter Flüssigkeit 2 Kaffeelöffel Agar-Agar ein und koche sie unter Rühren auf.
3. Übergieße das Gemüse mit dem heißen Agar-Agar-Gelee und lasse es stocken.

Vorbereitung

1. Zwiebel schälen und halbieren.
2. Wurzelgemüse vom Suppengrün putzen und in 1 cm große Würfel schneiden.
3. Gelatineblätter rechtzeitig in kaltem Wasser einweichen.

Zubereitung

1. Schweinsstelze in 3–4 Teile schneiden, in einen entsprechend großen Topf geben und mit kaltem Wasser bedecken.

Shit DIE SULZ WIRD NICHT FEST.

So!

Wenn du das Fleisch in kochendem Wasser zustellst, bekommst du zwar ein saftiges Stück Fleisch, aber viel zu wenig von seiner Gelierkraft in die Flüssigkeit. Da genug Bindegewebe und Fett in der Stelze enthalten sind, musst du dich nicht um ihre Saftigkeit kümmern.

2 Anschließend Salz, Essig, Zwiebel sowie Pfefferkörner, Lorbeerblätter und Thymian (in einem Tee-Ei) dazugeben und langsam zum Kochen bringen.

Shit DIE GEWÜRZE HABEN SICH AM ENDE ZWISCHEN DEN FLEISCHSTÜCKEN VERTEILT. DIESE NACH DEM KOCHEN HERAUSZUKLAUBEN, IST SCHLIMMER ALS MÄUSEMELKEN.

So!

Gib die Gewürze in ein Tee-Ei, in einen abgebunden Teefilter oder in ein zugebundenes Stoffsackerl. So ersparst du dir viel Zeit und Mühe.

3 Langsam und leicht köcheln lassen, den aufsteigenden Schaum vorsichtig abschöpfen und keinesfalls umrühren.

Shit DIE SULZ IST NICHT KLAR.

So!

Diese drei Fehler darfst du nicht machen:

» Wild kochen lassen. » Umrühren. » Zudecken.

Wenn du das Ganze allzu flott und stark wallend kochen lässt, wirst du zwar schneller fertig sein, aber deine Sulz wird sicher als trübe Brühe enden. Wenn du immer wieder umrührst, also die Trübstoffe, die als Schaum aufsteigen, in die Flüssigkeit einrührst, wirst du ebenfalls keine klare Sulz erhalten. Auch ein Deckel am Topf verhindert klare Ergebnisse.

4 30 Minuten bevor das Fleisch weich ist, also etwa nach 75 Minuten Kochzeit, das Wurzelgemüse hinzufügen.

5 Am Ende der Garzeit das Fleisch und das Wurzelgemüse aus dem Kochsud nehmen. Das Wurzelgemüse sofort mit kaltem Wasser abfrischen, damit es seine Farbe behält.

Shit DAS GEMÜSE FÜR DIE SULZ IST ZERKOCHT UND HAT SEINE LEUCHTENDE FARBE VERLOREN.

So!

Gib das Gemüse nicht zu Beginn der Kochzeit in den Topf, weil sich dann das frische Gemüsearoma verabschiedet. Außerdem verliert das Gemüse viel Farbe und wird als Einlage in der Sulz zu matschig. Damit dein Gemüse trotz richtiger Garzeit nicht an Farbe verliert, frische es sofort nach dem Kochen unter laufendem, kaltem Wasser ab.

6 Die Stelze vom Fett und der Schwarte befreien und in gefällige Würfel schneiden. Die Schwarte grob hacken.

7 Die Erbsen etwa 3 Minuten im Kochsud blanchieren, aus der Flüssigkeit nehmen und ebenfalls mit kaltem Wasser abfrischen.

8 Kochsud durch ein feines Sieb oder ein Leinentuch seihen und entfetten.
Wie du den Sud am besten fettfrei machst, kannst du auf S. 27 nachlesen.

9 Gelatineblätter ausdrücken und in dem wiedererwärmten Kochsud (also der Sulzflüssigkeit) auflösen (Näheres dazu in den Basics auf S. 20).

10 Das Gemüse mit dem Fleisch und den Schwarten vermengen. Mit Salz, Pfeffer und Essig würzen. Diese Einlage in eine mit Frischhaltefolie ausgelegte Kastenform geben. Alles mit dem gewürzten Kochsud bedecken.

Shit DIE SULZ SCHMECKT FAD.

So!

Wenn du jetzt die Sulzflüssigkeit und die Einlagen nicht kräftig würzt, wird die fertige Sulz langweilig schmecken!

11 Sulz langsam stocken lassen. Erst wenn das Gelee fest ist, darf die Sulz in den Kühlschrank. Dann aber sofort, da Sulz ein hervorragender Nährboden für Bakterien ist!

Du kannst die Sulz natürlich auch in Förmchen füllen

Shit DIE SULZ BEGINNT ZU SCHWITZEN, IST ALSO MIT WASSERTROPFEN BEDECKT.

So!

Wenn du die Sulz zu früh in den Kühlschrank stellst und somit zu rasch abkühlst, beginnt sie zu „weinen", wie manche Physiker dies so treffend ausdrücken.

Es geht auch anders

Du musst Sulz nicht in Scheiben anrichten. Du kannst sie auch in einer zu einem Stanitzel (einer Tüte) geformten festen Folie (z. B. Klarsichtfolie) stocken lassen.

Klarsichtfolien diagonal halbieren, sodass ein Dreieck entsteht

Stanitzel (Tüte) drehen

- Stelle die Stanitzel in Gläser. Die Öffnung der Gläser muss kleiner sein als jene der Stanitzel.
- Gib ein wenig Eiswasser in die Gläser. So stockt die Sulz an der Spitze sofort und kann auch nicht flüchten, wenn die Spitze des Stanitzels undicht ist.
- Lasse die Sulz abkühlen und fülle sie erst kurz bevor sie zu stocken beginnt in die Stanitzel.
- Wenn die Sulz fest ist (am besten am nächsten Tag), entferne die Stanitzel und wälze die Sulzkegel in kleingeschnittenem Schnittlauch.
- Richte deine Sulz im „Tannenbäumchen-Outfit" an. Am besten passen die Sulzbäumchen zu mariniertem Rindfleisch, Sauren Bohnen, Essigwurst etc.

Übrigens: Diese Form der Präsentation stammt nicht von mir – ich habe sie schon in verschiedenen Restaurants gesehen.

Mousses und Terrinen

4

Terrinen bestehen aus Farcen, die in Formen gegart werden und eine wahre Gaumenfreude sind. Noch zarter und luftiger sind Mousses. Das gekonnte Spiel mit der Temperatur entscheidet – wie so oft – über Sieg oder Niederlage. Aber keine Sorge: Halte dich an meine einfachen Vorgaben und schon zauberst du Mousses und Terrinen, für die dir deine Gäste gleich mehrere Hauben verleihen werden.

SCHINKENMOUSSE

Zutaten für 5 Portionsgläser

- 250 g Schinken
- 3 Blätter Gelatine
- 150 ml Milch
- 15 g Butter
- 15 g glattes Mehl
- 40 g Sauerrahm
- 40 ml weißer Portwein
- Salz
- Weißer Pfeffer, gemahlen
- 150 ml Schlagobers

Vorbereitung

1. Schinken in sehr kleine Würfel schneiden.
2. Gelatineblätter rechtzeitig in kaltem Wasser einweichen.

Zubereitung

1. Für die Béchamel (siehe S. 303) die Milch aufkochen.
2. Butter schmelzen, Mehl einstreuen und einmal aufschäumen lassen, vom Herd nehmen und ein wenig überkühlen lassen.
3. Mit der kochenden Milch aufgießen und kurz kochen lassen.
4. Gelatineblätter ausdrücken und in der noch sehr warmen Béchamel unter Rühren auflösen.

Shit DIE GELATINE ZIEHT IN DER MOUSSE FÄDEN.

So!

Wenn du die Gelatine, wie üblich, lauwarm auflöst und danach unter die fertige Masse rührst, ist die Gefahr groß, dass sich im Endprodukt Fäden bilden. Immer wenn du eine heiße Sauce oder Flüssigkeit hast, solltest du diese nützen, um die eingeweichte Gelatine darin aufzulösen.

5. Schinkenwürfel mit Sauerrahm, Portwein, Salz, Pfeffer und der Béchamel in einem elektrischen Zerkleinerer sehr fein pürieren. Dann diese Masse auskühlen lassen.
6. Schlagobers steif schlagen. Knapp bevor die Gelatine in der Schinkenmasse zu stocken beginnt, das Schlagobers zügig unter die Schinkenmasse rühren.

Shit DAS SCHLAGOBERS FLOCKT BEIM EINARBEITEN IN DIE MOUSSE AUS.

So!

Die Schinkenmasse muss kalt sein, bevor das geschlagene Schlagobers untergemischt wird. So vermeidest du, dass das Endergebnis grießig wird.

7 Portionsförmchen, Gläser, Schüsseln etc. mit kaltem Wasser ausspülen bzw. eine große Schüssel oder Terrinenform mit Frischhaltefolie auslegen und mit der Schinkenmousse befüllen.

8 Mousse kaltstellen und kalt servieren.

RÄUCHERLACHSMOUSSE

Ohne Risiko kannst du eine Mousse mit QimiQ zubereiten. Wie das geht, siehst du am folgenden Beispiel.

Zutaten für 5 Portionsförmchen

- 250 g Räucherlachs ohne Haut und Gräten, gekühlt (Du kannst den Räucherlachs selbstverständlich durch andere Räucherfische, Schinken oder Frischkäse mit Kräutern ersetzen.)
- 125 ml Schlagobers
- 40 ml weißer Portwein
- 250 g QimiQ
- Salz
- Weißer Pfeffer, gemahlen

Vorbereitung

1 Räucherlachs in kleine Würfel schneiden.

2 Schlagobers steif schlagen und kaltstellen.

Zubereitung

1 Räucherlachs mit Portwein im elektrischen Zerkleinerer zu einer feinen Masse pürieren.

2 QimiQ glattrühren und mit allen übrigen Zutaten vermischen.

Shit DAS QIMIQ LÄSST SICH NICHT IN DAS SCHLAGOBERS EINRÜHREN.

So!

Bevor du QimiQ mit anderen Zutaten mischst, muss du es so lange rühren, bis es cremig ist.

3 Mousse in eine Schüssel oder in Portionsförmchen füllen und kaltstellen.

4 Kalte Mousse auf Teller stürzen oder Nocken ausstechen.

PILZTERRINE

Zutaten für eine Kastenform (30 x 10 x 8 cm)

- 1 Zwiebel
- 1,4 kg Eierschwammerl oder andere Pilze
- 20 g Petersilie
- 150 g Schinken
- 200 g roher Bauchspeck, sehr dünn geschnitten
- 150 g Butter
- 150 g Hühnerbrust ohne Haut und Knochen, gekühlt
- 2 Eiklar
- 40 ml Weinbrand
- Salz, weißer Pfeffer, gemahlen
- 250 ml Schlagobers

Bei dieser Pilzterrine wurden statt Bauchspeck blanchierte Karotten- und Gelbe-Rüben-Streifen zum Auslegen der Form verwendet

Friere den Speck leicht an, dann kannst du ihn besser mit der Aufschnittmaschine schneiden. Achte auf deine Finger und schneide den Speck nicht bis zum allerletzten Zipfel auf! Aus den Resten kannst du Grammeln oder Schmalz machen.

Vorbereitung

1 Zwiebel schälen und fein schneiden.

2 Eierschwammerl bzw. Pilze putzen und schneiden.

3 Petersilie hacken.

4 Schinken in Würfel schneiden.

5 Backrohr rechtzeitig auf 90 °C Ober-/Unterhitze vorheizen.

Terrinenform mit rohem Speck auslegen

Zubereitung

1 Terrinenform mit rohem Speck auslegen. Lasse die Speckscheiben beim Auslegen etwas über die Form hängen, damit du am Ende die Terrine damit verschließen kannst.

2 Butter in einer großen Pfanne erhitzen, Zwiebel darin hellgelb anrösten.

3 Schwammerl beifügen und bei großer Hitze rösten, bis der austretende Saft verdampft ist. Anschließend auskühlen lassen.

4 Hühnerbrust klein schneiden und in den Zerkleinerer geben.

5 Hühnerfleisch mit einigen Eiswürfeln, dem Eiklar, dem Weinbrand und den Gewürzen im elektrischen Zerkleinerer pürieren.

6 Nach und nach das kalte Schlagobers einmixen.

Shit **DIE FARCE NIMMT NICHT GENÜGEND SCHLAGOBERS AUF UND DIE MASSE FLOCKT AUS.**

So!

Lege die Hühnerbrust etwa 15 Minuten in den Tiefkühlschrank, bevor du sie in den elektrischen Zerkleinerer gibst. Sorge dafür, dass auch das Mixgefäß des Zerkleinerers kalt ist. So kannst du sicher sein, dass deine Farce wirklich kalt verarbeitet wird und später genug Schlagobers aufnehmen kann.

Farce für Pasteten und Terrinen und viele andere Verwendungsmöglichkeiten

7 Die Farce in eine Schüssel geben, kalte Eierschwammerl und Schinken einrühren.

8 Masse in die vorbereitete Form füllen und mit einer „Speckplatte" abdecken.

9 Heißes Wasser ca. 2 cm hoch in ein passendes Backblech gießen und die Terrine in das Wasser stellen.

10 Im vorgeheizten Backrohr bei 90 °C – je nach Größe der Terrinenform – 80-90 Minuten garen. Die Temperatur soll nicht über 110 °C liegen. Die Terrine nicht zu lange im Backrohr lassen! Am besten bei einer Kerntemperatur von 70 °C aus dem Backrohr nehmen.

Shit NACH DEM GAREN DER TERRINE SETZT SICH DAS FETT AB.

So!

Es ist besser, wenn du es nicht eilig hast! Wenn du eine zu hohe Temperatur wählst, wird sich das Fett, das am Gaumen für ein angenehmes, aromatisches Mundgefühl sorgt, von der Terrine lösen. Damit erzielst du also den gleichen Shit, wie wenn dir beim Zerkleinern und Zusammenmixen das Fleisch zu warm wird.

11 Terrine über Nacht leicht pressen.

Shit DIE TERRINE ZERFÄLLT.

So!

Sobald du die Terrine aus dem Ofen genommen hast, muss sie abschließend im heißen Zustand beschwert werden, damit sie kompakter wird. Das Rastenlassen der Terrine über mindestens 12 Stunden bringt auch die Aromen zur vollen Geltung.

für die, DIE ES GENAU WISSEN WOLLEN

Es ist ganz wichtig, dass du das Fleisch eiskalt verarbeitest. Wenn du das nicht machst, werden die Fettzellen beschädigt und das flüssige Fett wird später beim Garen austreten – eine Optik, mit der du bei deinen Gästen keinesfalls Punkte sammelst. Auch das Fleisch kann dann nicht genug Schlagobers aufnehmen. Deine Farce wird sich mit dem Schlagobers nicht verbinden, sondern ausflocken.

Mache nicht den Fehler, weniger Schlagobers zu nehmen, damit das Ganze eine homogene Masse wird. Dadurch verliert die Terrine garantiert ihren zarten Schmelz.

HÜHNERLEBERTERRINE

Zutaten für eine Kastenform (30 x 10 x 8 cm)

- 3 Knoblauchzehen
- 500 g Butter
- 500 g Hühnerleber, gekühlt
- 2 Eier
- 50 ml Weinbrand
- 20 ml Portwein
- Majoran
- Salz
- Öl zum Ausstreichen der Form

Vorbereitung

1. Terrinenform mit Öl ausstreichen, mit Alufolie auslegen (überstehen lassen) und nochmals mit Öl bestreichen.
2. Knoblauch schälen und grob zerdrücken.
3. Butter klären (wie das geht, kannst du auf S. 19 nachlesen).

Shit DIE HÜHNERLEBERMASSE IST WÄSSRIG UND GRIESSIG.

So!

Die Butter muss komplett von ihrem Molkeanteil befreit sein, damit keine zusätzliche Flüssigkeit die Masse verdünnt.

4. Backrohr rechtzeitig auf 130 °C vorheizen.

Zubereitung

1. Sehr kalte Hühnerleber mit den Eiern, den Alkoholika und den Gewürzen in einem elektrischen Zerkleinerer rasch sehr fein mixen.

2 Erkaltete, geklärte Butter nach und nach einmixen.

Shit DIE BUTTER TRENNT SICH VON DER LEBERMASSE.

So!

Es gibt zwei Möglichkeiten, die Terrine zum Ausflocken zu bringen:

- Die Butter ist zu warm.
- Die Butter wird zu schnell eingearbeitet.

Achte darauf, dass alle Zutaten kalt sind und du die Butter nach und nach einarbeitest.

Wenn du keine Terrinenform hast, kannst du die Farce auch in feuerfeste Gläser füllen und 30 Minuten garen.

3 Die Masse in die vorbereitete Terrinenform füllen und mit der überstehenden Alufolie abdecken.

4 Heißes Wasser etwa 2 cm hoch in ein passendes Backblech gießen und die Form in diesem Wasserbad ins vorgeheizte Backrohr schieben. Terrine bei 130 °C etwa 50 Minuten garen.

5 Nach dem Erkalten die Terrinenform kurz in sehr heißes Wasser tauchen und die Terrine stürzen.

Shit TEILE DER TERRINE BLEIBEN BEIM STÜRZEN IN DER FORM HÄNGEN.

So!

Der Hinweis, die Terrinenform in heißes Wasser zu tauchen, ist ernst gemeint. Das feste Fett, das beim Abkühlen die Außenseite der Terrine umhüllt, muss weich werden, damit der Inhalt leicht herausflutscht. Zur Sicherheit kannst du zusätzlich entlang der Seitenränder die Masse mit einem kleinen Messer von der Form lösen.

RINDSUPPE

- » Die Rindsuppe wird trüb.
- » Die Rindsuppe schmeckt fad und kraftlos.
- » Die Suppe bekommt nicht die schöne Bernsteinfarbe.
- » Das Rindfleisch schmeckt ausgelaugt und langweilig.
- » Der Rindsuppe fehlen die feinen Gemüsearomen.
- » Die Rindsuppe schmeckt langweilig, obwohl ich sie abgeschmeckt habe.
- » Die groben Fleischfasern vom gekochten Rindfleisch bleiben zwischen den Zähnen hängen.

KLARE GEMÜSESUPPE

- » Die Suppe hat nur langweilige Gemüsearomen.
- » Das Gemüse verliert beim Kochen der Suppe die schöne frische Farbe.
- » Die Kräuterstängel und Gewürzkörner ergeben eine lustig-bunte Mischung mit dem Gemüse und können nur mühevoll entfernt werden.

KLARE HÜHNERSUPPE

- » Der Hühnersuppe fehlt das volle Aroma.
- » Die Hühnersuppe hat einen unangenehmen Beigeschmack.

SPARGEL-CREMESUPPE

- » Die Spargelcremesuppe schmeckt zu wenig nach Spargel bzw. wässrig.
- » Die Spargelcremesuppe schmeckt mehlig.
- » In der Spargelcremesuppe schwimmen Mehlbröckerl.

GRÜNE KRÄUTER-CREMESUPPE

- » Die Kräuterstängel verlieren beim Kochen die frische grüne Farbe.

Suppen
UND EINLAGEN

GRIESSNOCKERL

» Die Butter lässt sich mit Ei und Grieß zu keiner homogenen Grießnockerlmasse verrühren.
» Die Grießnockerl zerfallen beim Kochen oder gehen nicht auf.
» Die Grießnockerl behalten nicht ihre Form.
» Die Grießnockerl gehen nicht gut auf und haben einen harten Kern.
» Ich bekomme die Grießnockerl trotz Gitterlöffel nicht unfallfrei in die Suppentassen.

BUTTER-NOCKERL

» Der Butter-Dotter-Abtrieb für die Butternockerl wird keine homogene Masse.
» Die Butternockerl zerfallen, werden innen speckig oder bekommen einen harten Kern.

KÄSE-PROFITEROLEN

» Der Brandteig für die Profiterolen hat immer Mehlbröckerl.
» Die Eier werden sofort hart, flocken aus oder lassen sich nicht gut in die heiße Brandteigmasse rühren.
» Die Profiterolen gehen nicht gut auf.

LEBERKNÖDEL

» Die Leberknödel sind viel zu hell.
» Die Leberknödelmasse ist zu weich zum Formen.
» Die Leberknödel werden entweder zu weich oder zu hart.

Suppen

1

Bei Suppen kann man löffelweise aus dem Vollen schöpfen. Während die kräftige Rindsuppe oft der Startschuss für den Sonntagsbraten ist, sind gehaltvolle Cremesuppen der pikante Vorläufer, wenn eine Süßspeise zur Hauptspeise erhoben wird. Würzig-feurige Suppen helfen Nachtschwärmern durch durchzechte Ballnächte. An eisigen Wintertagen bringt eine wärmende Suppe deine kalten Knochen wieder in Schwung, während eine kräftige Hühnersuppe all jene stärkt, die an Grippe und Co. erkrankt sind.

RINDSUPPE

Für eine wirklich gelungene Rindsuppe brauchst du vor allem eines: viel Zeit! Mit 4–5 Stunden musst du schon rechnen.

Zutaten für 2 l Suppe und 10 Portionen gekochtes Rindfleisch

- 1–2 Bund Suppengrün (ca. 500 g)
- 1 kg kleingehackte Rindsknochen
- 2,5 kg Siedefleisch vom Rind (z. B. Tafelspitz, Schulterscherzel oder Hieferschwanzel)
- 1 Zwiebel
- Salz
- Kräuter wie Petersilie im Ganzen, Lauch (das Dunkle), evtl. Liebstöckel, evtl. Zellergrün (Selleriegrün)
- Pfefferkörner
- 1 Bund Schnittlauch zum Bestreuen
- 4 l Wasser

Vorbereitung

1. Wurzelgemüse schälen und einmal diagonal durchschneiden.
2. Schnittlauch fein schneiden.

Ist das nicht ein wenig zu früh, wenn die Suppe 4–5 Stunden kocht?
Die Frage ist berechtigt. Ich schneide den Schnittlauch trotzdem zu diesem Zeitpunkt, weil das Schneidebrett gerade „gemüselastig" herumliegt. Danach kann ich das Brett wegräumen und habe eine saubere Küche zum Weiterarbeiten. Schnittlauch und Gemüse warten mit Frischhaltefolie überzogen im Kühlschrank geduldig auf ihren Einsatz.

3. Knochen überkochen, also ins kochende Wasser geben, warten bis das Wasser wieder aufkocht, dann sofort herausnehmen und mit kaltem Wasser abspülen.

Shit **DIE RINDSUPPE WIRD TRÜB.**

So!

Die Knochen ins kochende Wasser legen (sie sollen gerade mal bedeckt sein) und einmal aufkochen lassen. In der Fachsprache heißt das übrigens blanchieren. Dann herausnehmen und sofort sehr kalt waschen. Mit diesem Trick bindest du den überschüssigen Dreck (bzw. die Trübstoffe, wie es in Kochbüchern so schön heißt) und schwemmst ihn einfach mit kaltem Wasser weg. Sehr oft werden die Rindsknochen stattdessen in heißem Öl angeröstet, auch das ist möglich.

Achtung!
Es gibt noch weitere Stolpersteine, die die Klarheit der Suppe gefährden:

- Lasse die Suppe nicht zu stark wallend kochen – eine Suppe soll lächeln und nicht lachen!
- Gib keinen Deckel auf den Suppentopf.
- Finger weg vom Kochlöffel, um die Trübstoffe, die sich an der Oberfläche sammeln, nicht wieder in die Suppe zu rühren. Diese gebundenen Eiweißstoffe stören uns nicht, da sie sich an den Rand des Kochtopfes haften.
- Entfetten und Abschäumen sind nur dann notwendig, wenn sich sehr viel Schaum bildet – und zwar kurz nach dem Aufkochen (siehe Zubereitung).

Zubereitung

1. Suppe ansetzen: Die überkochten oder gerösteten Rindsknochen in einem Topf mit 4 Liter kaltem Wasser zustellen und langsam zum Kochen bringen.

Shit **DIE RINDSUPPE SCHMECKT FAD UND KRAFTLOS.**

So!

Setzt du die Knochen mit kaltem Wasser an, werden sie besser ausgelaugt und die Geschmacksstoffe gehen in die Suppe über.

2. Abschäumen: Trübstoffe steigen mit dem Erhitzen der Flüssigkeit an die Oberfläche und bilden dort einen Schaum. Diesen mit einem flach gehaltenen Suppenlöffel vorsichtig abschöpfen.

Fachleute nennen diesen Arbeitsschritt Degraissieren.

3. Ungeschälte Zwiebel halbieren und an den Schnittflächen auf der Herdplatte (oder ohne Fett in einer Pfanne) sehr dunkel bräunen und in die Suppe geben.

Shit **DIE SUPPE BEKOMMT NICHT DIE SCHÖNE BERNSTEINFARBE.**

So!

Durch die gebräunte Zwiebel werden Farbe und Geschmack verstärkt.

4. Suppe nun langsam mehr ziehen als kochen lassen und nicht zudecken. Zu rasches oder auch abgedecktes Kochen trübt die Suppe.

5 Nachdem du die Knochen mindestens 2 Stunden lang ausgekocht hast, lege das Fleisch in den Knochensud. Das Ganze ein wenig salzen und je nach Qualität und Größe 2–3 Stunden köcheln lassen.

Shit DAS RINDFLEISCH SCHMECKT AUSGELAUGT UND LANGWEILIG.

So!

Lege das Fleisch in den leicht wallenden Knochensud. Die bereits ausgekochten Knochen sorgen dafür, dass das Fleischaroma nicht verwässert wird.

6 Etwa 1 Stunde vor Beendigung der Kochzeit das Wurzelgemüse, die Pfefferkörner und das übrige „Grünzeug" hinzufügen.

Der Profi nennt dieses Grünzeug **Bouquet garni,** was Kräutersträußchen bedeutet. Du kannst die Zusammensetzung natürlich nach Geschmack abändern. Für Rindsuppe eignen sich z. B. Lorbeerblätter, Petersilie, Lauch, Zellergrün (Selleriegrün) und evtl. Liebstöckel.

Shit DER RINDSUPPE FEHLEN DIE FEINEN GEMÜSEAROMEN.

So!

Das Suppengrün soll nicht länger als eine Stunde in der Suppe kochen, damit das frische Gemüsearoma erhalten bleibt.

7 Das Abseihen der Suppe erfolgt am besten durch ein feuchtes Passiertuch (der Profi nennt das Etamin). Spüle dieses Tuch vor dem Gebrauch unbedingt mit Wasser durch, damit die noch vorhandenen Faserschmeichler und Waschmittelreste entfernt werden. Ein feines Sieb tut es aber auch.

8 Fertige Rindsuppe mit Salz abschmecken.

Shit **DIE SUPPE SCHMECKT LANGWEILIG, OBWOHL ICH SIE ABGESCHMECKT HABE.**

So!

Schmecke eine kochende Suppe nicht mit einem Löffel ab: Du verbrennst dir dabei nur die Zunge. Verwende zum Kosten einen flachen kalten Teller, auf den du etwas Suppe gibst, die dann etwas überkühlt alle Geschmacksnuancen freigibt.

Denke daran, dass die Suppe nach dem zweiten oder dritten Löffel am Gaumen an Aromavielfalt verliert.

7 Das Wurzelgemüse und das Fleisch in gewünschter Größe schneiden.

Shit **DIE GROBEN FLEISCHFASERN VOM GEKOCHTEN RINDFLEISCH BLEIBEN ZWISCHEN DEN ZÄHNEN HÄNGEN.**

So!

- Lasse das Fleisch nicht zerkochen! Die Knochen sind nach etwa 4–5 Stunden ausgekocht, das Fleisch ist – je nach Qualität und Größe – aber schon nach 2–3 Stunden weich. Wenn du das Fleisch mit einer großen Fleischgabel anstichst und es von der Gabel rutscht, ist es fertig. Nimm es am besten sofort aus der Suppe.
- Portioniere das Fleisch immer quer zur Fleischfaser, eine lange Fleischfaser lässt sich schwer durchbeißen.

Immer quer zur Faser schneiden

Für die,

DIE ES GENAU WISSEN WOLLEN

Mit dem Einlegen des Suppenfleisches in den leicht kochenden Knochensud erreichst du, dass in der Flüssigkeit eine ähnliche Konzentration an Salz und Mineralstoffen herumschwimmt wie in deinem Fleisch. Die Salzkonzentration in den Fleischzellen wird so nicht durch das Kochwasser verdünnt und das Fleischaroma nicht verwässert. Wissenschaftler sprechen hier von der osmotischen Reaktion. Bei der Osmose kann das Wasser durch die Zellmembran in die Zelle eindringen bzw. austreten. Das Wasser wird sich immer dorthin bewegen, wo es Mineralstoffe und Salze zum Verdünnen gibt.

KLARE HÜHNERSUPPE

Zutaten für 2 l Suppe

- 2 kg Hühnerklein, also grob gehackte Hühnerknochen und -innereien
- 3 l Wasser
- Salz
- 1–2 Bund Suppengrün (ca. 500 g)
- 1 Zwiebel
- Weiße Pfefferkörner
- Petersilie, Rosmarin und Thymian

Vorbereitung

1. Hühnerknochen mit kaltem Wasser waschen.
2. Karotten, Gelbe Rüben und Sellerie schälen und in grobe Würfel schneiden.
3. Lauch putzen und in 2 cm breite Stücke schneiden.
4. Zwiebel schälen und vierteln.

Shit DER HÜHNERSUPPE FEHLT DAS VOLLE AROMA.

So!

Da Hühnersuppe eine wesentlich kürzere Kochzeit als Rindsuppe hat, muss das Gemüse auf alle Fälle entsprechend klein geschnitten werden, damit es sein Aroma in dieser kurzen Zeit an die Suppe abgeben kann.

Zubereitung

1. Knochen mit den Innereien in kaltem Wasser zustellen und langsam zum Kochen bringen. Beachte dabei die gleichen Shits wie beim Kochen einer Rindsuppe, also nicht zudecken, nicht zu wild kochen lassen und keinesfalls umrühren!

Shit **DIE HÜHNERSUPPE HAT EINEN UNANGENEHMEN BEIGESCHMACK.**

So!

Du darfst Hühnerknochen und -innereien nicht länger als 1 Stunde kochen lassen, da sich sonst die Leimbestandteile aus den Knochen lösen, die unangenehm schmecken.

Übrigens:
Eine Hühnersuppe soll nicht die Bernsteinfarbe einer Rindsuppe bekommen, daher darf die Zwiebel keinesfalls mit Schale bzw. angebraten in die Suppe geraten.

2 Alle weiteren Zutaten beigeben.

3 Nach dem Aufkochen evtl. den Schaum abschöpfen.

4 Das Ganze 1 Stunde langsam köcheln lassen.

5 Die fertig gegarte Suppe durch ein Tuch oder ein sehr feines Sieb abseihen.

6 Ein wenig Suppe zum Überkühlen auf einen kleinen kalten Teller geben, kosten und bei Bedarf nachwürzen.

7 Schneide das Gemüse in für dich passende Stücke.

KLARE GEMÜSESUPPE

Die klare Gemüsesuppe unterscheidet sich in meiner Küchenpraxis vom Gemüsefond, den du beispielsweise zum Aufgießen für Saucen brauchst. Das aber werden wir uns im Kapitel „Gemüse", ab S. 212 f., genauer ansehen.

Zutaten für 2 l Suppe

- 300 g Karotten
- 300 g Gelbe Rüben
- 300 g Sellerie
- 2 Zwiebeln
- 300 g Lauch
- 100 g Champignons
- Olivenöl zum Anbraten
- 3 l Wasser
- Salz
- Pfefferkörner
- 2–3 Lorbeerblätter
- Kräuter, wie z. B. Petersilie, Thymian, Liebstöckel

Vorbereitung

1. Wurzelgemüse schälen und nach Wunsch in Würfel, feine Streifen oder blättrig schneiden.
2. Zwiebeln schälen und vierteln.
3. Lauch halbieren, waschen und die hellen Teile fein nudelig schneiden.
4. Das dunkle Grün vom Lauch und von der Sellerie (falls vorhanden) mit den Kräutern zu einem Sträußchen binden (siehe S. 71).
5. Champignons putzen und blättrig schneiden.

Zubereitung

1. Geschnittene Karotten, Gelbe Rüben, Sellerie und Champignons in etwas heißem Olivenöl anschwitzen.

Shit DIE SUPPE HAT NUR LANGWEILIGE GEMÜSEAROMEN.

So!

Wenn du das Gemüse in heißem Olivenöl anschwitzt, entstehen neue Aromaverbindungen, auf die du nicht verzichten solltest.

2. Das angeröstete Gemüse mit kaltem Wasser aufgießen. Die Zwiebelviertel und die Lauchstreifen beigeben. Das Ganze salzen und langsam zum Kochen bringen.
3. Das Kräutersträußchen mitkochen. Pfefferkörner und Lorbeerblätter in einem Tee-Ei hinzufügen.
4. Alles gemeinsam ca. 30 Minuten leicht wallend kochen lassen.
5. Gegen Ende den Garzustand vom Gemüse laufend überprüfen und evtl. früher herausnehmen. Gemüse sofort mit sehr kaltem Wasser abfrischen.

Shit **DAS GEMÜSE VERLIERT BEIM KOCHEN DER SUPPE DIE SCHÖNE FRISCHE FARBE.**

So!

Um die leuchtende Farbe vom Gemüse zu erhalten, musst du unbedingt

- die Suppe leicht salzen,
- das Gemüse vor dem Zerkochen bewahren und
- das bissfest gegarte Gemüse sofort mit eiskaltem Wasser abfrischen.

6 Die fertige Suppe durch ein sehr feines Sieb abseihen.

Bei dieser Zubereitungsart der klaren Gemüsesuppe hast du die Möglichkeit, das Gemüse, nachdem es gekocht worden ist, weiterzuverarbeiten – sowohl als Suppeneinlage als auch als Gemüsebeilage oder für einen bunten Gemüsesalat. Es gibt eine Vielzahl an Möglichkeiten.

Shit **DIE KRÄUTERSTÄNGEL UND GEWÜRZKÖRNER ERGEBEN EINE LUSTIG-BUNTE MISCHUNG MIT DEM GEMÜSE UND KÖNNEN NUR MÜHSAM ENTFERNT WERDEN.**

So!

Kräuter, Gemüseblätter und das dunkle Grün vom Lauch bindest du am besten zu einem Kräutersträußchen (Bouquet garni), bevor du sie mitkochst. Die ganzen Gewürze, also die Pfefferkörner und Lorbeerblätter, bindest du in ein Stoffsäckchen oder gibst sie in ein Tee-Ei, damit du sie am Ende leicht entfernen kannst.

Mit einem Gewürzsäckchen, einem Tee-Ei oder einem Teefiltereinsatz hast du Pfefferkörner & Co. gut im Griff ▶

Für die, **DIE ES GENAU WISSEN WOLLEN**

Die Wissenschaft nennt die Vorgänge beim Rösten in heißem Fett Maillard-Reaktion. Diese wird uns sehr oft durch die Rezepte begleiten und im Kapitel „Braten in der Pfanne", auf S. 121, noch einmal am Beispiel Fleisch detailliert erklärt.

CREMESUPPEN

„Verzichte auf die Einbrenn", sagt der Zeitgeist. „Verzichte auf das fette Schlagobers und die Butter zum Montieren", sagt mein Diätplan. Beide haben recht, dennoch können Einmachsuppen ein Gedicht sein. Mit etwas weniger Einmach und bei sparsamerem Gebrauch von Schlagobers und Butter lassen sich köstliche Ergebnisse, wie z. B. eine Spargelcreme- oder Hühnereinmachsuppe, schaffen.

Du kannst auch mehlige Kartoffeln zur Bindung der Suppe mitkochen und danach pürieren. Der Vorteil ist dabei, dass es zu keinem Rohmehlgeschmack kommt und du Kalorien sparst. Dafür verzichtest du aber auf das seidig-cremige Mundgefühl dieser Samtsuppen. Nebenbei ziehen die Kartoffeln sehr viel Aroma von den Grundzutaten ab. Bei sehr aromatischem Gemüse, wie z. B. Karfiol oder Kohlrabi, wird das keine Rolle spielen. Bei feinerem Gemüse, wie z. B. Spargel, ist das schlichtweg ein Sakrileg.

SPARGELCREMESUPPE

Zutaten für ca. 1,5 l Suppe

- 350 g Suppenspargel
- 1 kleine Zwiebel
- 1 l Wasser
- Salz
- 1 Kaffeelöffel Zucker
- 30 g Butter
- 30 g glattes Mehl
- 125 ml Schlagobers
- Muskatnuss, gerieben

Vorbereitung

Übrigens:
Auf dieselbe Art und Weise bereitest du auch eine Karfiol-, Kohlrabi- oder Lauchcremesuppe zu.

1. Spargel schälen, Spargelköpfe abschneiden und den Rest in grobe Stücke teilen.
2. Zwiebel schälen und fein schneiden.

Zubereitung

1. Spargelköpfe mit Wasser bedecken, mit Salz und Zucker würzen und kernig kochen.

Shit DIE SPARGELCREMESUPPE SCHMECKT ZU WENIG NACH SPARGEL BZW. WÄSSRIG.

So!

Stelle Gemüse in kaltem Wasser zu, so wird es besser ausgelaugt. Achte dabei darauf, dass es nicht zu weit „hinausschwimmt". Verwende also nur die Wassermenge, die notwendig ist. So wirst du die Gemüsearomen nicht unnötig verdünnen.

2. Spargelköpfe herausnehmen und sofort mit kaltem Wasser abfrischen.

3. Kochsud zum Aufwärmen der Spargelköpfe zurückstellen.

4. Die übrigen Spargelstücke mit Wasser bedecken und mit Salz und Zucker sehr weich kochen. Mit dem Stabmixer pürieren. Danach durch ein Sieb seihen.

5. Butter in einem hohen Topf schmelzen, Zwiebel darin anschwitzen, Mehl beigeben und kurz rösten.

Shit DIE SPARGELCREMESUPPE SCHMECKT MEHLIG.

So!

Du musst das Mehl kurz rösten. Dadurch killst du den Rohmehlgeschmack.

6. Einmach kurz abkühlen lassen.

7. Spargelsud aufkochen lassen und damit die Einmach unter ständigem Rühren mit dem Schneebesen aufgießen.

Shit IN DER SPARGELCREMESUPPE SCHWIMMEN MEHLBRÖCKERL.

So!

Die bösartigen Mehlbröckerl entstehen, wenn die Einmach und die Aufgießflüssigkeit dieselbe Temperatur haben. Aus diesem Grund stellst du die Einmach für 3–4 Minuten zum Abkühlen an den Herdrand und gießt sie erst danach mit der kochenden Flüssigkeit auf.

8 Schlagobers beifügen und eine halbe Stunde einkochen lassen.

9 Suppe nochmals mit dem Stabmixer pürieren, mit Salz und Muskatnuss würzen.

10 Spargelköpfe in ihrem Kochsud erwärmen, herausnehmen und der fertigen Suppe beigeben.

GRÜNE KRÄUTERCREMESUPPE

Zutaten für ca. 1,5 l Suppe

- 1 kleine Zwiebel
- 1 Bund Kräuter, die der Garten oder Balkonien anbieten
- 30 g Blattspinat, tiefgekühlt
- 1 l Gemüsefond oder Hühnersuppe
- 50 g Butter, flüssig
- 30 g Butter für die Einmach
- 30 g glattes Mehl
- 125 ml Schlagobers
- Salz, Weißer Pfeffer, gemahlen
- Muskatnuss, gerieben

Hast du keine frischen Kräuter, nimm einfach eine Packung Tiefkühlkräuter.

Vorbereitung

1 Zwiebel schälen und klein schneiden.

2 Kräuter abzupfen und fein hacken. Die Stängel aufheben.

3 Blattspinat auftauen lassen.

Zubereitung

1 Ausreichend Wasser mit Salz zum Kochen bringen. Die Kräuterstängel darin einmal aufkochen lassen. Danach sofort mit kaltem Wasser abfrischen.

Shit DIE KRÄUTERSTÄNGEL VERLIEREN BEIM KOCHEN DIE FRISCHE GRÜNE FARBE.

So!

Du musst das Wasser gut salzen, denn das Natrium im Salz erhält die frische Farbe. Achte auch darauf, dass die Stängel gut mit kaltem Wasser abgefrischt werden.

2. Kräuterstängel gemeinsam mit dem Blattspinat grob hacken.

3. Kräuter-Spinat-Masse mit der flüssigen Butter verrühren und im elektrischen Zerkleinerer zu einer feinen grünen Butter mixen. Diese grüne Butter im Kühlschrank fest werden lassen.

Shit DURCH ZU HEISSE BUTTER MACHST DU DEN NÄCHSTEN ANGRIFF AUF DIE FARBFRISCHE DEINER GRÜNEN CREMESUPPE.

So!

Warte, bis die Butter abgekühlt, aber noch flüssig ist. Nun mixst du alles mit dem vorbereiteten Grünzeug.

4. Die Butter schmelzen. Die Zwiebel darin hell anrösten. Das Mehl einstreuen und aufschäumen lassen. Diese Zwiebeleinmach am Herdrand überkühlen lassen.

5. Den Gemüsefond oder die Hühnersuppe aufkochen lassen. Die Zwiebeleinmach mit der heißen Flüssigkeit aufgießen, das Schlagobers beigeben und einkochen lassen.

6. Die grüne Spinat-Kräuter-Butter mit dem Pürierstab in die Suppe einmixen und die gehackten Kräuter einrühren.

Shit DIE SUPPE VERLIERT IMMER NOCH DIE GRÜNE FARBE.

So!

Mixe die grüne Butter erst im letzten Moment unter die Einmachsuppe. Je schneller die Suppe zu Tisch kommt, umso schöner ist die Farbe.

7. Mit Salz, Pfeffer und Muskatnuss abschmecken.

Grüne Suppen und Saucen sowie grünes Gemüse verlieren durch Warmhalten rasch die leuchtende Farbe. Halte daher die Warmhaltezeit so kurz wie möglich.

Suppeneinlagen

Suppeneinlagen gibt es wie Sand am Meer. Ich führe hier nur ein paar Beispiele an, bei denen es immer wieder zu Küchenfiaskos kommt. Eines vorab: Bevor du die Einlage in die Suppe gibst, solltest du sie unbedingt erwärmen, damit die Suppe nicht allzu rasch auskühlt.

2

GRIESSNOCKERL

Zutaten für ca. 10 Nockerl

- 50 g Butter
- Muskatnuss, gerieben
- Salz
- 120 g Grieß
- 1 Ei

Vorbereitung

1. Butter rechtzeitig aus dem Kühlschrank nehmen, damit sie leichter flaumig gerührt werden kann.

2. Damit die Nockerl nicht am Schneidebrett oder am Teller festkleben, überziehe den Nockerllandeplatz mit Frischhaltefolie.

Zubereitung

1. Butter, Salz und Muskatnuss mit dem Schneebesen flaumig rühren – du kannst natürlich dafür auch den Mixer verwenden, wenn es dich nicht stört, dass die Butter unkontrolliert in der Schüssel umherspritzt.

2. Grieß nach und nach einrühren.

Shit **DIE BUTTER LÄSST SICH MIT EI UND GRIESS ZU KEINER HOMOGENEN GRIESSNOCKERLMASSE VERRÜHREN.**

So!

In den meisten Kochbüchern steht: „Du sollst das Ei in die handwarme Butter einrühren." Mach es anders: Nachdem du die Butter mit Salz und Muskatnuss flaumig gerührt hast, arbeite zunächst den Grieß ein und erst dann das Ei, bis eine homogene Masse entstanden ist. Du wirst sehen – es geht viel leichter und hat denselben Effekt.

3. Ei mit der Grießmasse verrühren, bis eine homogene Masse entsteht.

4. Grießmasse mit Frischhaltefolie abdecken und ca. 30 Minuten im Kühlschrank rasten lassen.

Shit DIE GRIESSNOCKERL ZERFALLEN BEIM KOCHEN ODER GEHEN NICHT AUF.

So!

Du musst den Grieß etwas aufquellen lassen. Decke dazu die Grießmasse ab und stelle sie in den Kühlschrank.

5. Ausreichend Wasser mit Salz in einem Topf zum Kochen bringen.
6. Mit zwei Esslöffeln, die laufend in das kochende Wasser getaucht werden, Nockerl formen und auf das mit Frischhaltefolie überzogene Brett oder den Teller legen.
7. Geformte Nockerl noch einmal ca. 30 Minuten in den Kühlschrank stellen.

Shit DIE GRIESSNOCKERL BEHALTEN NICHT IHRE FORM.

So!

Gib auch die Nockerl kurz in den Kühlschrank. So behalten sie beim Einlegen in das kochende Wasser die Form und der Grieß hat noch etwas Zeit zum Aufquellen.

8. Salzwasser erneut aufkochen. Die Grießnockerl einlegen und 10 Minuten ohne Deckel kochen lassen.
9. Dann 250 ml kaltes Wasser hinzugießen und die Nockerl zugedeckt noch einmal auf der ausgeschalteten Herdplatte mit der Resthitze 10 Minuten ziehen lassen.

Shit DIE GRIESSNOCKERL GEHEN NICHT GUT AUF UND HABEN EINEN HARTEN KERN.

So!

Entscheidend ist die Kochtechnik: Nachdem die Nockerl 10 Minuten leicht wallend gekocht haben, kühle die Kochflüssigkeit mit kaltem Wasser ab. Lasse die Nockerl weitere 10 Minuten leicht ziehen, so gehen sie besonders schön auf.

10. Fertige Nockerl mit einem Gitterlöffel herausnehmen.

Auch wenn es ein fachlicher Schönheitsfehler ist: Manche Menschen mögen die kernige Konsistenz in der Mitte der Grießnockerl. Mir soll es recht sein: Lasse in diesem Fall einfach die Nockerl 20 Minuten durchgehend im leicht wallenden Wasser kochen.

Shit ICH BEKOMME DIE GRIESSNOCKERL TROTZ GITTERLÖFFEL NICHT UNFALLFREI IN DIE SUPPENTASSEN.

So!

Wenn du einen hohen Suppentopf verwendest, wird dir beim Herausheben der Nockerl der Topfrand im Weg sein. Wenn du aus einem solchen Topf alle Nockerl unverletzt in die Suppentasse bekommst, kannst du damit ohne weiteres im Zirkus auftreten.

BUTTERNOCKERL

Muskatnuss gehört zu Butternockerln wie das Salz zur Suppe

Zutaten für ca. 10 Nockerl

- 2 Scheiben Toastbrot
- Milch zum Einweichen
- 50 g Butter
- 2 Eier
- Muskatnuss, gerieben
- Salz
- 60 g griffiges Mehl

Vorbereitung

1. Toastbrot entrinden und in Milch einweichen.
2. Butter schmelzen und leicht überkühlen lassen.

Zubereitung

1. Eier trennen, die Dotter mit Muskatnuss verrühren.

Shit DER BUTTER-DOTTER-ABTRIEB WIRD KEINE HOMOGENE MASSE.

So!

Fachlich korrekt und in allen Kochbüchern nachzulesen ist: Butter flaumig rühren und Dotter nach und nach einrühren. Mit dieser Butter-Dotter-Masse einen homogenen Butterabtrieb zu schaffen, ist nahezu ein Ding der Unmöglichkeit. Meine Version tut der Qualität keinen Abbruch: Problemlos kannst du die Dotter mit dem eingeweichten Brot verrühren und danach langsam die flüssige Butter einarbeiten.

2 Toastbrot aus der Milch nehmen, gut ausdrücken und unter die Dotter rühren. Erst dann die Butter einrühren.

3 Eiklar mit Salz zu festem Schnee schlagen.

4 Schnee und Mehl abwechselnd unter die Dottermischung heben.

5 Ausreichend Wasser mit Salz zum Kochen bringen.

6 Mithilfe von zwei Esslöffeln, die du kurz in das kochende Wasser tauchst, ein Probenockerl formen und in kochendem Salzwasser mehr ziehen als kochen lassen.

7 Passt das Probenockerl, können alle Nockerl gegart werden.

Shit **DIE BUTTERNOCKERL ZERFALLEN, WERDEN INNEN SPECKIG ODER BEKOMMEN EINEN HARTEN KERN.**

So!

Nicht alle Lebensmittel sind gleich. Daher es ist notwendig, bei heiklen Zubereitungsarten ein Probenockerl zu machen:

- Ist das Nockerl zu weich, hebe noch ein wenig Mehl unter.
- Ist das Nockerl zu fest, kannst du mit etwas flüssiger Butter die Nockerlmasse ein wenig auflockern.
- Behält das Nockerl einen harten Kern, solltest du die Nockerl wie bei den Grießnockerln 10 Minuten leicht wallend kochen lassen. Dann das Kochwasser mit etwas kaltem Wasser abkühlen und die Nockerl darin zugedeckt weitere 10 Minuten ziehen lassen.

8 Fertige Nockerl mit einem Gitterlöffel herausnehmen.

KÄSEPROFITEROLEN

Zutaten für ca. 30 Brandteigkrapferl

- 100 g griffiges Mehl
- 40 g Parmesan
- 3 Eier
- Butter fürs Blech
- 125 ml Milch
- 40 g Butter
- Salz

Vorbereitung

1. Parmesan reiben.
2. Eier mit dem Parmesan verschlagen.
3. Blech mit Butter bestreichen.
4. Backrohr rechtzeitig auf 180 °C Umluft vorheizen.

Zubereitung

1. Milch mit Butter und Salz zum Kochen bringen.
2. Mehl in einem Schwung in die kochende Flüssigkeit schütten und sofort mit dem Schneebesen einrühren.
3. Dann den Brandteig sofort kräftig mit dem Kochlöffel weiterbearbeiten, bis er sich als Klumpen vom Geschirr löst.

Shit DER BRANDTEIG FÜR DIE PROFITEROLEN HAT IMMER MEHLBRÖCKERL.

So!

Brandteig zubereiten ist keine Kunst, wenn du das nötige Werkzeug, also Schneebesen und Kochlöffel, griffbereit hast und damit das Mehl auf einmal einarbeitest.

4 Teig in eine Schüssel geben und kurz überkühlen lassen.

5 Eier mit dem Parmesan nach und nach mit einem Handmixer einrühren.

Shit **DIE EIER WERDEN SOFORT HART, FLOCKEN AUS ODER LASSEN SICH NICHT GUT IN DIE HEISSE BRANDTEIGMASSE RÜHREN.**

So!

Arbeite nicht im Kochgeschirr weiter, sondern gib den Brandteig in eine große Schüssel. Danach rührst du die Eier nach und nach unter die noch sehr warme Brandteigmasse. Achte darauf, dass jedes Ei vollständig eingearbeitet ist, bevor du das nächste hinzufügst.

6 Mithilfe eines Dressiersackes mit einer mittelgroßen Lochtülle mit genügend Abstand Krapferl auf das befettete Blech spritzen.

7 Die Krapferl ca. 15 Minuten im Backrohr backen.

Shit **DIE PROFITEROLEN GEHEN NICHT GUT AUF.**

So!

In diesem Fall ist der Brandteig zu fest. Zugegeben, es ist schwierig, die Anzahl der Eier für Brandteig genau zu bestimmen, da die Mehltype und die Temperatur eine große Rolle bei der Konsistenz des Teiges spielen. Der Brandteig sollte zum Formen cremig sein – das bedeutet, dass du nur so viele Eier einarbeitest, bis der Teig gerade noch seine Form behält.

So geht es auch!

Du kannst auch Nockerl formen und diese in Wasser garen. Dafür legst du die geformten Nockerl auf ein mit Frischhaltefolie überzogenes Brett. Dann bringst du ausreichend Salzwasser zum Kochen, legst die Nockerl hinein und lässt sie 12 Minuten mehr ziehen als kochen. Aber vergiss bitte nicht, auf jeden Fall ein Probenockerl zu machen.

Die Nockerl können auch knusprig frittiert werden. Du musst dafür aber anstelle der Milch Wasser verwenden.

LEBERKNÖDEL

Zutaten für ca. 6 Knödel

- 1 Zwiebel
- 3 Knoblauchzehen
- 1/2 Bund Petersilie
- 1 Semmel vom Vortag
- 120 g Leber vom Rind
- 50 g Milz vom Rind
- 30 g Butter
- 1 Ei
- 1 Esslöffel Majoran
- Salz
- Schwarzer Pfeffer, gemahlen
- 3 Esslöffel Semmelbrösel

Vorbereitung

1. Zwiebel schälen und fein schneiden, Knoblauch schälen.
2. Petersilie fein hacken.
3. Semmel in etwas Wasser einweichen.
4. Leber und Milz in Streifen schneiden.

Zubereitung

1. Butter erhitzen und die Zwiebel darin hellgelb anrösten. Knoblauch und Petersilie beifügen und nochmals kurz rösten.
2. Semmel gut ausdrücken.
3. Milz, Leber, geröstete Zwiebelmischung und Semmel in dieser Reihenfolge faschieren.

Shit **DIE LEBERKNÖDEL WERDEN VIEL ZU HELL.**

So!

Mit etwas Milz erhältst du die schöne braune Farbe.

4. Restliche Zutaten beifügen und die Masse mit den Semmelbröseln festigen.

5 Masse mit Frischhaltefolie abdecken und mindestens eine halbe Stunde im Kühlschrank ziehen lassen.

Shit DIE LEBERKNÖDELMASSE IST ZU WEICH ZUM FORMEN.

So!

Lasse die Leberknödelmasse auf jeden Fall eine halbe Stunde im Kühlschrank, damit die Brösel quellen können.

6 Blech mit Bröseln bestreuen. Mit nassen Händen Knödel formen und auf das Blech legen.

Tipp!
Damit du die Knödel in einer gleichmäßigen Größe zusammenbringst, kann dir ein Eisportionierer gute Dienste leisten.

7 Knödel in kochendes Salzwasser geben und schwach wallend ca. 10 Minuten kochen lassen.

Shit DIE LEBERKNÖDEL WERDEN ENTWEDER ZU WEICH ODER ZU HART.

So!

Bevor du in Serie gehst, mache auf jeden Fall einen Probeknödel, das erspart dir eine mögliche Blamage vor deinen Gästen. Es ist sehr schwer, die perfekte Konsistenz von Leberknödeln in einem Rezept anzugeben, da dies Geschmackssache ist. Ich mag Leberknödel am liebsten mit ein wenig Biss. Möchtest du sie lieber flaumig, nimmst du am besten eine eingeweichte Semmel mehr.

Spiele mit zwei Grundrezepten, indem du aus einer Palatschinke und Leberknödelmasse eine **Leberroulade** zauberst.

1. Bestreiche dazu die Palatschinke mit der Leberknödelmasse.
2. Rolle sie straff in hitzebeständige Frischhaltefolie ein und binde die Enden ab. Lasse diese Roulade in kochendem Salzwasser ca. 15 Minuten ziehen.
3. Nimm sie dann heraus und schneide sie in Scheiben, sobald sie ausgekühlt ist.

WIENER SCHNITZEL

- » Das Schnitzel wölbt sich beim Frittieren.
- » Das Schnitzel schmeckt ungleichmäßig gesalzen.
- » Die Panier ist extrem fettig.
- » Die Panier geht nicht auf.

BACKHENDEL (BACKHUHN)

- » Brust und Keulen vom Backhendl haben unterschiedliche Garzeiten.
- » Das Backhendl saugt sich mit Fett an, obwohl das Fett von Anfang an heiß genug war.
- » Das Backhendl ist noch roh, die Panier aber schon verbrannt.
- » Das Fett schäumt, das Hendl kann nicht mehr knusprig gebacken werden.

Frittieren

FILET IM BIERBACKTEIG

- » Der Backteig haftet schlecht am Fleisch.
- » Nachdem ich etwa die Hälfte des Fleisches frittiert habe, ist die Backteigkruste weniger luftig und haftet nicht mehr so gut am Fleisch.

GARNELEN-TEMPURA

- » Der Tempurateig hat zu wenig Bindung.
- » Der Tempurateig haftet nicht an den Garnelen.

Frittieren mit Mehl, Ei …

1

Eine typisch österreichische Art, Fleisch zuzubereiten, ist das „Außabochn“ – das Einpacken und somit Überdecken alles Organischen und Animalischen mit Panier, um es anschließend in heißem Fett knusprig zu frittieren. Als Nebeneffekt legt sich die Panier schützend um das Fleisch und verhindert den direkten Kontakt mit dem heißen Fett.

WIENER SCHNITZEL

Zutaten für 4 Personen

- 4 Schnitzel von der Kalbsschale (Kaiserteil) à 160 g
- Salz
- Ca. 100 g glattes Mehl
- 2 Eier
- Ca. 300 g Semmelbrösel
- Reichlich Butterschmalz zum Frittieren

Vorbereitung

1. Schnitzel auf beiden Seiten leicht klopfen, Sehnen leicht einschneiden.

Shit DAS SCHNITZEL WÖLBT SICH BEIM FRITTIEREN.

So!

Dass man kleine Einschnitte in die Ränder machen sollte, hat sich hoffentlich schon herumgesprochen. Trotzdem sehe ich immer wieder, wie grundlos am Fleisch herumgeschnippelt wird. Es muss dir klar sein, dass sich die Sehnen beim Erhitzen schneller zusammenziehen als das Muskelfleisch. Deshalb sind die kleinen Einschnitte nur in den Sehnen notwendig.

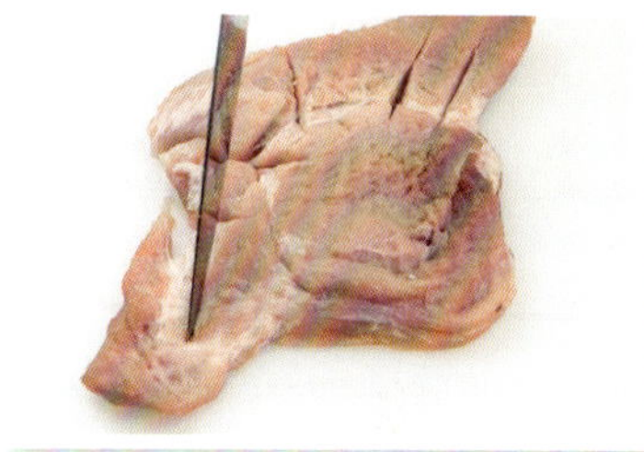

2. Mehl, Eier und Brösel für die Panier vorbereiten, die Eier gut verschlagen.
3. Butterschmalz 2–3 cm hoch rechtzeitig in der Pfanne erhitzen.

Zubereitung

1. Schnitzel auf einer Seite salzen.

Shit DAS SCHNITZEL SCHMECKT UNGLEICHMÄSSIG GESALZEN.

So!

Dünn geklopftes Fleisch solltest du nur auf einer Seite salzen. Die Wahrscheinlichkeit, dass du beim Würzen auf der anderen Seite mit der gleichen Handbewegung salzt, ist groß. Das bedeutet, dass du an der gleichen Stelle der einen Seite auch auf der anderen Seite mehr Salz erwischst.

2 Schnitzel beidseitig in Mehl wenden, überschüssiges Mehl leicht abschütteln.

3 Dann durch das Ei ziehen, überschüssiges Ei abstreifen.

4 Zuletzt in Bröseln wenden und diese leicht andrücken.

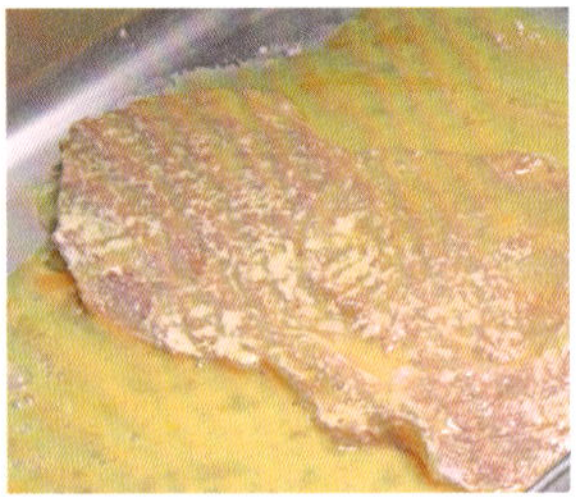

5 Alle Schnitzel in reichlich heißem Fett goldgelb frittieren.

Shit DIE PANIER IST EXTREM FETTIG.

So!

Achte darauf, dass das Fett heiß genug ist, damit die Panier schneller verkrustet als das Fett eindringen kann. Auch der Irrglaube, dass wenig Fett in der Pfanne das Frittiergut fettärmer, also gesünder macht, hält sich hartnäckig. Hast du zu wenig Fett in der Pfanne, kühlt dieses nach dem Hineinlegen der kalten Lebensmittel sehr schnell ab.

6 Während des Frittierens die Pfanne laufend etwas rütteln.

Shit DIE PANIER GEHT NICHT AUF.

So!

Rüttle die Pfanne ein wenig – so kommen Luftbläschen in das Fett und die Panier souffliert schön.

7 Schnitzel aus der Pfanne nehmen und auf mehreren Blättern Küchenrolle abtropfen lassen.

BACKHENDL (BACKHUHN)

Zutaten für 4 große Portionen

- 12 Hühnerteile zum Panieren
- Salz
- Weißer Pfeffer, gemahlen
- Ca. 200 g glattes Mehl
- 3 Eier
- Ca. 350 g Semmelbrösel
- Reichlich Butterschmalz oder Öl zum Frittieren

Tipp
Du kannst natürlich auch zwei kleine Hühner zu je ca. 1,3 kg kaufen, wenn du sie zerlegen kannst. Das reicht für vier gute Esser.

Vorbereitung

1. Brüste und Keulen (Haxerl) halbieren, von den Flügerln die Spitzen abtrennen.

Ob du die Haut am Hendl lässt oder abziehst, ist eine Sache des persönlichen Geschmackes. Bei mir zu Hause gilt es geradezu als Sakrileg, die Haut zu entfernen.

Shit **BRUST UND KEULEN VOM BACKHENDL HABEN UNTERSCHIEDLICHE GARZEITEN.**

So!

Schneide die Keulen knapp neben dem Knochen ein. Dadurch verkürzt du die Garzeit und näherst dich der Frittierdauer der Hühnerbrüste an.

2. Die Keulen entlang des Knochens einschneiden.

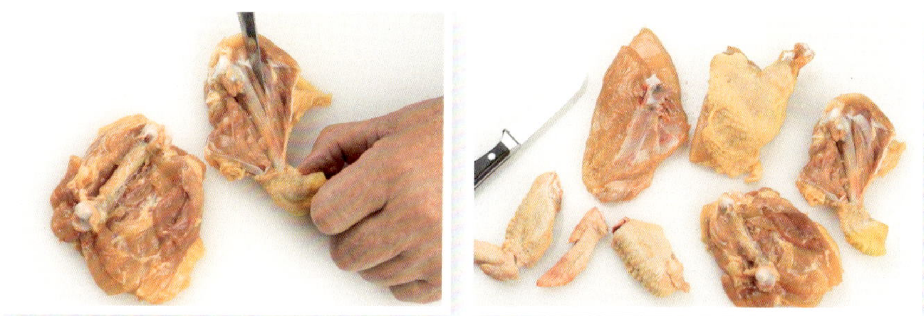

Am Knochen entlang einschneiden, bis der Knochen sichtbar wird. Den Knochen nicht ganz entfernen.

3. Mehl, Eier und Brösel für die Panier vorbereiten, die Eier gut verschlagen.

4. Rechtzeitig ausreichend Fett erhitzen, damit die Hühnerteile darin „schwimmen“ können.

Zubereitung

1. Hühnerteile mit Salz und Pfeffer würzen.
2. Alle Teile in Mehl, Ei und Bröseln panieren.
3. Nach dem Anbacken der Teile auf allen Seiten die Temperatur reduzieren und die Hühnerteile etwa 20 Minuten fertig frittieren. Danach auf mehreren Blättern Küchenrolle abtropfen lassen.

Starte mit einer Temperatur von ca. 170 °C. Mit dem Einlegen des Backhendls kühlt das Fett rasch ab. Solltest du kein Bratenthermometer zum Messen der Fetttemperatur haben, kannst du die ungefähre Temperatur auch mit einem Holzkochlöffel feststellen:

» Tauche den Holzkochlöffel in das heiße Fett ein. Das Öl hat die richtige Temperatur, wenn es um den Kochlöffel leise zu blubbern beginnt und sich kleine Bläschen um das Holz bilden.

» Die Starttemperatur kannst du auch mithilfe einer Kartoffelschale oder mit einem Panierstückchen, das sich auf deinen Händen nach dem Panieren gebildet hat, abschätzen.

Shit DAS BACKHENDL SAUGT SICH MIT FETT AN, OBWOHL DAS FETT VON ANFANG AN HEISS GENUG WAR.

So!

Legst du mehrere Teile in das heiße Fett, bedenke, dass es dann sehr rasch abkühlt. Nachdem du also einige Teile hineingelegt hast, warte ein wenig, damit sich das Fett wieder auf Betriebstemperatur erhitzen kann.

Shit DAS BACKHENDL IST NOCH ROH, DIE PANIER ABER SCHON VERBRANNT.

So!

Nachdem die Panier leicht verkrustet ist, kannst du die Temperatur reduzieren und die Geflügelteile langsam fertig backen.

Shit DAS FETT SCHÄUMT, DAS HENDL KANN NICHT MEHR KNUSPRIG GEBACKEN WERDEN.

So!

Das Fett hat keine Kraft mehr, du musst es wechseln.

Paniervarianten

Für Piccata milanese ersetze die Hälfte der Brösel durch fein geriebenen Parmesan. Du kannst auch einen beliebigen Teil der Brösel durch geriebene Kürbiskerne ersetzen.

Eine besonders knusprige Kruste erhältst du, wenn du anstelle der Brösel grob geriebene, ungezuckerte Cornflakes verwendest. Mache das aber um Himmels Willen nicht beim Wiener Schnitzel!

Reizvoll ist auch eine Vitalkruste: Ersetze die Brösel durch geriebene Sonnenblumenkerne, Sesam, Kürbiskerne und grob geriebene Cornflakes.

Für die, DIE ES GENAU WISSEN WOLLEN

Hat das Fett eine Temperatur über 140 °C, verbinden sich die Moleküle und bilden an der Oberfläche die herrlich knusprige Kruste. Frittierst du bei 140 °C, wirst du bald auf der Verliererseite landen. Mit dem Einlegen des Frittiergutes kühlt das Fett rasch ab, das Öl dringt in die Panier ein und durchtränkt das gute Stück. Je mehr bzw. je größer die Teile zum Frittieren sind, umso heißer muss das Fett sein.

Allerdings zersetzen sich die unterschiedlichen Fette bei überhöhten Temperaturen. Wenn das Öl also zu rauchen beginnt und der stechende Geruch deine Nase beleidigt, dann hast du bereits das krebserregende Akrolein in der Pfanne. Nicht jedes Fett eignet sich zum Frittieren. Spezielle Frittierfette haben einen hohen Rauchpunkt, was bedeutet, dass du mit einer Maximaltemperatur von 170–190 °C auf der sicheren Seite bist.

Öle mit einfach ungesättigten Fettsäuren (Olivenöl) oder jene mit mehrfach ungesättigten Fettsäuren (Leinöl, Hanfsamenöl) eignen sich nicht zum Frittieren. Raffinierte Öle wie Sonnenblumenöl, Rapsöl oder Erdnussöl sind hingegen ideal.

Aber Vorsicht: Auch diese kannst du nicht beliebig oft verwenden! Verbrauchte Fette haben sich mit Böseln und Fleischfasern angereichert, die mehr und mehr verbrennen und Bitterstoffe freigeben. Nebenbei sammeln sich auch gesundheitsschädliche Stoffe an. Das Fett beginnt schon bei moderaten Temperaturen zu schäumen und die Panier deines Schnitzels wird mit Fett durchtränkt. Solltest du dein Backfett öfters verwenden wollen, seihe es vor dem nächsten Gebrauch durch ein feines Sieb oder noch besser durch ein Stofftuch, damit es wieder klar wird.

Frittieren mit Backteig

Nicht jeder mag die klassische Panier. Für alle Bröselteppich-Verweigerer gibt es deshalb den Backteig. Gleich ob Fleisch, Fisch, Gemüse oder Obst – in einen knusprig-goldbraunen Backteigmantel lässt sich vieles einpacken.

2

FILET IM BIERBACKTEIG

Zutaten für 4 Personen

- 600 g Rinds-, Kalbs- oder Schweinslungenbraten (Filet)
- Salz
- Schwarzer Pfeffer, gemahlen
- Glattes Mehl zum Bemehlen
- Reichlich Öl oder Butterschmalz zum Frittieren

Bierbackteig

- 3 Eier
- 250 ml Bier
- 250 g glattes Mehl
- Salz

Du kannst das Bier auch durch Milch (siehe S. 345) ersetzen.

Vorbereitung

1. Lungenbraten von Haut und Sehnen befreien.

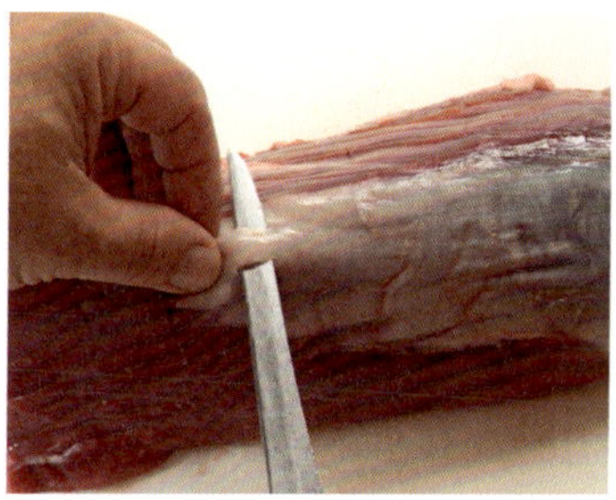

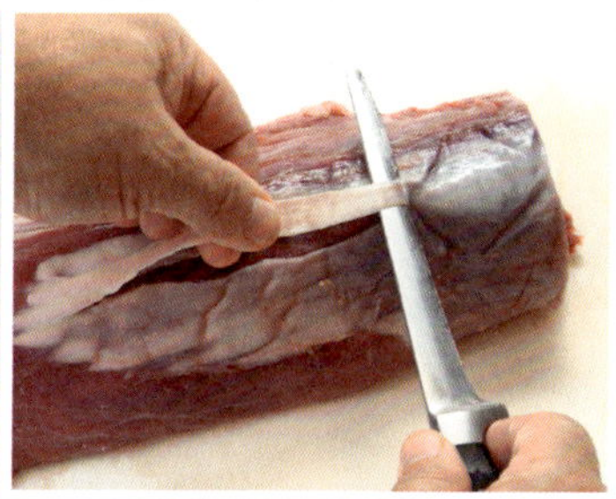

2. Fleisch gegen die Faser in Medaillons schneiden – so nennt man die kleinen Steaks vom Kalbs- oder Schweinsfilet. Diese leicht klopfen.

3. Eier trennen.

4. Ausreichend Fett rechtzeitig erhitzen.

Zubereitung

1. Das Bier mit den Dottern verrühren, das Mehl einrühren.
2. Masse 30 Minuten rasten lassen, damit das Mehl verkleistern kann.
3. Kurz vor dem Frittieren das Eiklar mit Salz zu Schnee schlagen.
4. Die Hälfte des Schnees vorsichtig unter die Biermasse heben.
5. Die Medaillons salzen, pfeffern, beidseitig in Mehl wenden und das überschüssige Mehl leicht abschütteln.
6. Das Fleisch durch den Backteig ziehen und ins heiße Fett legen.

Shit **DER BACKTEIG HAFTET SCHLECHT AM FLEISCH.**

So!

Es hilft, wenn du das Frittiergut in glattem Mehl wendest, bevor du es durch den Backteig ziehst.

7. Nachdem die Hälfte der Filetscheiben im Fett brutzelt, den restlichen Schnee unter den Backteig heben, danach die restlichen bemehlten Medaillons durch den Backteig ziehen und frittieren.

Shit **NACHDEM ICH ETWA DIE HÄLFTE DES FLEISCHES FRITTIERT HABE, IST DIE BACKTEIGKRUSTE WENIGER LUFTIG UND HAFTET NICHT MEHR SO GUT AM FLEISCH.**

So!

Nachdem du mehrere Stücke durch den Backteig gezogen hast, verabschieden sich die Luftbläschen im Backteig. Aus diesem Grund empfehle ich, vorerst nur die Hälfte des Schnees unter den Teig zu heben. Wenn der Teig dann seine Haftkraft und Luftigkeit verliert, hebst du den restlichen Schnee unter.

Frittieren mit Tempurateig

Garnelentempura steht exemplarisch für viele Knuspermomente. Natürlich umhüllt Tempurateig auch sehr erfolgreich Geflügel, Fischfilets, Lammkotelettes, Medaillons, sogar knackig vorgegartes Gemüse oder Früchte.

3

GARNELENTEMPURA

Zutaten für 2 Personen

- 500 g Garnelen (z. B. Black Tiger)
- Zitronensaft
- Sojasauce
- 1 Esslöffel Sesamöl
- Reis- oder Tempuramehl zum Wälzen
- Reichlich Öl zum Frittieren

Tempurateig

- 160 ml Weißwein
- 200 ml Wasser
- Eiswürfel
- 200 g Tempuramehl oder 100 g Reismehl und 100 g glattes Mehl
- Curry
- 2 Eiklar
- Salz

Vorbereitung

1. Garnelen schälen.

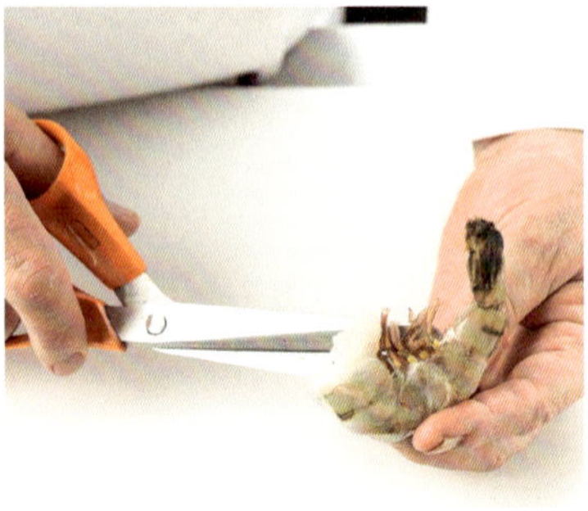

Den Panzer der Garnelen entlang der Unterseite aufschneiden

Schale ablösen

Den Rücken mit einem kleinen Messer längs einritzen …

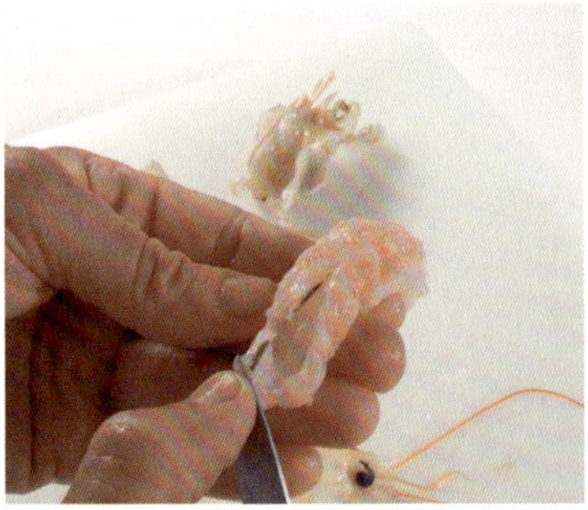

und den Darm herausziehen.

2 Garnelen mit Zitronensaft, Sojasauce und Sesamöl etwa 1 Stunde marinieren.

3 Ausreichend Fett rechtzeitig erhitzen.

Zubereitung

1 Weißwein und Wasser mit Eiswürfeln kühlen.

2 Tempuramehl oder Mehlmischung und etwas Curry einrühren.

Shit DER TEMPURATEIG HAT ZU WENIG BINDUNG.

So!

Nur wenn du alle Flüssigkeiten eiskalt vermischt, wird der Teig die Bindung haben, die du zum Weiterverarbeiten brauchst. Einige Eiswürfel zum Verrühren des Teiges sind unumgänglich.

3 Eiklar mit Salz kurz aufschlagen und unter den Teig heben.

4 Garnelen trocken tupfen und in Tempuramehl wälzen.

Shit DER TEMPURATEIG HAFTET NICHT AN DEN GARNELEN.

So!

Der Teig haftet besser, wenn du die Garnelen trocken tupfst und dann in etwas Tempura- oder Reismehl wälzt.

5 Durch den Teig ziehen und im heißen Fett knusprig frittieren.

6 Auf mehreren Blättern Küchenrolle abtropfen lassen.

Du kannst diesen Tempurateig auch für knackig vorgegartes Gemüse verwenden. Ersetze dafür Curry durch etwas Paprikapulver.

Auch Bananen, Erdbeeren, Kirschen und Äpfel können mit Tempurateig überzogen werden. Lasse aber in diesem Fall das Currypulver weg und vollende dein Werk abschließend mit etwas flüssigem (warmem) Honig.

ZWIEBEL-ROSTBRATEN

» Das Öl verbrennt, die Butter wird braun.
» Nachdem ich das Fleisch ins Mehl getaucht habe, verkleistert das Mehl.
» Beim Braten tritt viel Fleischsaft aus.
» Der Rostbraten ist trocken und sehr bissfest.
» In der Pfanne hat sich kein Bratenrückstand angelegt, der meiner Sauce die nötigen Röstaromen gibt.
» An der Oberfläche der Sauce setzt sich Fett ab.
» Die Sauce hat keinen angenehmen Schmelz am Gaumen.
» Die Butter setzt sich an der Oberfläche des Saftes ab und das Fleisch wird zäh.
» Die Zwiebeln verkleben mit dem Mehl.
» Obwohl die Röstzwiebeln goldgelb waren, sind sie nach dem Herausnehmen aus dem Öl zu dunkel und schmecken bitter.

STEAKS

» Die Steaks verlieren Saft, braten nicht richtig und nehmen keine Farbe an.
» Die Steaks verbrennen außen und sind innen noch roh.
» Wie merke ich, dass mein Steak medium gebraten ist?
» Beim Anschneiden des Steaks am Teller liegt das Fleisch in einer Saftlacke.

GESCHNETZELTES

» Das an sich zarte Fleisch wirkt als Geschnetzeltes grobfaserig im Biss.
» Die Pilze im Geschnetzelten werden schwammig und verlieren an Aroma.
» Wenn ich mehrere Portionen mache, wird der ganze Fleischhaufen matschig.
» Kaum liegt das Fleisch in der Pfanne, ist die Idee mit dem Rösten zu vergessen.
» Der Bratenrückstand ist verbrannt und die Röstaromen für eine gute Sauce sind futsch.
» Das Geschnetzelte ist trocken und zäh.

ENTENBRUST

» Die Entenbrust wölbt sich beim Braten.
» Die Haut wird nicht gleichmäßig braun und knusprig.
» Die Entenbrust verbrennt an der Oberfläche, ist jedoch in der Mitte noch roh.
» Die Sauce wird nach dem Binden mit Stärkemehl puddingartig.

Braten

SCHWEINSBRATEN

- » Der Schweinsbraten schmeckt langweilig.
- » Das Einschneiden der Schwarte ist echt mühsam.
- » Trotz Gewürzen schmeckt das Fleisch eigenartig.
- » Die Schwarte wird nicht gleichmäßig braun.
- » Der Braten ist fertig, aber die Schwarte noch nicht knusprig.
- » Beim Aufschneiden rinnt der Saft aus.
- » Der Bratensaft bekommt keine schöne braune Farbe.

GEFÜLLTE KALBSBRUST

- » Die Fülle ist sehr trocken, aber an einigen Stellen zu weich.
- » Fleisch vorbereiten, Rippen auslösen, untergreifen ... – Das schaffe ich nie!
- » Die Kalbsbrust platzt auf und die Fülle quillt heraus.
- » Die Bratenoberfläche wird spröde und lässt sich nicht gut schneiden.
- » Ich messe eine Kerntemperatur von 80 °C, das Fleisch ist trotzdem an manchen Stellen noch roh.
- » Beim Portionieren fallen Fleisch und Fülle auseinander.

SCHWEINSFILET IM BLÄTTERTEIG

- » Das Filet verliert viel Saft und durchweicht den Blätterteig.
- » Der Blätterteig ist zu weich. Er rinnt mir beim Arbeiten förmlich davon.
- » Der Blätterteig zieht sich beim Backen zusammen.

ENGLISCHES ROASTBEEF

- » Der Senf wird beim Braten bitter.
- » Das Fleisch ist im Anschnitt nicht durchgängig rosa.
- » Das Fleisch ist zu roh oder zu stark durchgebraten.
- » Beim Anschneiden rinnt der ganze Fleischsaft aus.

BRATHUHN

- » Brust und Keulen werden nicht gleichzeitig fertig.
- » Die Haut schmeckt eigenartig.
- » Die Haut wird nicht rundum knusprig, weil das Huhn auf dem Rücken im Bratensaft liegt.
- » Aus Angst, dass das Huhn nicht ganz durch ist, brate ich es bis zu einer Stunde.

Braten in der Pfanne

1

Fleisch ins heiße Öl geben, wenden, ein wenig weiter braten und ... fertig ist die Schuhsohle. Zugegeben, manchmal, wenn Fortuna am Glücksrad dreht, kann es auch gut gehen, mit Betonung auf manchmal. Wie bei so vielen Kochtechniken entscheidet auch beim Braten das Spiel mit der Temperatur, ob das Fleisch am Ende gerade noch essbar, mittelmäßig oder ein kulinarisches Gipfelerlebnis wird. Aber auch die Fleischqualität, das Fett und die Qualität der Pfanne können das Ergebnis beeinflussen.

ZWIEBELROSTBRATEN

Zutaten für 4 Personen

- 4 Scheiben von der Rostbratenried à 200 g (oder Beiried, geschnitten)
- Schwarzer Pfeffer, gemahlen
- Glattes Mehl zum Mehlieren für das Fleisch
- Öl zum Braten

Für den Saft

- 40 g Butter
- 20 g glattes Mehl zum Stauben
- 200 ml Rindsuppe
- 30 g Butter zum Vollenden

Röstzwiebeln

- 300 g Zwiebeln
- 40 g glattes Mehl
- 1 Messerspitze Paprikapulver
- Reichlich Öl zum Frittieren

Zubereitung

Dass du die Sehnen des Fleisches einschneiden musst, da sich sonst dein Fleischstück wölbt, weißt du wahrscheinlich schon vom Schnitzel (siehe S. 93 f.). Der Grund dafür ist, dass sich die Sehnen schneller zusammenziehen als das Muskelfleisch. Den Rostbraten zu klopfen oder zu plattieren ist eigentlich nicht notwendig. Will man dem Wiener-Rostbraten-Standard entsprechen, sollte das Fleisch relativ dünn geklopft werden.

1. Das Fleisch leicht klopfen, Sehnen einschneiden.

2. Pfanne erhitzen, Öl in die Pfanne leeren und ebenfalls erhitzen.

Shit **DAS ÖL VERBRENNT, DIE BUTTER WIRD BRAUN.**

So!

An dieser Stelle ist es wichtig, dass du ein Fett verwendest, welches sich hoch erhitzen lässt. Nimm zum Braten Öl, Butterschmalz oder Schmalz (manchmal darf es natürlich auch das sein).

Weniger geeignet sind kalt gepresstes Olivenöl oder Butter.

3 Rostbraten salzen und pfeffern und mit der geklopften Seite ins Mehl tauchen.

Shit **NACHDEM ICH DAS FLEISCH INS MEHL GETAUCHT HABE, VERKLEISTERT DAS MEHL.**

So!

Du darfst das Fleisch erst im letzten Moment ins Mehl tauchen, um es dann sofort mit der bemehlten Seite nach unten ins heiße Fett zu legen.

Salzen und pfeffern – vor oder nach dem Braten?

Hier scheiden sich die Geister! Ich würze das Fleisch vor dem Braten, weil ich das Gefühl habe, dass das Gewürz besser ins Fleisch einzieht. Gegner dieser Technik sind der Meinung, dass Salz Flüssigkeit aus dem Fleisch zieht (der Profi nennt das osmotische Reaktion) und der Pfeffer verbrennt. Ich habe beide Versionen ausprobiert und bin zu der Einsicht gekommen, dass Fleisch, welches sehr kurz vor dem Braten gewürzt wird, einfach aromatischer schmeckt. Eines steht jedenfalls fest: Das Richtige ist immer das, was dir am besten mundet!

4 Das Fleisch mit der bemehlten Seite ins heiße Fett legen und scharf anbraten.

Shit **BEIM BRATEN TRITT SEHR VIEL FLEISCHSAFT AUS.**

So!

Beim Braten verliert das Fleisch immer Flüssigkeit. Aus diesem Grund muss die austretende Flüssigkeit schneller verdampfen als sie austreten kann. Im Idealfall überprüfst du mit einem Tropfen Wasser, ob die Pfanne schon heiß genug ist. Wenn der Wassertropfen nicht sofort verdampft, sondern noch in der Pfanne tanzt (man nennt das Leidenfrost-Reaktion), dann ist die Brattemperatur erreicht. Du kannst das Öl in die Pfanne gießen, kurz erhitzen, das Fleisch hineinlegen und los geht´s.

5 Den Rostbraten einmal wenden, kurz weiter braten, aus der Pfanne nehmen und warm stellen.

Shit **DER ROSTBRATEN IST TROCKEN UND SEHR BISSFEST.**

So!

Wenn du den Rostbraten kräftig anbrätst, sodass er auf der bemehlten Seite Farbe genommen hat, darfst du ihn nach dem Wenden nur noch ganz kurz braten. Nimm das gute Stück anschließend aus der Pfanne und stelle es warm. Sehr oft passiert der Fehler, dass das Fleisch auf der zweiten Seite kräftig weiter gebraten wird. Es ist nicht notwendig, dass du das Tier in der Pfanne ein zweites Mal tötest!
Du kannst das Fleisch zum Warmhalten mit Alufolie abdecken oder im Rohr bei 70 °C warm halten.

Zubereitung des Saftes

6 Überschüssiges Bratenfett aus der Pfanne leeren und etwas Butter im Bratenrückstand schmelzen.

Shit **IN DER PFANNE HAT SICH KEIN BRATENRÜCKSTAND ANGELEGT, DER MEINER SAUCE DIE NÖTIGEN RÖSTAROMEN GIBT.**

So!

Die Röstaromen, die durch den Bratenrückstand entstehen, sind entscheidend für den Geschmack der Sauce. Willst du aus den Rückständen eine gute Sauce ziehen, solltest du keine beschichtete Pfanne zum Braten verwenden, denn darin kann sich nichts am Boden ansetzen. Moderne Pfannen mit Sandwichboden haben alles, was du für ein sicheres Gelingen der Sauce brauchst.

Shit **AN DER OBERFLÄCHE DER SAUCE SETZT SICH FETT AB.**

So!

Wenn du nach dem Braten das überschüssige Fett nicht ableerst, bevor du den Bratensatz löst, wird deine Sauce mit einem Fettspiegel glänzen. Lasse etwas Butter in der Pfanne schmelzen. Dieses Fett kannst du dann mit wenig glattem Mehl stauben, damit der Saft eine leichte Bindung bekommt.

7 Mit etwas Mehl stauben und das Ganze einmal aufschäumen lassen. Dann mit der Rindsuppe aufgießen und etwas einkochen lassen.

8 Zum Vollenden der Sauce kalte Butterflocken zügig in den Saft einrühren.

Shit **DIE SAUCE HAT KEINEN ANGENEHMEN SCHMELZ AM GAUMEN.**

So!

Aus diesem Grund wird die Sauce mit kalten Butterflocken vollendet, die unter kräftigem Rühren in den Saft gearbeitet werden.

9. Das Fleisch in den Saft legen und etwas ziehen lassen. Die Flüssigkeit darf auf keinen Fall noch einmal aufkochen.

Shit DIE BUTTER SETZT SICH AN DER OBERFLÄCHE DES SAFTES AB UND DAS FLEISCH WIRD ZÄH.

So!

Diese beiden Shits geschehen dann, wenn du den Saft mit dem Fleisch zusammen aufkochst.

Vorbereitung der Röstzwiebeln

1. Zwiebeln schälen und in feine Ringe schneiden.
2. Mehl mit Paprikapulver mischen.

Zubereitung der Röstzwiebeln

1. Öl erhitzen, währenddessen die Zwiebelringe partienweise in der Paprika-Mehl-Mischung wenden.

Shit DIE ZWIEBELN VERKLEBEN MIT DEM MEHL.

So!

Die Zwiebelringe müssen sofort nach dem Bemehlen in das heiße Fett. Wende nur so viele Zwiebeln in der Paprika-Mehl-Mischung, wie du auf einmal in das Fett geben kannst.

2. Zwiebelringe unter ständigem Rühren hellbraun frittieren.

Shit **DAS FETT LÄUFT NACH DEM EINLEGEN DER ZWIEBELRINGE ÜBER.**

So!

Bevor du die Zwiebelringe in das heiße Fett gibst, lege einen Gitterlöffel in den halbhohen Topf. Wenn du bemerkst, dass das Öl gedenkt überzulaufen, hebst du den Gitterlöffel mit den Zwiebelringen kurz aus dem heißen Öl. Warte anschließend einige Sekunden und gib danach die Zwiebeln zum Fertigrösten wieder zurück ins heiße Fett.

3. Die hellbraunen Röstwiebeln aus dem Öl heben, abtropfen lassen und auf mehreren Blättern Küchenrolle locker verteilen.

Shit **OBWOHL DIE RÖSTZWIEBELN GOLDGELB WAREN, SIND SIE NACH DEM HERAUSNEHMEN AUS DEM ÖL ZU DUNKEL UND SCHMECKEN BITTER.**

So!

Die Röstzwiebeln dunkeln nach, selbst wenn sie nicht mehr im Fett brutzeln. Lässt du die Zwiebeln zu lange im Fett, werden sie zu dunkel und rächen sich mit einem bitteren Nachgeschmack. Trotzdem darfst du sie aus Angst, dass sie verbrennen könnten, nicht zu früh aus dem Fett nehmen.

Nimm die Zwiebelringe aus dem Fett, wenn du das Gefühl hast, dass sie gerade noch zu hell sind.

4. Nachdem die Röstzwiebeln etwa 2 Minuten leicht abgekühlt sind, kannst du sie in eine Schüssel geben, wo die knusprigen Zwiebeln auf ihren Auftritt am Zwiebelrostbraten warten.

STEAKS

Steaks zu braten, gilt als die Königsdisziplin am Herd. Natürlich ist das Stück, das nahe an der Mitte des Lungenbratens (Filets) liegt, der ideale Teil dafür. Was ein ordentliches Steak sein will, ist zweifingerdick und wiegt mindestens 200 Gramm. Es gibt aber auch die Schnittart Ladycut, bei der man den Damen kleinere Steaks zuweist. Das möchte ich jedoch im Sinne gelebter Gendergerechtigkeit an dieser Stelle nicht weiter diskutieren.

Für Liebhaber der ungetrübten Fleischeslust kann das Steak nicht „rare" genug sein

Zutaten für 4 Portionen

- 4 Stück Rindslungenbraten aus dem Mittelteil des Lungenbratens, zugeputzt, à 200–250 g
- Salz
- Grüner oder schwarzer Pfeffer aus der Mühle
- Öl zum Braten

Zubereitung

1. Steaks auf beiden Seiten mit Salz und Pfeffer würzen (ich würze das Fleisch vor dem Braten, siehe Zwiebelrostbraten, S. 108).

2. Öl in einer heißen Pfanne erhitzen, die Steaks einlegen und rasant anbraten. Nach etwa 30 Sekunden wenden und auf der anderen Seite ebenfalls flott anbraten.

Shit **DIE STEAKS VERLIEREN SAFT, BRATEN NICHT RICHTIG UND NEHMEN KEINE FARBE AN.**

So!

Die Pfanne muss richtig heiß sein, bevor du das Öl hineinleerst. Wenn du viele Steaks auf einmal in die Pfanne legst, bedenke, dass das Fleisch das Öl rasch abkühlt.

Shit **DIE STEAKS VERBRENNEN AUSSEN UND BLEIBEN INNEN NOCH ROH.**

So!

Nachdem die Fleischstücke auf beiden Seiten Farbe genommen haben, musst du runter vom Gas, also die Hitze so weit reduzieren, dass es in der Pfanne nicht mehr zu laut ist.

3 Hitze reduzieren und die Steaks unter mehrmaligem Wenden auf den gewünschten Garpunkt braten.

Shit WIE MERKE ICH, DASS MEIN STEAK MEDIUM GEBRATEN IST?

So!

Du spürst es mithilfe des Fingerdruckes. Je länger du das Fleisch brätst, umso mehr Widerstand spürst du, wenn du auf das Fleisch drückst. Das Fleisch fühlt sich schwammig an, wenn es innen gerade noch warm ist. Einen deutlichen Widerstand spürst du ab dem Zeitpunkt, wenn es von medium in Richtung durch geht. Nachdem du 1000 Steaks gebraten hast, kannst du mit Sicherheit den korrekten Garpunkt bestimmen. Bis zum 999. Steak sollen dir folgende ungefähre Garzeiten eine Hilfe sein.

Brate das Fleisch auf jeder Seite:

90 Sekunden	Roh, rare	Das Steak ist in der Mitte gerade noch warm.
2 1/2 Minuten	Englisch, medium rare	Das Steak ist innen rosa, in der Mitte noch ein wenig „fleischig".
3 Minuten	Halb durch, medium	Das Steak ist in der Mitte saftig, zart rosa und hat außen eine schöne braune Kruste.
4 Minuten	Am Punkt, à point	Das Steak hat in der Mitte gerade noch einen saftig-rosafarbenen Streifen.
5 Minuten	Durch, well done	Gratuliere! Du hast das Fleisch noch „toter" gemacht, als es bereits war.

Roh, rare

Englisch oder medium rare

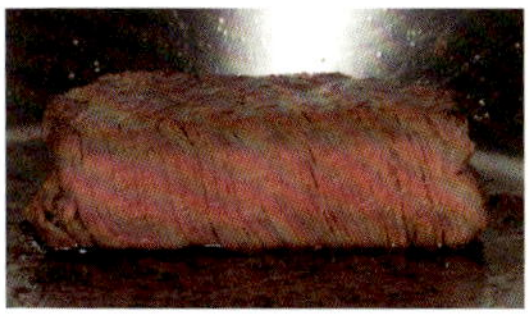
Am Punkt gebraten oder à point

Durch, well done

Noch ein Tipp: Nimm das Fleisch eine Stunde vor dem Braten aus dem Kühlschrank und bringe es auf Zimmertemperatur. Die Tabelle funktioniert bei einer Steakgröße von ungefähr 180 g.

4 Steaks aus der Pfanne nehmen, mit Alufolie abdecken oder im Rohr bei 60 °C warm halten.

Shit BEIM ANSCHNEIDEN DES STEAKS AM TELLER LIEGT DAS FLEISCH IN EINER SAFTLACKE.

So!

Auch wenn deine Gäste vor Hunger schreien, lasse nicht zu, dass dein Steak unter das Messer kommt, bevor es gerastet hat. Es sollte vor dem Anrichten etwa 10 Minuten an einem warmen Ort rasten, damit sich der Saft im Fleisch verteilen und das Steak entspannen kann.

für die, DIE ES GENAU WISSEN WOLLEN

STEAKS ALLE 30 SEKUNDEN WENDEN!
Ich war immer der Meinung, dass Fleisch nicht zu oft gewendet werden sollte, damit man den Bräunungsprozess nicht unterbricht ... ICH lag damit FALSCH! Nachdem ich bei physikalischen Untersuchungen dabei sein durfte, konnte ich mich persönlich davon überzeugen, dass Fleisch alle 30 Sekunden gewendet werden sollte. Die Bildung der Röstaromen wird dadurch nicht negativ beeinflusst! Wichtig ist, dass das Steak Farbe annimmt und danach die Temperatur reduziert wird. Auf diese Weise kann es langsam auf den gewünschten Garpunkt gebraten werden.

BLUTIG BRATEN?
Aufmerksame Leser/innen werden bemerkt haben, dass bei meinen Beschreibungen der Steak-Garzeiten der Begriff „blutig" fehlt. Obwohl ich zugeben muss, dass diese Bezeichnung ihre fachliche Richtigkeit hat, ist sie trotzdem verwirrend: Jedes essbare Getier muss nach dem Schlachten vollkommen ausbluten, sonst würde das Fleisch in kürzester Zeit verderben. Das, was wir in unserer animalischen Begierde als blutig bezeichnen, ist nichts anderes als der rote Blutfarbstoff Hämoglobin, der erst ab einer Temperatur über 70 °C sichtbar denaturiert und sich grau verfärbt.

SAUCE FÜR PFEFFER-STEAK MADAGASKAR

Zutaten für 4 Portionen

- 40 ml Weinbrand
- 200 ml Rindsuppe
- Grüne Pfefferkörner
- 100 ml Schlagobers

Zubereitung

1. Überschüssiges Fett vom Braten der Steaks aus der Pfanne ableeren. Dann den Bratenrückstand mit Weinbrand ablöschen.

Shit ES SIND KEINE BRATENRÜCKSTÄNDE ZUM ABLÖSCHEN IN DER PFANNE ODER DIE RÖSTRÜCKSTÄNDE SIND VERBRANNT.

so!

Wenn du das Fleisch aus purer Angst, dass es anbrennen könnte, in der Pfanne liebevoll ankuscheln lässt, anstatt es ordentlich anzubraten, kann der austretende Saft nicht rasch genug verdampfen. Das Braten in der Pfanne, bei dem die köstlichen Röstaromen entstehen, ist somit nicht möglich.

Die Röstaromen, die sich am Pfannenboden anlegen, werden durch das Ablöschen mit Alkohol oder Suppe vom Pfannenboden gelöst und verleihen der Sauce schlussendlich ihr gewünschtes Aroma. Allerdings ist auch hier allzu viel ungesund: Der karamellisierte Fleischsaft, der als Röstrückstand am Pfannenboden festklebt, muss zwar eine kräftig braune Farbe aufweisen, solltest du jedoch auf schwarze Bratenrückstände am Pfannenboden blicken, dann verzichte auf die Sauce, da Verbranntes bekanntlich ein unerwünschter Krebserreger ist.

2 Mit der Rindsuppe aufgießen, die grünen Pfefferkörner etwas andrücken und beigeben.

3 Schlagobers hinzufügen und einreduzieren lassen.

GESCHNETZELTES

Immer wieder kommt mir zu Ohren, dass Hobbyköchinnen und -köche über Probleme bei der Zubereitung von Geschnetzeltem klagen. Willst du von dieser Speise mehr als zwei Portionen zubereiten, ist das Spiel mit der Temperatur besonders wichtig. Aus diesem Grund erlaube ich mir zum Teil Wiederholungen von Tipps, die auch in anderen Kapiteln beschrieben werden.

Zutaten für 4 Portionen

- 600 g Geschnetzeltes (Kalbs- oder Schweinsfilet, Puten- oder Hühnerbrust)
- 1 kleine Zwiebel
- 100 g Pilze nach Wahl
- Öl zum Braten
- Salz
- Weißer Pfeffer, gemahlen
- Etwas Mehl zum Stauben
- Evtl. 1 Messerspitze Paprikapulver
- 50 g Butter
- Etwas Weißwein oder Zitronensaft
- 100 ml milde Rindsuppe oder brauner Fond (siehe S. 307 ff.)
- 50 ml Schlagobers

Vorbereitung

1. Das Fleisch quer zur Faser nicht zu klein schneiden.

Shit **DAS AN SICH ZARTE FLEISCH WIRKT ALS GESCHNETZELTES GROBFASERIG IM BISS.**

So!

Es ist tatsächlich wichtig, dass du das Fleisch quer zur Faser schneidest. Kurze Fleischfasern kannst du leicht durchbeißen, lange Fleischfasern helfen eher der Zahnstocherproduktion.

2. Die Zwiebel schälen und fein schneiden.

3. Die Pilze putzen und fein schneiden.

Shit **DIE PILZE IM GESCHNETZELTEN WERDEN SCHWAMMIG UND VERLIEREN AN AROMA.**

So!

Vermeide das Waschen der Pilze soweit es geht. Wenn du allerdings mit einem Korb voll erdiger Eierschwammerl kommst, sage bitte nicht: „Schlage nach bei Kiri – der sagt Nein zum Waschen von Pilzen!" In diesem Fall musst du natürlich die Schwammerl waschen – unter fließendem Wasser und so kurz wie möglich.

Fleisch nicht zu klein schneiden, dann würzen und mit Mehl bestauben

Zubereitung

1. Öl in eine heiße Pfanne gießen und erhitzen.

2. Fleisch mit Salz und Pfeffer würzen. Partienweise in der Paprika-Mehl-Mischung wälzen und flach in das heiße Öl legen.

Shit **WENN ICH MEHRERE PORTIONEN MACHE, WIRD DER GANZE FLEISCHHAUFEN MATSCHIG.**

So!

Der Grund dafür ist, dass das Mehl verkleistert. Wälze daher nur die Fleischmenge in der Paprika-Mehl-Mischung, die du in den nächsten 20 Sekunden in die Pfanne gibst.

3 Geschnetzeltes zügig rösten und Farbe nehmen lassen. Dann aus der Pfanne nehmen und warm stellen.

Partienweise anrösten – halte dabei die Röststoffe am Pfannenboden im Auge

Shit **KAUM LIEGT DAS GANZE KLEIN GESCHNITTENE FLEISCH IN DER PFANNE, IST DIE IDEE MIT DEM RÖSTEN ZU VERGESSEN.**

So!

Gib nur so viel Fleisch auf einmal in die Pfanne, bis der Pfannenboden bedeckt ist. Vermeide es, Häufchen zu bilden. Ist zu viel Fleisch in der Pfanne, kühlt das Öl zu schnell ab und es wird wieder nichts mit den köstlichen Röstaromen.

4 Überschüssiges Bratenfett ableeren, die Hitze reduzieren und Butter im Bratenrückstand schmelzen.

Shit **DER BRATENRÜCKSTAND IST VERBRANNT UND DIE RÖSTAROMEN FÜR EINE GUTE SAUCE SIND FUTSCH.**

So!

„Du warst zu heiß!" – Das heißt, du hast der Pfanne zu viel Hitzezufuhr erlaubt. Zugegeben, das Spiel mit der Temperatur benötigt einiges an Übung. Beobachte den Pfannenboden mit Argusaugen, denn was sich am Boden der Pfanne mit den Röstaromen abspielt, ist entscheidend für das Ergebnis am Teller. Haben sich am Pfannenboden Röststoffe angelegt, reduzierst du im Idealfall rechtzeitig die Temperatur. Wenn du das Fleisch partienweise brätst, damit nicht allzu viel auf einmal die Pfanne abkühlen lässt, musst du den angelegten Bratensatz evtl. zwischendurch mit Wasser oder Wein ablöschen. Dadurch lösen sich die Röststoffe von der Pfanne. Lasse die Flüssigkeit mit dem Bratensatz kurz aufkochen, leere sie anschließend ab und verwende sie später zum Aufgießen. Die Pfanne kannst du nun säubern und anschließend die nächste Partie Fleisch in heißem Öl braten.

5 Zwiebeln in der Butter anschwitzen, Pilze beigeben und alles kurz rösten.

6 Mit Weißwein (oder Zitronensaft mit wenig Wasser vermischt) ablöschen, mit Suppe oder Fond aufgießen und etwas einkochen lassen.

7 Schlagobers beigeben und weiter einreduzieren lassen.

8 Fleisch in die Sauce einlegen und ziehen lassen – keinesfalls mehr aufkochen lassen.

Shit DAS GESCHNETZELTE WIRD TROCKEN UND ZÄH.

So!

Wenn die Fleischstücke in der Sauce liegen, darf der Saft auf keinen Fall noch einmal aufkochen. Ich nehme an, du hast für dieses Geschnetzelte nur zarte Fleischteile wie Lungenbraten oder Geflügelbrüste verwendet.

GEBRATENE FLUGENTENBRUST IN HONIG-PFEFFER-SAUCE

Zutaten für 2 Personen

- 1 Flugentenbrust
- Salz
- Schwarzer Pfeffer, gemahlen
- Majoran
- Öl zum Braten

Honig-Pfeffer-Sauce

- 50 ml Rotwein oder Orangensaft
- 250 ml Hühnersuppe (siehe S. 73 f.)
- 40 g Honig
- Grüne Pfefferkörner
- 10 g Stärkemehl
- 50 g Butter

Die Haut kreuzweise einschneiden

Vorbereitung

1. Die verbliebenen Federkiele der Entenbrust mit einer Pinzette entfernen und die Haut kreuzweise einritzen.
2. Das Backrohr rechtzeitig auf 200 °C vorheizen.

Zubereitung

1. Salz, Pfeffer und Majoran mischen, die Ente damit rundum würzen.
2. Öl in einer heißen Pfanne erhitzen, die Entenbrust mit der Hautseite nach oben einlegen.

Shit **DIE ENTENBRUST WÖLBT SICH BEIM BRATEN.**

So!

Allen Kochbüchern zum Trotz: Lege die Entenbrust mit der Hautseite nach oben in das heiße Fett und brate sie auf dieser Seite etwa 4–5 Minuten bei einer moderaten Temperatur.

3. Die Hitze reduzieren und die Entenbrust langsam braten.

4 Die Entenbrust wenden, sodass die Hautseite nun im Fett brät, und das Fleisch beschweren.

Shit DIE HAUT DER ENTENBRUST WIRD NICHT GLEICHMÄSSIG BRAUN UND KNUSPRIG.

So!

Während du die Entenbrust auf der Hautseite knusprig werden lässt, beschwere das Entchen mit einem leichten Gewicht. Ich verwende dafür Softistep (siehe S. 15), eine kleinere Bratpfanne tut es aber auch.

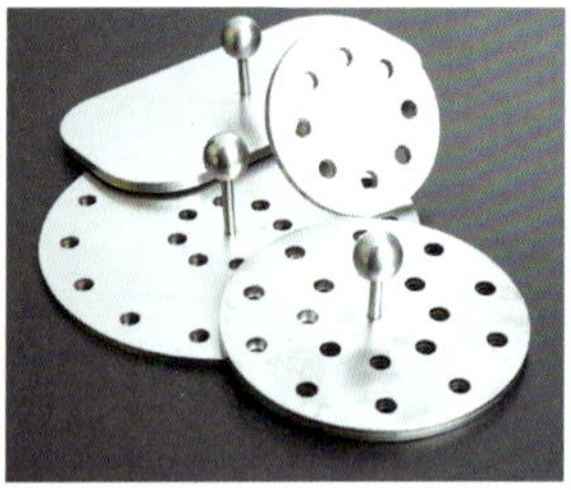

5 Nachdem die Entenbrust an der Hautseite Farbe genommen hat, diese im vorgeheizten Backrohr etwa 8–10 Minuten braten.

Shit DIE ENTENBRUST VERBRENNT AN DER OBERFLÄCHE, IST JEDOCH IN DER MITTE NOCH ROH.

So!

Bei allen dickeren Fleischteilen, wie z. B. Geflügelbrüsten, T-Bone-Steaks, Kalbssteaks, brätst du das Fleisch im Backrohr auf den von dir gewünschten Garpunkt. Beachte dabei, dass du backrohrgeeignete Pfannen verwendest (mehr dazu im Kapitel „Gutes Werkzeug macht es leichter" auf S. 14).

6 Die Entenbrust herausnehmen und warm stellen. Das überschüssige Fett aus der Pfanne ableeren.

Zubereitung der Honig-Pfeffer-Sauce

1 Bratenrückstand mit Rotwein oder Orangensaft ablöschen.

2 Mit Hühnersuppe aufgießen, Honig und Pfefferkörner beigeben, kurz einreduzieren lassen.

3 Stärkemehl mit etwas kaltem Wasser glatt rühren und die kochende Sauce damit binden.

So! Shit DIE SAUCE WIRD NACH DEM BINDEN MIT STÄRKEMEHL PUDDINGARTIG.

Mit diesem Problem bist du nicht alleine, es schwebt wie ein Schreckgespenst selbst über den Pfannen geübter Hobbyköchinnen und -köche. Du musst wissen, dass sich die Konsistenz der Bindung einer Sauce erst dann zeigt, wenn diese aufkocht. Beginne mit dem Binden deshalb sehr vorsichtig. Gib ein wenig von deiner angerührten Stärke in die kochende Sauce, lasse den Saft aufkochen und beobachte, wie weit die Bindung schon fortgeschritten ist. In weiterer Folge kannst du die notwendige Menge der Stärkebeigabe besser einschätzen.

4 Den ausgetretenen Saft der Entenbrust in die Sauce leeren und mit kalten Butterflocken vollenden.

Für die, DIE ES GENAU WISSEN WOLLEN

FLEISCHPOREN UND BRÄUNUNGSREAKTION

Und wieder einmal wurde in einer Kochsendung erklärt, dass sich durch das Anbraten bei starker Hitze die Fleischporen schließen und der Fleischsaft deshalb das gute Steak nicht verlassen kann. So habe auch ich es vor 40 Jahren in der Berufsausbildung gelernt! Selbst wenn tausendmal im Fernsehen von sich schließenden Fleischporen gesprochen wird, ist diese Annahme schlicht und ergreifend falsch. Obwohl diese These von dem bekannten deutschen Chemiker Justus von Liebig um 1850 aufgestellt wurde, konnte sie relativ bald widerlegt werden. Abgesehen davon, dass Fleisch keine Poren hat, wird beim Braten immer Saft austreten. Jedes Fleischstück, und wenn du es noch so heiß anbrätst, verliert Fleischsaft. – Probiere es einfach einmal aus und du wirst es am Zischen hören. Der Fleischsaft, der am Pfannenboden karamellisiert, findet sich als köstliches Röstaroma in der Sauce wieder.

UND DAS GESCHIEHT WIRKLICH

Beim Braten wirst du immer einen Flüssigkeitsverlust haben, weil sich das Bindegewebe (Kollagen) bei starker Hitze um das Muskelfleisch zusammenzieht und den Fleischsaft nach außen drückt. Trotzdem musst du das Fleisch heiß anbraten. Der austretende Saft muss schneller verdampfen, als er aus dem Fleisch entweichen kann. Nur so können die aromatischen Röstverbindungen entstehen. Dieser Vorgang ist als Maillard-Reaktion bekannt. Durch sie erhalten Speisen ab einer Temperatur von 140 °C die richtige Würze. Bei der Maillard-Reaktion reagieren die Aminosäuren mit den Zuckermolekülen. Wasser wird dabei abgespalten und verabschiedet sich in Form von Dampf. Tauchst du Fleisch oder Fisch vor dem Braten mit einer Seite in Mehl ein, vermehrst du die Zuckermoleküle und die Bildung von Röstaromen wird erleichtert. Übrigens spielt die Maillard-Reaktion bei allen Bräunungsprozessen eine Rolle, wie z. B. beim Brotbacken oder beim Rösten von Kakao- oder Kaffeebohnen.

Braten im Rohr

2

Wenn du Gäste erwartest, bietet der große Braten die Möglichkeit, mehrere Portionen mit moderatem Aufwand zuzubereiten. Das große Bratensystem punktet mit einem Arbeitsgang für mehrere gleichmäßig gegarte Teile, raschem Aufteilen und einfachem Handling beim Warmhalten.

Die Tücken beim Braten reichen jedoch von der „letscherten" (zu weichen) Kruste bis hin zum strohtrockenen Fleisch.

DIE 7 GEBOTE BEIM BRATEN

- Brate Fleisch bei hoher Temperatur an, damit sich Röstaromen bilden können.
- Reduziere die Temperatur, wenn sich am Boden Röstaromen angelegt haben. Das Bindegewebe braucht einfach Zeit, um sich in Gelatine umzuwandeln.
- Je magerer das Fleisch ist, desto niedriger sollte die Temperatur zum Weiterbraten sein. Eine Putenbrust oder ein trockenes Schweinskarree fühlt sich bei Temperaturen knapp unter 100 °C am wohlsten und dankt es dir mit einem nicht allzu trockenen Braten.
- Fleischteile mit Fetteinlagerungen kommen problemlos mit Temperaturen um die 160 °C über die Runden.
- Untergieße den Braten laufend mit Flüssigkeit, damit erstens die Röstaromen am Boden nicht schwarz werden und zweitens die heiße Luft die Flüssigkeit nicht aus dem Braten holt.
- Brate hauptsächlich bei Ober- und Unterhitze. Verwende die Umluft erst zum finalen Überkrusten. Umluft trocknet das Fleisch aus (denke an den Wüstenwind der Sahara – dann weißt du was ich meine).
- Schalte die letzten 10 Minuten auf Umluft und erhöhe die Temperatur. So erhältst du eine schöne Kruste.

SCHWEINSBRATEN MIT KRUSTE

Zutaten für 4–5 Portionen

- 1,2 kg Schweinsschulter mit Schwarte
- 3 Knoblauchzehen (gerne auch mehr)
- Salz
- Ganzer Kümmel
- 160 g Butter
- Schweinsknochen oder 3 große mehlige Kartoffeln zum Unterlegen

Für einen saftigen Schweinsbraten ist in erster Linie die Auswahl des Fleischteils von enormer Bedeutung. Das kurze Karree – so sehr mancher auch das magere Fleisch bevorzugt – beleidigt das Schwein und wird immer trocken sein. Ich persönlich liebe die Kruste und verwende für meinen Schweinsbraten gerne die Schulter. Der Schopfbraten sorgt mit seinem Fettgewebe im Muskelfleisch für den saftigsten Braten, auf die Schwarte musst du beim Schopf allerdings verzichten.

Bratensaft

- 2 Esslöffel glattes Mehl zum Binden
- 500 ml Rindsuppe
- Ca. 20 g Butterflocken

Vorbereitung

1. Knoblauch schälen und pressen.
2. Schweinsschulter am Vortag mit Knoblauch, Salz und Kümmel einreiben.

Shit **DER SCHWEINSBRATEN SCHMECKT LANGWEILIG.**

So!

Massiere Salz, Kümmel und den gepressten Knoblauch in das Fleisch, verpacke alles geruchssicher in Frischhaltefolie, verstaue das Ganze in einem Plastikbeutel und lasse das Gewürz über Nacht einwirken.

Zubereitung

1. Wasser (etwa 2–3 cm hoch) in einer Bratpfanne erhitzen, Fleisch mit der Schwarte nach unten einlegen und bei 160 °C ins Rohr schieben.
2. Nach ca. 30 Minuten das Fleisch wenden und die Schwarte einritzen (schröpfen).

Shit **DAS EINSCHNEIDEN DER SCHWARTE IST ECHT MÜHSAM.**

So!

Finger bzw. Messer weg von der rohen Schwarte! Koche die Schwarte lieber zuerst weich, bevor du dich mit dem Messer verletzt.

Gib etwa zweifingerhoch heißes Wasser in die Bratpfanne, lege das gewürzte Fleisch mit der Schwarte nach unten hinein und ab ins Rohr damit. Nach einer halben Stunde ist die Schwarte weich und du kannst sie problemlos einschneiden (schröpfen).

3 Den Braten nochmals kräftig salzen und ein kaltes Stück Butter auf die Schwarte legen.

Shit **TROTZ GEWÜRZEN SCHMECKT DAS FLEISCH EIGENARTIG.**

So!

Salze noch einmal kräftig nach und belege das Fleisch mit reichlich kalter Butter, bevor du es ins Rohr schiebst und weiter brätst. Das Natrium im Salz neutralisiert den unangenehmen Geschmack so mancher Fettsäuren. Die Butter schmilzt und beeinflusst die Kruste zum Guten. Nebenbei erhältst du damit auch das beliebte Bratlfett, das du mit Zwiebeln auf einem guten Stück Brot zu einem Gläschen Wein genießen kannst.

4 Knochen oder Kartoffeln unter das Fleisch legen. Wenn sich Röstaromen am Pfannenboden angelegt haben, laufend Wasser nachgießen.

Shit **DIE SCHWARTE WIRD NICHT GLEICHMÄSSIG BRAUN.**

So!

Bocke das Fleisch so auf, dass die Schwarte wie am obigen Bild gerade liegt. Du kannst dafür Schweinsknochen verwenden, was gut für den Saft ist. Oder du nimmst große geschälte Kartoffeln, die du unter den Braten legst. Die mit dem Bratensaft durchzogenen Kartoffeln sind ein kleines Stück kulinarisches Himmelreich.

5 Bei 160 °C im Rohr braten. Der Braten ist fertig, wenn die Temperatur in der Bratenmitte (Kerntemperatur) 80 °C erreicht hat.

Shit **DER BRATEN IST FERTIG, ABER DIE SCHWARTE NOCH NICHT KNUSPRIG.**

So!

Keinesfalls darfst du das Fleisch übergießen und die Kruste damit immer wieder aufweichen. Ist die Schwarte am Ende noch nicht knusprig genug, öffne das Backrohr, damit der ganze Dampf entweichen kann. Nimm den Braten aus der Pfanne, lege ihn auf ein Blech und brate dann bei 220 °C Oberhitze die Schwarte zum erwarteten Genuss.

6 Den Braten vor dem Aufschneiden 20 Minuten im ausgeschalteten Rohr bei leicht geöffneter Backrohrtür rasten lassen.

Shit **BEIM AUFSCHNEIDEN RINNT DER GANZE SAFT AUS.**

So!

Der Saft sollte im Fleisch bleiben. Das funktioniert nur dann, wenn der Braten rasten kann. Das ist der schwierigste Teil der ganzen Arbeit. Vor allem dann, wenn sich der Bratenduft durch die ganze Wohnung zieht und der Speichelfluss der Familienmitglieder oder Gäste aquaplaningmäßig auszuarten droht.

Das Bratlfett auf dem Schwarzbrot wird dich noch lange an das letzte Schweinsbratenfestmahl erinnern

Zubereitung des Saftes

1 Das überschüssige Fett ableeren und kalt als Bratlfett genießen.

2 Bratenrückstand in der Pfanne mit etwas Mehl stauben und einmal aufschäumen lassen.

3 Mit Rindsuppe aufgießen und 20 Minuten einreduzieren lassen.

4 Saft abseihen und eiskalte Butterflocken einrühren. Der Saft darf nicht mehr aufkochen.

Shit DER BRATENSAFT BEKOMMT KEINE SCHÖNE BRAUNE FARBE.

So!

- Du hast den Braten immer wieder mit Wasser untergossen, ohne dass sich am Boden ein Bratenrückstand gebildet hat. Lasse nun die Flüssigkeit komplett verdampfen und halte die Hitze, bis sich Röststoffe am Boden der Pfanne angelegt haben.
- Dann den Bratenrückstand mit Mehl stauben, kurz rösten und mit Wasser oder Suppe aufgießen.
- Leere danach den Saft mit den Knochen in eine kleine Kasserolle und lasse diese ein wenig auskochen. Danach seihe die Flüssigkeit ab und rühre zügig kalte Butterflocken unter den Bratensaft.

GEFÜLLTE KALBSBRUST

Zutaten für 6 Portionen

- 1,5 kg Kalbsbrust, ausgelöst und untergriffen (an der Schmalseite wird eine Art Tasche geschnitten)
- Salz
- Weißer Pfeffer, gemahlen
- 100 g Butter für den Braten
- 100 g glattes Mehl zum Stauben des Bratensaftes

Fülle

- 3 Semmeln oder 150 g Semmelwürfel
- 1 kleine Zwiebel
- 100 g Champignons
- 100 g Butter
- 160 ml Milch
- 2 Eier
- Salz
- Muskatnuss
- 100 g Erbsen, tiefgekühlt
- 1 Esslöffel gehackte Petersilie

Die Fülle eignet sich nicht nur für Kalbsbrust. Sie schmeckt ebenso in Kalbshals, Schweinsbrust, Geflügel ...

Noch etwas: Du kannst mit der Semmelfülle spielen, indem du die Erbsen und die Champignons einfach ersetzt, wie z. B. durch passierten Spinat und Emmentalerwürfel oder Äpfel und Majoran für Geflügel. Auch Maroni und Rosmarin eignen sich für eine wunderbare Variante.

Vorbereitung der Fülle

1. Semmeln in Würfel schneiden.
2. Zwiebel schälen und fein schneiden.
3. Champignons blättrig schneiden.
3. Petersilie hacken.

Zubereitung der Fülle

1. Butter in einer Pfanne erhitzen, Zwiebel darin anschwitzen, Champignons hinzufügen und weiter rösten.
2. Zwiebel mit den Champignons über die geschnittenen Semmeln verteilen.
3. Milch mit Eiern, Salz und Muskatnuss vermischen und anschließend über die Semmelwürfel gießen.

Shit **DIE FÜLLE HAT EINE EIGENARTIGE KONSISTENZ: SIE IST SEHR TROCKEN, ABER AN EINIGEN STELLEN ZU WEICH.**

So!

Leider lässt sich hier kein genaues Rezept ableiten, da die Semmeln bei einem unterschiedlichen Grad der Trocknung auch eine unterschiedliche Flüssigkeitsmenge aufnehmen.
Halte die Fülle nicht zu trocken, damit sie schlussendlich flaumig auf den Teller kommt.

4. Erbsen und Petersilie beifügen, danach alles ca. 30 Minuten ziehen lassen.

Zubereitung der Kalbsbrust

1. Falls die Kalbsbrust noch nicht ausgelöst ist, wird sie zuerst eingehackt und von den Rippen befreit. Dann wird an der Schmalseite eine Art Tasche geschnitten (untergriffen).

Shit **FLEISCH VORBEREITEN, RIPPEN AUSLÖSEN, UNTERGREIFEN ... — DAS SCHAFFE ICH NIE!**

So!

Kein Grund zur Panik, auch ich mache das nicht selbst. Der Fleischhauer deines Vertrauens schafft es in 5 Minuten. Vergiss jedoch nicht die Knochen mitzunehmen!

Meistens musst du noch ein wenig nachhelfen und die Tasche vorsichtig mit einem kleinen Messer vergrößern.

2. Fülle in die Tasche der Kalbsbrust stopfen und die Öffnung mit Küchengarn zunähen.

Shit **DIE KALBSBRUST PLATZT AUF UND DIE FÜLLE QUILLT HERAUS.**

So!

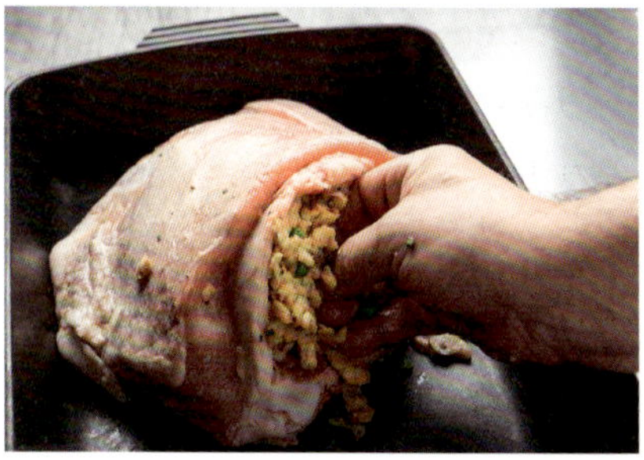

Fülle die Kalbsbrust nicht zu prall. Verteile sie gleichmäßig, indem du auf die Fleischoberfläche drückst.

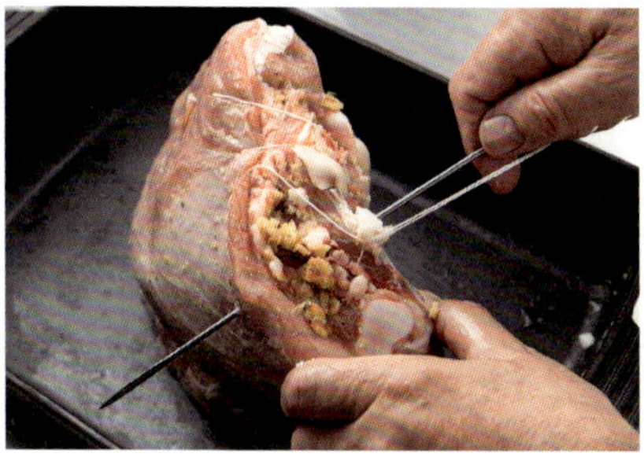

Die Öffnung mit Küchengarn zunähen

Sollte dir noch etwas Fülle übrig bleiben, so kannst du diesen Rest in ausgebutterten Kaffeetassen im Rohr braten und evtl. zu den Anschnitten, die keine Fülle abbekommen haben, reichen.

3. Die Kalbsbrust salzen und pfeffern, in die Bratenpfanne auf eine Knochenunterlage setzen und mit einem Stück kalter Butter belegen.

4 Bei 200 °C ins Rohr schieben und so lange braten, bis die Oberfläche Farbe genommen hat. Danach den Braten wenden.

Shit **DIE BRATENOBERFLÄCHE WIRD SPRÖDE UND LÄSST SICH NICHT GUT SCHNEIDEN.**

So! Lasse die beiden Seiten des Bratens Farbe nehmen, reduziere danach die Temperatur und achte darauf, dass immer etwas Flüssigkeit am Boden ist. Übergieße das gute Stück laufend und wende es öfters.

Gefüllte Kalbsbrust mit Bratenthermometer

5 Wenn die zweite Seite Farbe genommen hat, die Temperatur auf 160 °C reduzieren.

6 Unter laufendem Übergießen bei einer Kerntemperatur von bis zu 80 °C braten.

Shit **ICH MESSE EINE KERNTEMPERATUR VON 80 °C, DAS FLEISCH IST TROTZDEM AN MANCHEN STELLEN NOCH ROH.**

So! Miss nicht die Kerntemperatur der Fülle. Du brauchst diese 80 °C am unteren Teil des Bratens, wo noch einige Krusperl im Fleisch sind.

7 Fleisch aus der Pfanne nehmen, auf ein Blech legen und 20 Minuten im ausgeschalteten Rohr bei leicht geöffneter Backrohrtür rasten lassen.

Shit **DIE GEFÜLLTE KALBSBRUST LÄSST SICH NICHT GUT PORTIONIEREN, FLEISCH UND FÜLLE FALLEN AUSEINANDER.**

So! Auch dieser Braten braucht Zeit zum Rasten. Warte mindestens 20 Minuten, bis sich alles gesetzt hat und die Fülle etwas kompakter wird. In der Zwischenzeit kannst du den Saft zubereiten.

8 Bratensaft zubereiten, die Gewinnung funktioniert genauso wie beim Schweinsbraten (siehe S. 126).

SCHWEINSFILET IM BLÄTTERTEIG

Im Original wird das Filet Wellington mit Rindslungenbraten zubereitet. In meinem Rezept wird das Rinderfilet durch Schweinslungenbraten ersetzt. Auch eine ausgelöste Hühnerbrust, ein Lachs- oder Zanderfilet kannst du mit Duxelles (Champignon-Zwiebel-Masse) in den Teig wickeln. Was immer du auch mit Blätterteig umhüllen wirst, der Beifall für dein kulinarisches Werk ist dir gewiss.

Das klassische Filet Wellington wird mit Rindslungenbraten zubereitet

Zutaten für 4 Portionen

- 400 g Tiefkühlblätterteig (Du kannst den Blätterteig selbstverständlich auch selbst zubereiten.)
- 600 g Schweinslungenbraten (Schweinsfilet)
- Salz
- Weißer Pfeffer aus der Mühle
- Öl zum Braten
- 100 g Hamburger Speck
- 1 Ei zum Bestreichen

Duxelles

- 1 kleine Zwiebel
- 250 g Champignons
- Saft von einer Zitrone
- 1/2 Bund Petersilie
- Etwas Butter zum Rösten
- 2 Esslöffel Crème fraîche
- Salz, Weißer Pfeffer, gemahlen
- Muskatnuss, gemahlen

Vorbereitung der Duxelles

1. Zwiebel schälen und fein schneiden.
2. Champignons mit Zitronensaft beträufeln (so behalten sie ihre Farbe) und fein hacken.
3. Petersilie hacken.

Zubereitung der Duxelles

1. Butter erhitzen, Zwiebel darin anrösten.
2. Champignons beigeben und dünsten, bis der ganze Saft verdampft ist.
3. Etwas Crème fraîche beigeben, kurz weiter dünsten.
4. Petersilie beifügen und mit Salz, Pfeffer und Muskatnuss würzen.

Vorbereitung des Schweinsfilets

1. Blätterteig über Nacht im Kühlschrank auftauen lassen.
2. Die zarte Haut und die Sehnen vom Schweinsfilet wegschneiden.

Zubereitung des Schweinsfilets

1. Schweinsfilet mit Salz und Pfeffer würzen.
2. Öl erhitzen und das Filet auf allen Seiten gut anbraten, danach gut auskühlen lassen.
3. Den Blätterteig dünn ausrollen, mit Speck belegen, Duxelles darauf verteilen, Schweinsfilet darauflegen.

Shit DAS FILET VERLIERT VIEL SAFT UND DURCHWEICHT DEN BLÄTTERTEIG.

So! Wickle nicht das heiße Filet in den Blätterteig, das hilft ein wenig.

4. Alles in den Blätterteig einrollen, mit Ei bestreichen und anschließend rasten lassen.

Shit DER BLÄTTERTEIG IST ZU WEICH. ER RINNT MIR BEIM ARBEITEN DAVON.

So! Verarbeite den Blätterteig direkt aus dem Kühlschrank. Achte darauf, dass die Duxelles und das Fleisch gut ausgekühlt sind.

5 Im Rohr bei 200 °C bis zu einer Kerntemperatur von 65 °C backen.

Shit **DER BLÄTTERTEIG ZIEHT SICH BEIM BACKEN ZUSAMMEN.**

So!

Blätterteig muss vor dem Backen immer rasten – in unserem Fall am Besten im Kühlschrank.

6 Im leicht geöffneten Rohr 10 Minuten rasten lassen.

ENGLISCHES ROASTBEEF

Zutaten für 4 Portionen

- 600 g Beiried (Roastbeef)
- Salz
- Schwarzer Pfeffer, gemahlen
- 20 g Estragonsenf
- 40 ml Öl

Saft

- 50 g Butter
- 1 Esslöffel glattes Mehl
- 50 ml Rotwein
- 200 ml Rindsuppe (oder Wasser)
- 1 Blatt Gelatine
- 40 g Butter

Vorbereitung

1 Beiried an der Unterseite sorgfältig mit einem dünnen Messer zuputzen.

2 Die Fettschicht an der Oberseite auf ein verträgliches Maß schneiden.

3 Unter der Fettschicht liegende Sehnen in kurzen Abständen einschneiden.

4 Backrohr auf 200 °C vorheizen.

Zubereitung

1. Fleisch kräftig salzen und pfeffern, die zugeputzte Seite mit Senf bestreichen.
2. Das Öl in der Bratenpfanne erhitzen, Fleisch mit der Fettseite nach unten einlegen, auf allen Seiten scharf anbraten.

Shit DER SENF WIRD BEIM BRATEN BITTER.

So!

Du darfst das Fleisch nur auf der Unterseite mit Senf bestreichen und keinesfalls mit der Senfseite zuerst ins heiße Fett legen.

3. Fleisch im Backrohr bei 200 °C ohne Umluft braten, nach ca. 10 Minuten die Hitze auf 90 °C reduzieren.

Shit DAS FLEISCH IST IM ANSCHNITT NICHT DURCHGÄNGIG ROSA. ES IST ZU STARK VON EINEM GRAUEN RAND UMGEBEN.

So!

Du hast viel zu lange mit hoher Temperatur gearbeitet. Solltest du dich exakt an meine Temperaturangaben gehalten haben, reduziere die 90-°C-Phase um 5 °C.

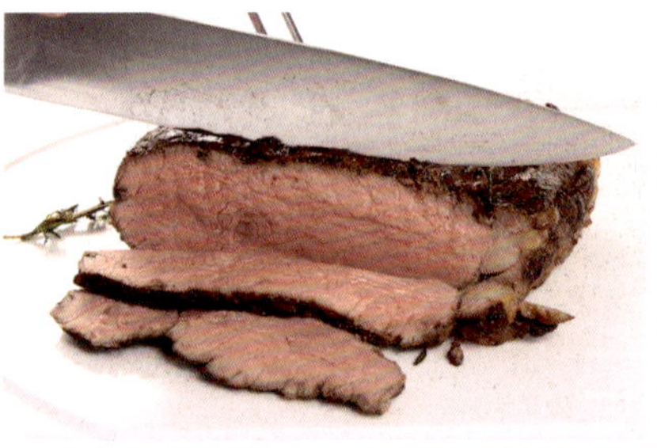

Roastbeef sollte durchgehend rosa sein

4. Den Braten etwa alle 20 Minuten mit dem ausgetretenen Bratenfett übergießen.
5. Nach etwa 90 Minuten ist die Kerntemperatur von 55 °C erreicht.

Shit DAS FLEISCH IST ZU ROH ODER ZU STARK DURCHGEBRATEN.

So!

Arbeite mit einem Bratenthermometer, die 55 °C müssen unbedingt erreicht werden. Meine angegebenen Zeiten sind Richtwerte. Gewicht, Alter und Anfangstemperatur des Fleischteiles können die Zeit- und Temperaturangaben gehörig durcheinanderwirbeln.

6 Roastbeef aus der Pfanne nehmen, mindestens 20 Minuten bei 60 °C rasten lassen.

Shit BEIM ANSCHNEIDEN RINNT DER GANZE FLEISCHSAFT AUS.

So!

Du weißt es sicher schon von den vorherigen Braten: Das Fleisch muss rasten, bevor du mit Messer und Gabel zur Sache gehst.

Für die, DIE ES GENAU WISSEN WOLLEN

RASTEN LASSEN UND FLÜSSIG-KULINARISCHES GOLD GEWINNEN

Frisch Gebratenes muss unbedingt rasten, bevor es aufgeschnitten wird. So kann sich das Muskelgewebe vom Bratprozess besser erholen, während sich der Saft gleichmäßig im Fleisch verteilt.

Während der Rastzeit verliert das Fleischstück natürlich auch Fleischsaft. Dieses flüssig-kulinarische Gold darfst du auf gar keinen Fall entsorgen. Damit gibst du der Sauce abschließend Kraft und Würze.

Zubereitung des Saftes

1. Überschüssiges Fett abgießen, Butter schmelzen.

Shit ICH HABE MEHR BRATENSAFT ALS FETT IN DER PFANNE.

So!

Damit bist du perfekt unterwegs. Lasse den Saft einfach so lange einkochen, bis nichts mehr da ist und er am Boden karamellisiert. Dann das überschüssige Bratfett abgießen, die Butter dazugeben, mit Mehl stauben, kurz aufschäumen lassen …

2. Mit Mehl stauben und aufschäumen lassen.

3. Mit Rotwein ablöschen und alle Röststoffe vom Boden lösen, dann mit Rindsuppe (oder Wasser) aufgießen.

4. Eingeweichte Blattgelatine in den Saft einrühren.

5. Kalte Butterstücke zügig einrühren, nicht mehr kochen lassen.

Shit DIE BUTTERSTÜCKE SETZEN SICH RASCH AB UND BILDEN EINEN UNERWÜNSCHTEN FETTSPIEGEL.

So!

Ich rühre eingeweichte Gelatine in den Saft, bevor ich mit der kalten Butter an die Sauce gehe. Ich habe das Gefühl, dass sich so das Fett nicht so schnell von der Sauce trennt.

BRATHUHN

Zutaten für 4 Portionen

- 1 Huhn (ca. 1,5–1,8 kg)
- Salz, Pfeffer
- Paprikapulver
- 50 g Butter zum Einstreichen des Huhns bzw. zum Vollenden des Saftes

Saft

- 1 Esslöffel glattes Mehl
- 500 ml Wasser, Hühner- oder Rindsuppe

Zubereitung

1. Das Huhn innen mit kaltem Wasser ausspülen und mit Küchenrolle trocken tupfen.

2. Huhn binden oder an der schmalsten Seite der Brust kleine Einschnitte machen und die Keulen durch diese Öffnungen stecken.

Shit **BRUST UND KEULEN WERDEN NICHT GLEICHZEITIG FERTIG.**

So!

Profis binden Geflügel so, dass Brust und Keulen die annähernd gleiche Stärke haben. Einfacher geht es, wenn du das Huhn an den Brustspitzen einschneidest und die Keulen durchsteckst.

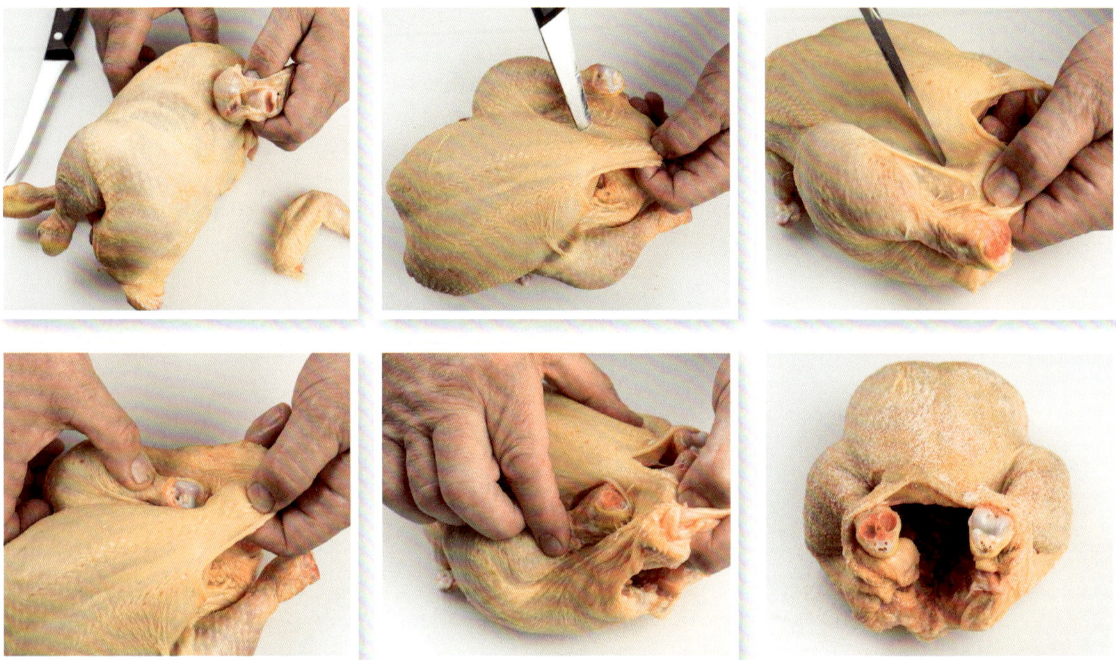

3 Salz, Pfeffer und Paprikapulver vermischen und das Huhn kräftig mit dieser Gewürzmischung einreiben. Vergiss nicht, auch die Innenseite zu würzen.

Shit **DIE HAUT SCHMECKT EIGENARTIG.**

So!

In diesem Fall warst du beim Salzen zu zaghaft. Wie unter der Schweineschwarte befinden sich auch unter der Geflügelhaut Fettsäuren, die einen unangenehmen Nachgeschmack haben. Mit dem Salz kannst du diese Geschmacksstoffe neutralisieren.
Keine Angst vorm Versalzen! Diese Fettsäuren neutralisieren auch die Schärfe des Salzes.

4 Huhn mit dem Rücken nach oben in die Bratpfanne oder auf den Gitterrost legen oder auf einen Hühnerbräter bzw. über eine Bierdose stülpen.

Shit **DIE HAUT WIRD NICHT RUNDUM KNUSPRIG, WEIL DAS HUHN AUF DEM RÜCKEN IM BRATENSAFT LIEGT.**

So!

Es gibt mehrere Möglichkeiten, das Huhn so zu braten, dass es nicht im Fett liegt. Schlaue Menschen habe zum Hühnerbraten einen Hühnerbräter entwickelt.

Köstlich schmeckt das Huhn auch, wenn du es anstelle des Hühnerbräters auf eine halbvolle Bierdose steckst und stehend brätst. In diesem Fall solltest du das Huhn öfters mit flüssiger Butter bestreichen, dann wird die Haut superknusprig.

Damit keine Farbe von der Dose auf dem Huhn landet, wickle ich die Dose gerne in Alufolie ein. Die matte Seite ist natürlich auf der Außenseite. Sollte Alkohol vermieden werden, kannst du die leere Dose zu 2/3 mit Wasser und einigen Rosmarinnadeln befüllen.

Größeres Geflügel wie Enten und Gänse lege ich zum Braten auf einen Gitterrost, damit es nicht im Saft liegt. Wenn du das auch so machen willst, vergiss nicht, ein Blech darunter zu schieben, damit Saft und Fett abtropfen können, ohne dass du nachher für die Reinigung des Rohres mehr Zeit brauchst als zum Braten.

5. Mit Butterstücken belegen und im auf 200 °C vorgeheizten Rohr 35 Minuten braten.

6. Zum Fertigbraten die Hitze auf 220 C° erhöhen und die Umluft einschalten.

Shit

AUS ANGST, DASS DAS HUHN NICHT GANZ DURCH IST, BRATE ICH ES BIS ZU EINER STUNDE.

So!

Damit ist das Huhn nicht nur durch, sondern auch staubtrocken. Es gibt zwei Techniken, um herauszufinden, ob Geflügel schon gar ist:

1. Lasse den Saft aus dem Hinterteil des Huhns ausrinnen. Ist der Saft klar, ist es fertig. Ist der Saft noch trüb oder gar noch rosarot, dann brate es weiter.
2. Stich mit einer Gabel in das Gelenk des Oberschenkelknochens. Wenn das Huhn fertig ist, ist auch dieser austretende Saft nicht rot, sondern klar.

7. Huhn aus der Pfanne nehmen und an einem warmen Ort rasten lassen.

Zubereitung des Saftes

1. Das überschüssige Fett ableeren, die Bratenrückstände mit etwas Mehl stauben und kurz aufschäumen lassen.
2. Mit Wasser, Hühner- oder Rindsuppe aufgießen, einreduzieren lassen und abseihen.

EINGEMACHTES KALBFLEISCH

- » Das Fleisch schmeckt langweilig.
- » Das Fleisch ist faserig und trocken.
- » Die Sauce schmeckt mehlig.
- » Weißwein geht wegen der Kinder nicht.
- » Fett setzt sich von der Sauce ab.

GESCHMORTES HUHN MIT SPECK UND PILZEN

- » Am Boden des Topfes brennt alles an.
- » Hühnerteile bekommen keine Farbe.
- » Die Hühnerteile, vor allem die Bruststücke, werden sehr trocken.
- » Der Kampf gegen Rohmehlgeschmack und Bröckerl ist sehr mühsam.

GEDÜNSTETE KALBSVÖGERL

- » Das dauert ja ewig …
- » Noch immer langsam schmoren? Kann ich endlich Gas geben?
- » Das Tomatenmark färbt die Sauce rot.

RINDS-ROULADEN

- » Die Rindsschnitzel verwandeln sich beim Klopfen in Fetzen und lassen sich nur schwer einrollen.
- » Die Sauce wird puddingartig.

GESPICKTER RINDSBRATEN

- » Der Speck wehrt sich beim Spicken – er reißt.
- » So ein Kinderspiel ist das Spicken nun auch wieder nicht. Mir brechen die Gurkerl- und Karottenstifte in der Spicknadel ab.
- » Jetzt ist der Bratenrückstand schon so dunkel, dass er verbrennt, wenn ich darin noch etwas anröste.
- » Bis das Tomatenmark braun ist, sind die Röststoffe am Boden verbrannt.
- » Der frische Geschmack der Aromen fehlt, die Sauce hat einen bitteren Nachgeschmack.
- » Das Fleisch ist trocken und bröselig.

Dünsten

RINDSRAGOUT

- » Das Fleisch verliert beim Anbraten zu viel Fleischsaft.
- » Das Tomatenmark wird nicht braun, die Aromavielfalt könnte besser sein …
- » Das Fleisch könnte noch saftiger sein.

RINDSGULASCH

- » Das Fleisch wird trocken und faserig, der Saft hat keine Kraft.
- » Beim Schneiden der Zwiebeln kommen mir die Tränen.
- » Das Gulasch schmeckt süßlich und hat einen bitteren Nachgeschmack.
- » Der Gulaschsaft schmeckt bitter.
- » Die Zwiebeln verkochen nicht ganz und die Sauce hat zu wenig Bindung.
- » Das Fleisch ist voll trocken.
- » Es fehlt das mollige Gulascherlebnis am Gaumen.

GULASCH-ANSATZ

- » Der Gulaschansatz schmeckt langweilig.

KALBSGULASCH

- » Das Fleisch wird grobfaserig und trocken.
- » Das Schlagobers im Gulaschsaft flockt aus.

PAPRIKAHUHN

- » Die Hühnerbrüste sind nach dem Dünsten nicht saftig.
- » Das Fleisch wird trotz Haut und Knochen trocken.

Helldünsten

Der größte Shit, der bei dieser Zubereitungsmethode lauert, ist ein langweiliger Geschmack. Doch darin liegt gleichzeitig die Chance! Die Kraft des Fleisches in einer neutralen Sauce lässt dir viel Raum für Spielchen mit würzigen Zutaten. Egal, ob Kapern, Speck, Knoblauch oder Schwammerl, du kannst dich auf der Klaviatur der Würzung vollends austoben.

1

EINGEMACHTES KALBFLEISCH

Zutaten für 4 Portionen

- 600 g Kalbsschulter, ausgelöst
- 1 Bund Suppengrün (ca. 200 g)
- 1 kleine Zwiebel
- Salz
- 2 Lorbeerblätter
- Weiße Pfefferkörner

Sauce

- 30 g Butter
- 1 Zwiebel
- 30 g glattes Mehl
- 500 ml Kochsud vom Fleischdünsten
- 50 ml Weißwein
- 130 ml Schlagobers
- Salz, Pfeffer
- Muskatnuss, gerieben
- 20 g Butter für Butterflocken

Vorbereitung

1 Fleisch in etwa 4 cm große Würfel schneiden.

Shit **DAS FLEISCH IST TROCKEN.**

So!

Das kann mehrere Ursachen haben. Schneide die Fleischwürfel nicht zu klein, damit die Hitze nicht zu schnell in den Kern eindringen kann. Würfel von mindestens 4 cm sind eine gute Größe.

2 Wurzelgemüse putzen und in kleine Würfel schneiden.

3 Zwiebel für die Sauce schälen und fein schneiden.

4 Pfefferkörner und Lorbeerblätter in ein Gewürzsäckchen geben.

5 Lauch und Petersilie vom Suppengrün zu einem Sträußchen binden.

Suppengrünsträußchen

Zubereitung

1 1 l Wasser mit etwas Salz zum Kochen bringen, Gemüse kernig kochen, danach aus dem Sud nehmen und abfrischen. Der Kochsud vom Gemüse wird zum Dünsten weiter verwendet.

2 Gewürzsäckchen und Suppengrünsträußchen in den Gemüsekochsud legen, 5 Minuten kochen lassen, danach das Fleisch beifügen.

Shit DAS FLEISCH SCHMECKT LANGWEILIG.

So!

Gib zuerst die Zwiebel und das Gewürzsäckchen in den Gemüsesud und lasse ihn kurz aufkochen. Damit hast du schon einmal eine leicht gesättigte Lösung. Das Wasser muss dadurch die Mineralstoffe nicht aus dem Fleisch holen.

3 Hitze reduzieren, den Deckel auf die Kasserolle geben und bei moderater Temperatur dünsten.

4 Nach etwa 50 Minuten das Fleisch kontrollieren, ob es schon weich ist.

Shit DAS FLEISCH IST FASERIG UND TROCKEN.

So!

Lege das Fleisch in die kochende Flüssigkeit und reduziere die Hitze. Du darfst das Fleisch nicht zu schnell erhitzen. Nachdem du den Deckel auf den Topf gegeben hast, schmore das Ganze am besten im Backrohr bei einer Temperatur von 100 °C.

5 Suppengrünsträußchen und Gewürzsäckchen entfernen.

6 Fleisch aus dem Saft nehmen, Kochsud aufkochen und auf 500 ml einreduzieren lassen.

Zubereitung der Sauce

1. Butter in einer Kasserolle erhitzen, Zwiebel anschwitzen, danach das Mehl einstreuen.

2. Bei niedriger Temperatur langsam rösten, es sollten sich allmählich Bläschen bilden. Dann die Kasserolle vom Feuer nehmen und kurz überkühlen lassen.

Shit DIE SAUCE SCHMECKT MEHLIG.

So!

Wenn du die Einmach aufschäumen lässt, verwandelt sich die mehlig schmeckende Stärke in Dextrose. Dextrose hat keinen Rohmehlgeschmack, sondern eher einen süßlichen Abgang.

Wie du eine Einmach ohne Shits zubereitest, kannst du auf S. 304 nachlesen.

3. Den Kalbfleisch-Gemüse-Kochsud aufkochen und unter kräftigem Rühren in die überkühlte Einmach einrühren.

Shit IN DER SAUCE SIND BRÖCKERL.

So!

Es ist unbedingt notwendig, dass die Einmach etwas abkühlt und die Flüssigkeit zum Aufgießen kocht. Hast du dennoch Bröckerl in der Sauce, so kannst du diesen mit dem Stabmixer zu Leibe rücken.

4. Weißwein beifügen und ein wenig verkochen lassen. Danach das Schlagobers hinzufügen und einreduzieren lassen.

Shit WEISSWEIN GEHT WEGEN DER KINDER NICHT.

So!

Weißwein ist immer die erste Wahl, wenn es darum geht, die Sauce durch eine Säurekomponente reizvoller zu machen. Natürlich geht auch Zitronensaft oder Sauerrahm anstelle des Schlagobers. Vergiss aber nicht, die Flüssigkeit mit der Säure gut zu verkochen, bevor du Schlagobers beifügst, da die Sauce sonst ausflockt.

5. Fleisch in die Sauce geben, sodass das Fleisch langsam wieder erhitzt wird. Die Sauce darf nicht mehr kochen.

6. Das Gemüse zum Fleisch in die Sauce geben und kurz erhitzen.

7. Mit Muskatnuss, Salz und Pfeffer würzig abschmecken.

8. Eiskalte Butterflocken zügig einrühren, nicht mehr aufkochen lassen.

Shit **FETT SETZT SICH VON DER SAUCE AB.**

So!

Verwende wirklich kalte Butterflocken und rühre diese kräftig mit dem Schneebesen ein. Die Butterflocken dürfen nicht zu schnell in der Sauce schmelzen. Nur so können sich feinste Fetttröpfchen mit der Sauce verbinden, die das sämige Mundgefühl verursachen.

Ausbruch aus der geschmacklichen Langeweile

Indem du den Saft mit aromatischen Zutaten, wie z. B. Kräutern, Kapern, Trüffel, Schinken oder gerösteten Pilzen (Champignons, Eierschwammerl, Steinpilze etc.) erweiterst, machst du das Eingemachte zum Erlebnis.

Mit der gleichen Technik kannst du übrigens auch ein Einmachhuhn zubereiten. Dafür wird das Huhn mit Haut und Knochen in Brüste und Keulen geteilt und diese noch einmal halbiert. Nachdem du die Teile gekocht hast, kannst du die Haut und die umliegenden Knochen entfernen.

Schmoren

Die meisten Shits erlebst du, wenn du das Spiel mit der Temperatur ignorierst. Bist du beim Anbraten zu wenig heiß und zu schnell unterwegs, wirst du keine Röstaromen zustande bringen. Verlierst du dann die Nerven und dünstest mit zu starker Hitze, weil dir die Zeit davonläuft, wirst du dich mit trockenem Fleisch von unerträglicher Zähigkeit quälen müssen.

2

GESCHMORTES HUHN MIT SPECK UND PILZEN

Zutaten für 4 Portionen

- 1 Huhn à 1,5 kg
- 100 g Karotten
- 1 Zwiebel
- 250 g Champignons
- Öl zum Bestreichen des Bodens der Kasserolle
- 100 g Speckwürfel
- Salz
- Pfeffer aus der Mühle
- 150 ml Weißwein
- 500 ml Wasser oder Hühnersuppe

Sauce

- 30 g Butter
- 20 g glattes Mehl
- 400 ml der Schmorflüssigkeit
- Salz
- 1 Esslöffel gehackte Petersilie

Vorbereitung

1. Huhn halbieren, die Flügelspitzen und das Rückgrat ausschneiden, dann in Brust und Keulen teilen.
2. Karotten schälen und in kleine Würfel schneiden.
3. Zwiebel schälen und in grobe Würfel schneiden.
4. Champignons reinigen und vierteln.
5. Flügelspitzen und Rückgrat vom Huhn mit den Gemüseanschnitten und Schalen zu einem Hühnersud verkochen. Wie das geht, kannst du auf S. 73 nachlesen.
6. Backrohr auf 220 °C vorheizen.

Zubereitung

1. Den Boden eines Schmortopfes mit Öl ausstreichen und mit Speckwürfeln ausstreuen.

Es ist nicht notwendig, dass du dir für diese klassische Zubereitungstechnik des Braundünstens eine Braisière, also einen französischen Schmortopf, anschaffst. Ebenso gut eignet sich dafür eine größere Kasserolle mit gut schließendem Deckel.

Shit AM BODEN DES TOPFES BRENNT ALLES AN.

So!

Wichtig ist, dass der Boden mit Speckwürfeln oder Speckscheiben ausgelegt ist. Reichen die Speckwürfel nicht aus, hat dein Schmortopf wahrscheinlich eine größere Oberfläche als der Topf, mit dem ich dieses Gericht ausprobiert habe. Nimm in diesem Fall mehr Speck, du kannst aber auch eine Speckschwarte verwenden und den ganzen Topf damit auslegen. Wenn du den Boden der Kasserolle mit Speck ausgelegt hast, schmilzt dieser und das ausgelassene Fett erschwert das Anbrennen.

2. Darüber eine Schicht Zwiebeln sowie eine weitere Schicht mit Karotten und Champignons geben.
3. Die Hühnerteile salzen und pfeffern und auf die Karotten-Champignon-Schicht legen.
4. Den Topf ohne Deckel ins vorgeheizte Rohr stellen.
5. Wenn die Hühnerteile Farbe genommen haben, wenden und auf der anderen Seite ebenfalls Farbe nehmen lassen.

Shit DIE HÜHNERTEILE BEKOMMEN KEINE FARBE.

So!

Keine Angst vor angebrannter Kunst!
Ich habe es bei Freunden in der Küche ausprobiert: Die Temperatur bei Haushaltsbackrohren schwankt je nach Herdmodell um bis zu 25 °C. Erhöhe einfach die Temperatur, du benötigst die volle Hitze, um Röstaromen zu erhalten.

6. Die Temperatur im Rohr auf 90 °C reduzieren. Wein und kochende Hühnersuppe (oder Wasser) zugießen und etwa 80 Minuten zugedeckt langsam weiter schmoren.

7. Die Schmorflüssigkeit abseihen. Die Einlage (Speck, Karotten, Zwiebel, Pilze) zur Seite stellen, die Hühnerteile wieder ins Rohr schieben.

Shit **DIE HÜHNERTEILE, VOR ALLEM DIE BRUSTSTÜCKE, WERDEN SEHR TROCKEN.**

So!

Wenn das Fleisch Farbe genommen hat, musst du unbedingt die Temperatur reduzieren. Nur so schaffst du es, dass magere Fleischteile auch saftig bleiben. Mit Fett und Sehnen durchzogenes Fleisch verzeiht eher Temperatursünden.

Zubereitung der Sauce

1. Butter in einer Kasserolle schmelzen, Mehl einstreuen und bei milder Temperatur rösten, bis die Einbrenn hellbraun ist, dann zur Seite stellen und etwas abkühlen lassen.

Shit **DER KAMPF GEGEN ROHMEHLGESCHMACK UND BRÖCKERL IST SEHR MÜHSAM.**

So!

Mehl langsam bis zur hellbraunen Verfärbung in der Butter rösten, etwas überkühlen lassen und mit der kochenden Schmorflüssigkeit aufgießen.

Du kannst die Sauce auch mit in kaltem Wasser angerührtem Stärkemehl binden (siehe dazu Rindsrouladen, S. 153 ff.). Nennenswert ist die altmodische Methode mit der Einbrenn deshalb, weil sich die Mehlröstaromen unaufdringlich mit der Geschmacksfülle der anderen Zutaten verbinden.

2. Die Einbrenn mit der heißen Schmorflüssigkeit aufgießen und auf kleiner Flamme 30 Minuten kochen lassen.

3. Hühnerteile und Einlage in die Sauce legen, mit Salz und Pfeffer abschmecken.

4. Nach dem Anrichten mit gehackter Petersilie bestreuen.

GEDÜNSTETE KALBSVÖGERL

Kalbsvögerl haben nichts mit fliegendem Federvieh zu tun. Kalbsvögerl ist vielmehr der Fachbegriff für eine ausgelöste Kalbsstelze.

Zutaten für 4 Portionen

- 1 kg ausgelöste Kalbsstelze
- 100 g Selchspeck
- 1 Zwiebel
- 100 g Karotten
- 100 ml Öl
- Salz
- Weißer Pfeffer aus der Mühle
- 50 g glattes Mehl
- 100 ml Weißwein
- 40 g Tomatenmark
- 1 Lorbeerblatt
- Pfefferkörner
- 600 ml Rindsuppe oder Wasser
- 1 Esslöffel Stärkemehl zum Binden

Vorbereitung

1. Die Kalbsvögerl zuputzen: Die Deckhäute nicht abziehen, die ausgelöste Kalbsstelze entlang der Muskelstränge in längliche Stücke schneiden.

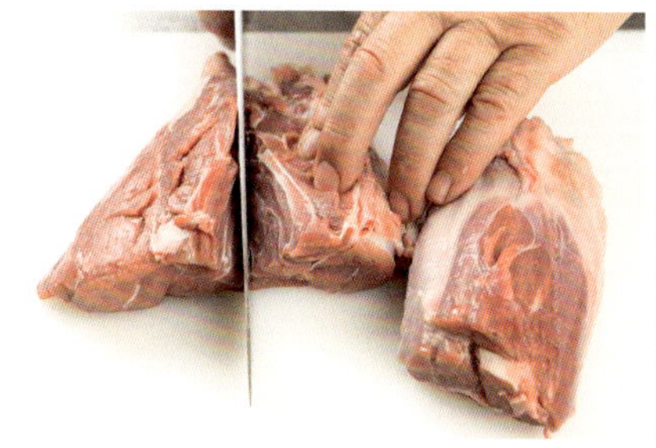

2. Speck in Scheiben schneiden. Du kannst aber auch eine Speckschwarte mitdünsten.

3. Zwiebel schälen und in grobe Würfel schneiden.

4. Karotten schälen und in Scheiben schneiden.

Zubereitung

1. Öl in einer Kasserolle erhitzen. Kalbsvögerl salzen, pfeffern, in Mehl wälzen und rundum im heißen Öl Farbe nehmen lassen, danach aus der Kasserolle nehmen.

2. Das Fett in der Kasserolle etwas abkühlen lassen und mit den Speckscheiben auslegen.

3. Zwiebel auf den Speck schichten, dann die Karottenscheiben darüberlegen.

4. Die angebratenen Kalbsvögerl daraufsetzen und das Ganze zugedeckt bei geringer Hitze ungefähr 25 Minuten braten. Tomatenmark hinzufügen und nochmals kurz weiterbraten.

5. Mit Weißwein ablöschen, wieder zudecken und weitere 20 Minuten langsam ziehen lassen.

Shit DAS DAUERT JA EWIG ...

So!

Die milden Temperaturen sind für das Gelingen entscheidend. Während der Speck schmilzt, tropft der Fleischsaft auf den Boden, wo er karamellisiert. Nur nicht die Nerven verlieren, denn jetzt bilden sich die köstlichen Aromaverbindungen. Zu früh mit Wasser zu untergießen, kann in diesem Augenblick alles zerstören. (Maillard-Reaktion nennt der Physiker demütig und andächtig diesen Vorgang. Mehr dazu kannst du auf S. 121 nachlesen.)

6. Mit Suppe (oder Wasser) aufgießen, Pfefferkörner und Lorbeerblätter beigeben und zugedeckt im Rohr bei 90 °C 90 Minuten schmoren.

Shit NOCH IMMER LANGSAM SCHMOREN? KANN ICH ENDLICH GAS GEBEN?

So!

Noch einmal langsam schmoren und zwar bei einer Temperatur zwischen 75 und 90 °C. Die Kalbsstelze ist sehr sehnenreich und verzeiht viel, wenn es um die Saftigkeit geht. Die Sehnen brauchen jedoch Zeit, um alles, was so an Bindegewebe enthalten ist, in eine herrliche, geleeartige Konsistenz zu verwandeln. So „pickig" diese Sehnen auch sind, sie geben der Kalbsstelze das unverwechselbare Mundgefühl.

7 Das Fleisch aus dem Saft nehmen und warm stellen.

8 Den Saft abseihen.

9 Stärkemehl mit etwas kaltem Wasser verrühren und den kochenden Saft damit zur Sauce binden.

Shit DAS TOMATENMARK FÄRBT DIE SAUCE ROT.

So!

Das passiert dir vor allem, wenn du zu viel davon nimmst. Ich verwende lieber reife Tomaten.

Tomaten müssen trotzdem sein, denn ihre Süße ist der Gegenpart zur Säure des Weines.

Alternativen zu Stärkemehl

Anstelle der Bindung mit Stärkemehl kannst du die Sauce auch mit einer Einmach binden (siehe Geschmortes Huhn, S. 150). Eine weitere Variante ist, Sauerrahm mit glattem Mehl zu verrühren, in den kochenden Saft zu leeren und bei milder Hitze gut verkochen zu lassen.

RINDSROULADEN

Zutaten für 4 Portionen

- 4 Rindsschnitzel à 180 g (von der Schale, vom Tafelstück, vom Hieferscherzel [Hüferscherzel] oder vom Zapfen [Nuss])
- Salz, Schwarzer Pfeffer, gemahlen
- 10 g Estragonsenf
- Öl zum Ausstreichen

Fülle

- 80 g Frühstücksspeck
- 140 g Karotten
- 60 g Essiggurkerl

Sauce

- 50 ml Öl
- 1 Zwiebel
- 1 l Rindsuppe
- 20 g Estragonsenf
- 1 Esslöffel Stärkemehl zum Binden

Vorbereitung

1. Speck in feine Streifen oder in dünne Scheiben schneiden.
2. Karotten schälen und in Stifte schneiden.
3. Essiggurkerl in Stifte schneiden.
4. Zwiebel schälen und in grobe Würfel schneiden.
5. Backrohr rechtzeitig auf 220 °C Umluft vorheizen.

Zubereitung

1. Die Rindsschnitzel klopfen, salzen, pfeffern und mit Senf bestreichen.

Shit **DIE RINDSSCHNITZEL VERWANDELN SICH BEIM KLOPFEN IN FETZEN UND LASSEN SICH NUR SCHWER EINROLLEN.**

So!

Schneide die Rindsschnitzel so dünn und großflächig wie möglich. Wende bei dünneren Fleischteilen den Schmetterlingsschnitt an. Achte beim Klopfen darauf, dass der Fleischklopfer gerade auf das Schnitzel trifft. Zerfetze das Fleisch nicht, indem du es mit der schrägen Kante des Klopfers verhaust.

Schmetterlingsschnitt ▶

2. Mit den Speckstreifen, Gurkerl- und Karottenstiften belegen, einrollen und binden. Fülle die Rouladen immer in Richtung der Fleischfasern.

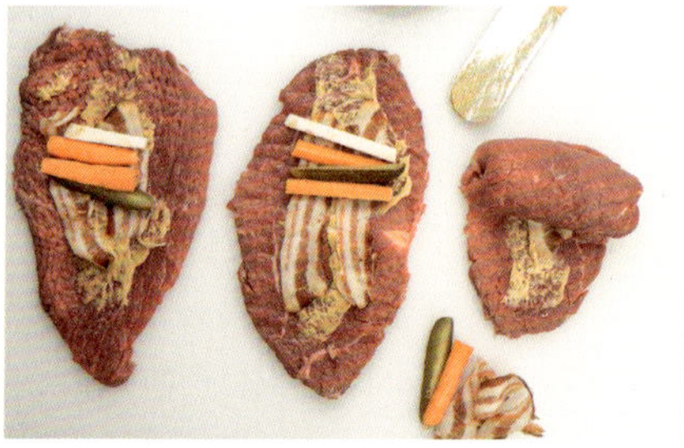

Schneide die Gurkerl- und Karottenstifte mit einer maximalen Länge von 6 cm, damit du die Seiten vom Fleisch einklappen kannst

3 Schmorpfanne (oder Kasserolle mit gut schließendem Deckel) mit Öl ausstreichen und die Zwiebelwürfel sowie die Speck- und Gemüsereste, die von der Fülle übrig geblieben sind, darin verteilen.

4 Rouladen daraufsetzen und mit etwas Öl bestreichen.

5 Rouladen ins heiße Backrohr schieben und Farbe nehmen lassen.

6 Rouladen wenden und auf der anderen Seite ebenfalls Farbe nehmen lassen.

7 Suppe aufkochen, die Hälfte über die Rouladen gießen und mit dem Deckel abdecken.

8 Temperatur auf 100 °C reduzieren und die Rouladen weich dünsten, währenddessen laufend mit etwas Rindsuppe untergießen, bis die ganze Suppe aufgebraucht ist.

9 Rouladen aus der Sauce nehmen und warm stellen.

10 Die Sauce abseihen, mit Senf abschmecken und mit etwas in kaltem Wasser angerührtem Stärkemehl binden.

Shit DIE SAUCE WIRD PUDDINGARTIG.

So!

Die Konsistenz nach dem Einrühren der Stärke erkennst du erst, nachdem die Sauce aufgekocht hat. Leere vorerst nur ein Viertel der angerührten Stärke in die kochende Flüssigkeit und warte ab, bis die Sauce wallend kocht. Bist du unsicher, so wiederhole den Vorgang, bis die Sauce die von dir gewünschte Konsistenz hat.

11 Sauce aufkochen und die Rouladen in der Sauce etwas ziehen lassen.

Tipp

Sehr gut ist die Bindung der Sauce auch mit in Sauerrahm angerührtem, glattem Mehl (Rahmsauce).

Nebenbei haben auch viele andere Füllungen das Recht, in den gerollten Rindsschnitzeln Platz zu nehmen. Da gibt es beispielsweise die Semmelfülle (siehe S. 127) oder eine Fülle aus Faschiertem, das wiederum Würstel, Gurkerl oder Gemüse umgibt.

Braundünsten

3

Neben der klassischen Methode des Schmorens werden in der modernen Küche eher Techniken angewandt, die weniger fehleranfällig sind. Der Vorteil: Da Flüssigkeit nicht laufend nachgegossen werden muss, ist die Gefahr des Anbrennens wesentlich geringer. Der Nachteil: Die kräftige Aromafülle ist bei der folgenden Anwendung nur zum Teil gegeben. Daher ist das Aufgießen mit Wasser eher nicht zu empfehlen (Okay! Wasser und Suppenwürfel tun es zur Not auch!).

GESPICKTER RINDSBRATEN (BŒUF À LA MODE)

Zutaten für 4 Portionen

- 800 g Weißes Scherzel vom Rind
- Salz
- Schwarzer Pfeffer aus der Mühle
- Öl zum Anbraten
- 1 Zwiebel
- 1 Bund Suppengrün
- 1 Esslöffel Tomatenmark
- 100 ml Rotwein
- 1, 5 l Rindsuppe oder brauner Fond
- Pfefferkörner
- Lorbeerblätter
- 2 Esslöffel Stärkemehl

Zum Spicken

- 80 g Selchspeck
- 80 g Wurzelgemüse (vom Suppengrün nehmen)
- 80 g Essiggurkerl

Tipp
Das beste Fleisch für den Rindsbraten ist das Weiße Scherzel, aber Vorsicht! Ein wenig zu lange gedünstet und schon wird es trocken und bröselig. Ungeübte nehmen besser das Hieferscherzel (Hüferscherzel) oder das Tafelstück.

Vorbereitung

1. Selchspeck in Streifen schneiden und leicht anfrieren.

Shit **DER SPECK WEHRT SICH BEIM SPICKEN – ER REISST.**

So!

Lege die Speckstreifen auf einer mit Frischhaltefolie überzogenen Platte mindestens für 1 Stunde in den Tiefkühler. Mit diesem gefrorenen Speck ist das Spicken dann ein Kinderspiel.

2. Karotten für das Spicken schälen und in Stifte schneiden.

3. Essiggurkerl ebenfalls in Stifte schneiden.

4 Rindfleisch zuputzen und mit den Speckstreifen sowie Karotten- und Gurkerlstiften längs zur Faser spicken.

Shit **SO EIN KINDERSPIEL IST DAS SPICKEN NUN AUCH WIEDER NICHT. MIR BRECHEN DIE GURKERL- UND KAROTTENSTIFTE IN DER SPICKNADEL AB.**

So!

Es geht leichter, wenn du den Braten mit einem kleinen Messer spickst. Mache dazu mit dem Messer in Richtung der Fleischfasern Einschnitte in das Fleisch. Die Einschnitte sollten so tief sein wie die Stifte lang sind. Stecke dann die Gemüsestifte und die Speckstreifen in diese Einschnitte.

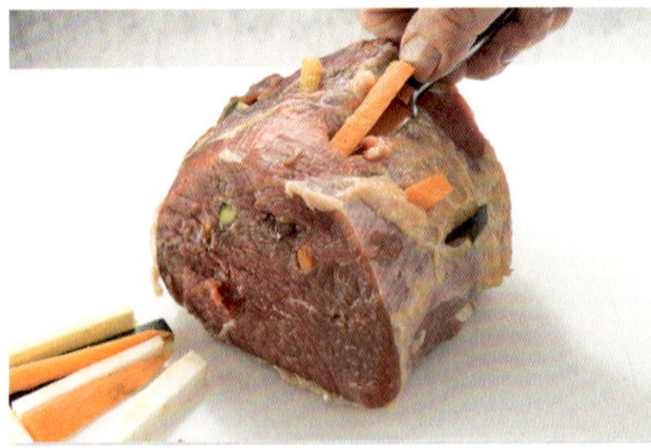

Vergiss nicht, dass du den Braten in Richtung der Fleischfasern spicken musst. Nur so gewinnst du einen farbenfrohen Anschnitt.

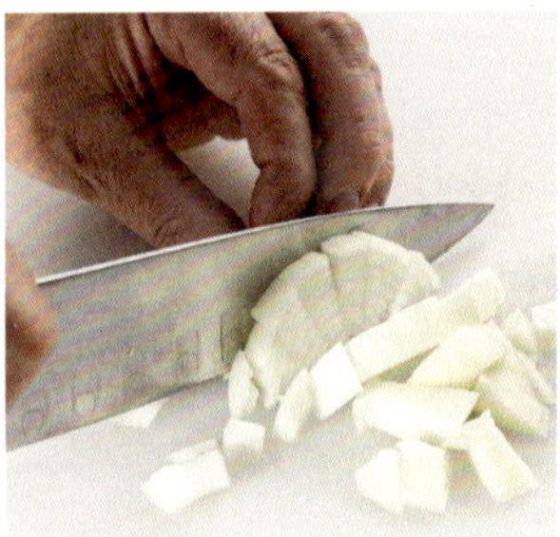

5 Restliche Karotten und Sellerie in Würfel mit etwa 2 cm Seitenlänge schneiden.

6 Zwiebel schälen und ebenfalls in grobe Würfel schneiden.

7 Lauch halbieren und waschen.

8 Blätter von Petersilie abzupfen.

Zubereitung

1 Das gespickte Weiße Scherzel mit Salz und Pfeffer würzen.

2 Öl in einer Kasserolle erhitzen und das gespickte Fleisch rundherum anbraten.

3 Wenn das gute Stück an allen Seiten Farbe genommen hat, aus dem Topf nehmen und im vorgeheizten Rohr bei 120 °C warm stellen.

4 Das geschnittene Wurzelwerk im Bratenrückstand anrösten.

Shit JETZT IST DER BRATENRÜCKSTAND SCHON SO DUNKEL, DASS ER VERBRENNT, WENN ICH DARIN NOCH ETWAS ANRÖSTE.

So!

Es darf nie „zu laut" im Topf werden. Die Zischgeräusche, die beim Anbraten entstehen, sind ein Zeichen dafür, dass die austretende Fleischflüssigkeit verdampft. Hörst du dieses Zischen nicht mehr, musst du so schnell wie möglich die Temperatur erhöhen.
Nachdem das Fleisch Farbe genommen hat, reduziere sofort die Temperatur. Danach kannst du ohne Probleme das Wurzelgemüse und die Zwiebel anrösten.

5. Wenn das Wurzelwerk Farbe angenommen hat, die Zwiebel beimengen und weiter rösten.

6. Dann das Tomatenmark beifügen und so lange rösten, bis das Fett sich von Rot in Braun färbt.

Shit BIS DAS TOMATENMARK BRAUN IST, SIND DIE RÖSTSTOFFE AM BODEN VERBRANNT.

So!

Das darf natürlich nicht sein, passiert aber auch mir immer wieder. Bevor die Röststoffe beginnen, sich am Boden in grauenhaftes Schwarz zu verfärben, löschst du mit etwas Rotwein ab und löst sie mit einem Kochlöffel vom Boden der Kasserolle.
Lasse danach den Rotwein verdampfen, bis sich wieder Röststoffe am Boden anlegen. Wiederhole diesen Vorgang 3–4 Mal, dann gieße mit der Rindsuppe auf.

7. Mit Rotwein ablöschen und mit Rindsuppe oder braunem Fond aufgießen.

8. Die Flüssigkeit aufkochen lassen, das Fleisch einlegen und abdecken.

9. Anschließend im Backrohr bei 100 °C zugedeckt weich dünsten. Dabei immer wieder das Fleisch mit dem Saft übergießen und öfters umdrehen.

10. Eine halbe Stunde vor Beendigung des Garvorganges Petersilie, Lorbeerblätter und Pfefferkörner beifügen und das Fleisch weiter dünsten, bis es weich ist.

Shit DER FRISCHE GESCHMACK DER AROMEN FEHLT, DIE SAUCE HAT EINEN BITTEREN NACHGESCHMACK.

So!

Gib das Grünzeug und die Pfefferkörner erst in der letzten halben Stunde in den Saft. So lösen sich keine Bitterstoffe aus den Pfefferkörnern und der frische Geschmack der Kräuter verkocht nicht so schnell.

11 Wenn das Fleisch weich ist, aus der Sauce nehmen und den Bratensud abseihen.

Die gesamte Garzeit beträgt je nach Größe und Qualität des Fleisches etwa 3–4 Stunden

Shit **DAS FLEISCH IST TROCKEN UND BRÖSELIG.**

So!

Du hast es zu gut gemeint. Das Weiße Scherzel ist zwar der beste Teil für den Rindsbraten, hat aber auch seine Tücken. Zu langes Dünsten trocknet das Fleisch extrem aus. Du musst den richtigen Garpunkt ziemlich genau treffen.

12 Stärkemehl mit etwas kaltem Wasser anrühren und in den kochenden Saft nach und nach einrühren.

Falls die Sauce zu wenig Bindung hat, kannst du einen Teil des mitgedünsteten Wurzelgemüses im Mixglas feinst pürieren und mit diesem Gemüsepüree der Sauce Bindung geben. Das ist übrigens die schmackhafteste und modernste Variante.

Klassisch ist die Bindung mit einer braunen Einbrenn. Diese Methode ist beim geschmorten Huhn (siehe S. 150) genau erklärt.

13 Den Rindsbraten in Scheiben schneiden und mit der Sauce nur ein wenig überziehen, damit die Farbenfreude deiner Spickkunst nicht unter der Sauce verschwindet.

RINDSRAGOUT

Zutaten für 4 Portionen

- 800 g Rindsschulter
- 1 Bund Suppengrün (ca. 250 g)
- 1 Zwiebel
- 1 Thymianzweig
- 2 Lorbeerblätter
- Öl zum Braten
- Schwarze Pfefferkörner
- 1 Esslöffel Tomatenmark
- 50 ml Rotwein
- 1 l Rindsuppe
- 100 ml Schlagobers
- 100 ml Sauerrahm
- 1 Esslöffel Senf
- Salz, Pfeffer

Vorbereitung

1. Rindfleisch in Würfel mit einer Seitenlänge von mindestens 4 cm schneiden.
2. Wurzelgemüse in Würfel mit etwa 2 cm Seitenlänge schneiden.
3. Zwiebel schälen und ebenfalls in grobe Würfel schneiden.
4. Lauch halbieren und waschen.
5. Lauch, Petersilie, Thymianzweig und Lorbeerblätter zu einem Kräutersträußchen binden.

Zubereitung

1. Öl in einer Kasserolle erhitzen, die Rindfleischwürfel in kleinen Partien anrösten, danach im Rohr bei 70 °C warm halten.

Shit **DAS FLEISCH VERLIERT BEIM ANBRATEN ZU VIEL FLEISCHSAFT.**

So!

Du brauchst zum Anrösten für das Ragout etwas mehr Hitze als bei größeren Fleischstücken. Röste das Fleisch in mehreren kleinen Partien an, damit das Bratenfett nicht so rasch abkühlen kann.
Wenn die Röststoffe Gefahr laufen, zu verbrennen, löse diese vom Boden, indem du mit Suppe ablöschst. Lasse das Ganze kurz kochen und gieße den Saft zur Weiterverarbeitung in ein bereitgestelltes Geschirr. Verwende diesen Saft danach zum Aufgießen. Wische nun das Geschirr trocken, erhitze etwas Öl und röste die nächste Fleischpartie an.

2. Wurzelgemüse im Bratenrückstand anrösten.

3. Wenn das Wurzelgemüse Farbe genommen hat, die Zwiebel beifügen und weiter rösten.

4. Tomatenmark beifügen und weiter rösten, bis das Tomatenmark braun ist.

Shit **DAS TOMATENMARK WIRD NICHT BRAUN, DIE AROMAVIELFALT KÖNNTE BESSER SEIN …**

So!

Diese Shits findest du beim gespickten Rindsbraten (siehe S. 159) erklärt.

5. Mit Rotwein ablöschen, mit Rindsuppe untergießen (Fleisch nicht ganz mit der Flüssigkeit bedecken).

6. Kräutersträußchen beifügen und zugedeckt bei milder Hitze dünsten.

7. Laufend die verdampfte Flüssigkeit durch Rindsuppe ergänzen.

8. Wenn das Fleisch weich ist, dieses aus dem Saft nehmen und den Sud durch ein Sieb seihen.

9. Sauerrahm und Schlagobers mit einem Teil des weich gedünsteten Wurzelwerks pürieren und die Sauce damit binden.

10. Das Fleisch in die Sauce geben und noch einmal kurz verkochen lassen. Mit Senf, Salz und Pfeffer abschmecken.

11. Im Idealfall das Fleisch in der Sauce überkühlen lassen und zum Anrichten wieder erhitzen.

Shit **DAS FLEISCH KÖNNTE NOCH SAFTIGER SEIN.**

So!

Lasse das Fleisch in der Sauce auskühlen, damit es etwas Kochflüssigkeit aufsaugen kann.

GEDÜNSTETE RINDSSCHNITZEL

Das Dünsten von Rindsschnitzeln ist der Zubereitung des Rindsragouts zum Verwechseln ähnlich: Anstelle der Rindfleischwürfel werden leicht geklopfte Rindsschnitzel gewürzt, in Mehl getaucht und angebraten. Danach werden sie wie das Ragout mit Wurzelwerk, Zwiebel, Tomatenmark und Rotwein in Rindsuppe gedünstet.

für die, DIE ES GENAU WISSEN WOLLEN

FUNKTIONIERT SAFTIG UND MÜRBE GLEICHZEITIG?

Muskelfleisch verliert seinen Saft bei etwa 60 °C. Das Kollagen verwandelt sich erst ab 70 °C in Gelatine. Die chemische Umwandlung von Kollagen in Gelatine ist dafür verantwortlich, dass das Fleisch mürbe wird.

Glücklicherweise nimmt das Muskelfleisch einen Teil des verlorenen Saftes aus der Gelatine auf. Wie bereits erwähnt, ist Kollagen vor allem in den Sehnen und Flachsen (Bindegewebe) reichlich vorhanden. Fleisch von der Schulter und der Stelze eignet sich daher besonders gut zum Dünsten.

Eine Temperatur von ca. 70 °C, die gerade mal ausreicht, um das Kollagen in Gelatine aufzulösen, hilft, das Austrocken der Fleischfasern zu minimieren. Genauer gesagt: Langzeitgaren mit moderaten Temperaturen, am besten knapp unter 100 °C, ist der Schlüssel zum zarten und saftigen Schmorgericht.

Das Fleisch ist fertig, wenn sich die Fleischgabel ohne nennenswerten Widerstand in das Fleisch stechen lässt. Länger sollte das Fleisch nicht gedünstet werden, da es ansonsten zu sehr austrocknet. Beim Ragout ist es am einfachsten, ein kleines Stück Fleisch aus dem Saft zu nehmen und zu probieren.

Naturdünsten

4

Rindsgulasch, Hirschgulasch, Erdäpfelgulasch, Schwammerlgulasch, Bohnengulasch, Kalbsgulasch, Fischgulasch, Gulaschsuppe – keine andere Speise bietet so viele Variationen wie das Gulasch. Allerdings prallen schon beim Rindsgulasch die unterschiedlichsten Gulaschphilosophien aufeinander – angefangen bei der Mischung von edelsüßem und scharfem Paprikapulver, über die Beigabe von Tomatenmark bis hin zur Auswahl der Fleischteile.

RINDSGULASCH (WIENER SAFTGULASCH)

Zutaten für 4 Portionen

- 700 g Rindfleisch, z. B. Wadschinken, Gschnatter Anschnitt, vorderes oder hinteres Ausgelöstes
- 700 g Zwiebeln
- 3 Knoblauchzehen (gerne auch mehr)
- Öl (besser ist Schmalz) zum Rösten der Zwiebeln
- 2 Esslöffel Paprikapulver, edelsüß
- 1 Esslöffel Paprikapulver, scharf
- 1 Esslöffel Essig
- Kümmel, Majoran
- Etwas geriebene Zitronenschale
- Salz
- 1,5 l milde Rindsuppe (notfalls Wasser und etwas Suppenpulver)

Vorbereitung

1. Fleisch in der Faserrichtung in Streifen und dann in dickere Scheiben schneiden.

Shit **DAS FLEISCH WIRD TROCKEN UND FASERIG, DER SAFT HAT KEINE KRAFT.**

So!

Gulasch mit magerem Fleisch vom Filet zubereiten? Vergiss es! Die Zubereitungszeit verlangt Fleisch mit vielen Sehnen und Bindegewebe. Diese verhindern, dass das Fleisch austrocknet und sorgen gleichzeitig für das typische Fleischaroma mit dem gallertartigen Mundgefühl. Die volle Kraft erhält der Saft nur von den Flachsen (Sehnen).

2. Zwiebeln schälen, halbieren und blättrig schneiden.

Shit **BEIM SCHNEIDEN DER ZWIEBELN KOMMEN MIR DIE TRÄNEN.**

So!

Da helfen nur ein scharfes Messer und die richtige Schneidetechnik (siehe S. 28 f.). Eine Schwimmbrille zu verwenden, sieht zwar recht lustig aus, ist jedoch völlig nutzlos. Genauso wenig bringt es, einen Schluck Wasser im Mund zu behalten.

3. Knoblauch schälen.

Zubereitung

1. Öl oder Schmalz erhitzen, Zwiebeln darin braun rösten.

Shit **DAS GULASCH SCHMECKT SÜSSLICH UND HAT EINEN BITTEREN NACHGESCHMACK.**

So!

Gulaschzwiebeln müssen schön braun geröstet werden. Die Röstaromen sind für den Geschmack maßgeblich.

Quäle die Zwiebeln nicht durch eigenartige Zerkleinerungsgeräte, sie rächen sich dafür mit einem bitteren Nachgeschmack. Nur das Schneiden mit einem scharfen Messer garantiert ein perfektes Gulasch.

2. Hitze reduzieren, Knoblauch pressen und mit Paprikapulver beigeben.

Shit **DER GULASCHSAFT SCHMECKT BITTER.**

So!

Nimm das Gulasch unbedingt vom Feuer, bevor du Paprikapulver und Knoblauch beifügst. Verrühre alles gut und lösche mit Essigwasser ab. Zu lange und zu heiß geröstetes Paprikapulver und Knoblauch verbrennen recht rasch und werden bitter.

3. Essig mit etwas Wasser vermischen, Zwiebeln damit ablöschen.

4. Mit kalter Rindsuppe aufgießen, Zwiebeln mit dem Stabmixer pürieren.

Shit **DIE ZWIEBELN VERKOCHEN NICHT GANZ UND DIE SAUCE HAT ZU WENIG BINDUNG.**

So!

Zwiebeln verkochen je nach Sorte und Jahreszeit nicht immer gleich. Es ist vorteilhaft, wenn du mit dem Stabmixer ein wenig nachhilfst.

5. Fleisch beigeben, mit Kümmel, Majoran und geriebener Zitronenschale würzen.

6. Aufkochen lassen und zugedeckt auf kleinster Flamme (oder im Rohr bei 90 °C) 4–5 Stunden dünsten.

Shit DAS FLEISCH IST VOLL TROCKEN.

So!

Der Saft spielt beim Gulasch die Hauptrolle. Aus diesem Grund gebe ich das Fleisch in die kalte Flüssigkeit und lasse alles langsam aufkochen. Die Sehnen und Fetteinlagerungen verhindern, dass das Fleisch dabei austrocknet.

Oft wird empfohlen, das Fleisch mit den Zwiebeln anzurösten, um die Röstaromen zu verstärken. Auch das ist legitim, aber nicht notwendig, weil durch das kräftige Rösten der Zwiebeln genügend Aromaverbindungen entstehen.

7 Sollte der Saft noch immer zu wenig gebunden sein, kannst du mit etwas Mehl, verrührt in kaltem Wasser, nachhelfen.

Shit ES FEHLT DAS MOLLIGE GULASCH-ERLEBNIS AM GAUMEN.

So!

Gelatine, die beim Auskochen der Flachsen entsteht, gibt dem Saft das sulzig-runde Mundgefühl.

Für die, DIE ES GENAU WISSEN WOLLEN

GULASCH BRAUCHT ZEIT

Die Sehnen mit ihrem Kollagen werden ab einer Temperatur von 70 °C in Gelatine umgewandelt (mehr darüber auf S. 163). Diese Gelatine gibt dem Saft die Bindung, die für das typische Mundgefühl beim Gulasch zuständig ist. Um die Sehnen in Gelatine umzuwandeln, ist neben der niederen Temperatur beim Dünsten auch viel Zeit notwendig. Je mehr Zeit du dem Gulasch bei milden Temperaturen gönnst, umso besser wird der Saft.

Nicht nur Gulasch, sondern jedes Saftfleisch schmeckt aufgewärmt am besten. Das ist ein Naturgesetz!

GULASCHANSATZ

Die meisten Gulascharten werden aus einem Gulaschansatz zubereitet. In diesem Ansatz werden dann die entsprechenden Zutaten wie etwa in Würfel geschnittene Kalbsschulter für das Kalbsgulasch, Erdäpfel und Wurst für das Erdäpfelgulasch oder geröstete Schwammerl (Pilze) für das Schwammerlgulasch mitgedünstet. Das Wiener Saftgulasch ist bei der Zubereitung die große Ausnahme.

Zutaten für 1 l Gulaschansatz

- Öl zum Braten
- 2 Zwiebeln
- 1 roter Paprika (nicht unbedingt notwendig)
- 750 ml milde Rindsuppe
- 1 Esslöffel Paprikapulver, edelsüß
- 1 Kaffeelöffel Paprikapulver, scharf
- 3 Esslöffel Essigwasser
- Salz

Bindung

- 1/8 l Sauerrahm, 50 g glattes Mehl oder
- 200 ml kaltes Wasser, 1 Esslöffel Stärkemehl oder
- 100 ml kaltes Wasser, 60 g glattes Mehl

Paprikapulver beifügen

Vorbereitung

1. Zwiebeln schälen und fein schneiden.
2. Paprika halbieren, Kerngehäuse entfernen und grob schneiden.

Mit Rindsuppe aufgießen

Zubereitung

1. Öl erhitzen und Zwiebeln darin braun rösten.
2. Frischen Paprika beigeben und kurz mitrösten.
3. Paprikapulver befügen und mit Essig ablöschen.
4. Mit Rindsuppe aufgießen und 30 Minuten verkochen lassen.

5. Mit dem Stabmixer pürieren und durch ein Sieb seihen.

6. Die namensgebende Zutat hinzufügen und weich dünsten.

Shit DER GULASCHANSATZ SCHMECKT LANGWEILIG

So!

Der endgültige Geschmack entsteht erst, nachdem du den Ansatz mit deinen Wunschzutaten und den passenden Gewürzen zum Gulasch erklärst. Frischer Paprika muss nicht sein, erhebt deinen Gulaschansatz jedoch in den kulinarischen Adelsstand! Achte besonders darauf, dass die Zwiebeln schön braun geröstet werden.

KALBSGULASCH

Zutaten für 4 Portionen

- 1 l Gulaschansatz
- 800 g Kalbsschulter
- 1 Zitrone
- Salz

Bindung

- 0,25 l Sauerrahm
- 100 ml Schlagobers
- 50 g glattes Mehl

Vorbereitung

1. Gulaschansatz zubereiten.

2. Kalbsschulter in etwa 4 cm große Würfel schneiden.

3. Zitronenschale abreiben, Zitrone halbieren und Saft auspressen.

Zubereitung

1. Gulaschansatz zum Kochen bringen.

2. Kalbfleischwürfel hinzufügen und zugedeckt bei milder Hitze ca. 90 Minuten weich dünsten.

Shit **DAS FLEISCH WIRD GROBFASERIG UND TROCKEN.**

So!

Im Unterschied zum Rindsgulasch musst du das Fleisch in den kochenden Ansatz geben, weil Kalbfleisch nicht das gleiche Bindegewebe hat wie Rindfleisch, welches vor dem Austrocknen schützt.
Wenn du das Fleisch nur leicht köcheln lässt, hilft das ebenfalls.

3 Mit Zitronensaft und Zitronenschale würzen, kurz verkochen lassen.

4 Sauerrahm glatt rühren, dann Schlagobers und zum Schluss das Mehl unterrühren.

5 Kalbfleisch aus der Sauce nehmen, die Sauerrahmbindung zügig in den kochenden Saft einrühren und ein wenig einkochen lassen. Mit Salz abschmecken.

Shit **DAS SCHLAGOBERS IM GULASCHSAFT FLOCKT AUS.**

So!

Nachdem du den Zitronensaft in die Sauce gegeben hast, lasse den Saft gut verkochen, dann wird das Schlagobers nicht ausflocken. Weiße Punkte in der Sauce entstehen auch, wenn du den Sauerrahm nicht gut abgerührt hast.

6 Fleisch in den Saft geben und kurz ziehen lassen.

PAPRIKAHUHN

Zutaten für 4 Portionen

- 1 l Gulaschansatz
- 4 Hühnerkeulen mit Haut und Knochen
- 2 Hühnerbrüste mit Haut und Knochen
- Salz
- Weißer Pfeffer, gemahlen
- 100 g Butter
- 1 Schwarte vom Selchspeck oder 1 Zitrone

Bindung

- 1/8 l Sauerrahm
- 100 ml Schlagobers
- 50 g glattes Mehl

Vorbereitung

1. Gulaschansatz (siehe S. 168 f.) zubereiten.
2. Hühnerkeulen und -brüste samt Knochen halbieren.
3. Backohr auf 220 °C Umluft vorheizen.

Zubereitung

1. Hühnerteile mit Salz und Pfeffer würzen und in die Bratenpfanne schlichten.
2. Mit Butterstücken belegen, 15 Minuten im vorgeheizten Rohr bei 220 °C anbraten.
3. Hühnerteile aus der Pfanne nehmen, überschüssiges Fett ableeren und die Hitze im Rohr reduzieren.
4. Mit Gulaschansatz aufgießen, Speckschwarte oder geriebene Zitronenschale beigeben, aufkochen lassen.
5. Hühnerteile in den kochenden Ansatz legen und bei 120 °C etwa 40 Minuten im Rohr dünsten.

Shit **DIE HÜHNERBRÜSTE SIND NACH DEM DÜNSTEN NICHT SAFTIG.**

So!

Haut und Knochen sind wichtig für die Saftigkeit. Vor allem bei den von Natur aus trockenen Teilen verhindern diese das Austrocknen.

6. Hühnerteile aus dem Saft nehmen und warm stellen.
7. Zum Binden Sauerrahm gut verrühren, dann Schlagobers und zum Schluss das Mehl einrühren. Diese Bindung zügig mit dem Schneebesen in den kochenden Saft einrühren und kurz verkochen lassen.
8. Hühnerteile in den Saft geben und kurz ziehen lassen.

Shit **DAS FLEISCH WIRD TROTZ HAUT UND KNOCHEN TROCKEN.**

So!

Milde Temperaturen beim Dünsten halten das Fleisch ebenfalls saftig.

DIE 8 GEBOTE FÜRS FASCHIERTE

FASCHIERTE LAIBCHEN

» Die faschierten Laibchen haben einen süßlichen, leicht bitteren Nachgeschmack.

» Ich will rohes Faschiertes nicht abschmecken.

» Die Laibchen sind nicht knusprig, aber zu fettig.

Faschiertes

STEPHANIE-BRATEN

- Die Eidotter haben einen blauen Rand.
- Der gefüllte faschierte Braten fällt an der Oberseite auseinander.

GEFÜLLTE PAPRIKA & CO.

- Die Fülle ist zu locker.
- Die gefüllten Paprika sind zu matschig.

DIE 8 GEBOTE FÜRS FASCHIERTE

» Das Wichtigste zuerst: Die Oberfläche von faschiertem Schlachtfleisch ist sehr groß, ebenso das Risiko, dass sich Bakterien darauf frisch-fröhlich vermehren. Deshalb ist bei der Verarbeitung extrem auf die Hygiene zu achten!

» Wenn du Faschiertes kaufst, unterbrich die Kühlkette nicht.

» Achte auf Geruch, Farbe und Art der Lagerung in der Fleischkühlung. Auch wenn du das Fleisch heute gekauft hast, ist das noch lange keine Frischegarantie – Gammelfleisch hat eine schmierige Oberfläche und einen unangenehmen Geruch. Das bemerkst du allerdings erst dann, wenn du das Fleisch auspackst, denn im Geschäft kannst du weder am Fleisch riechen, noch kannst du es betasten.

Verfärbt sich Fleisch an manchen Stellen ins Bräunliche, kann das ein Zeichen für abgelegenes, reifes Fleisch sein. Für Steaks ist das ideal. Für gekochtes Rindfleisch hingegen würde das zu trocken sein. Faschiertes soll auf keinen Fall braune Stellen aufweisen.

» Wenn das Fleisch in der Vitrine im eigenen Saft vor sich hingammelt, dann gilt ebenfalls: Finger weg!

» Verarbeite Faschiertes noch am selben Tag, an dem du es gekauft hast.

» Du kannst Faschiertes einfrieren, aber beachte dabei Folgendes:
- Gib das Fleisch in einen verschließbaren Plastikbeutel und achte darauf, dass das Fleisch straff eingepackt ist, sodass wenig Luft eingeschlossen wird. Vakuumieren ist immer gut.
- Friere das Fleisch so flach wie möglich ein, damit es rasch durchfriert und es auch schnell auftauen kann.

» Wenn du das Fleisch selbst faschierst, lege die Faschiermaschine und die Schüssel für ca. 30 Minuten in den Kühlschrank, damit du den Bakterien keine Kuschelzone bietest.

» Achte ganz besonders auf saubere Hände, wenn du das Fleisch knetest.

FASCHIERTE LAIBCHEN

Zutaten für 4 Personen

- 2 Semmeln vom Vortag
- 1 Zwiebel
- 10 g Petersilie
- 2 Knoblauchzehen
- 50 g Butter
- 500 g gemischtes Faschiertes
- 1 Ei
- Salz
- Pfeffer, gemahlen
- Majoran
- 100 g Semmelbrösel
- Öl zum Braten

Vorbereitung

1. Semmeln in Wasser einweichen.
2. Zwiebel schälen und fein schneiden.
3. Petersilie hacken.
4. Knoblauch schälen.

Zubereitung

1. Butter schmelzen. Zwiebel darin anrösten.

Shit **DIE FASCHIERTEN LAIBCHEN HABEN EINEN SÜSSLICHEN, LEICHT BITTEREN NACHGESCHMACK.**

So!

Schneide die Zwiebel mit einem scharfen Messer und quäle sie nicht durch komische Zwiebelzerkleinerer. Röste die Zwiebel hellbraun an. Auch Knoblauch wird bitter, wenn du ihn zu stark erhitzt.

2. Petersilie beigeben und Knoblauch darüber pressen, kurz ziehen lassen.

3. Faschiertes in eine Schüssel geben, Zwiebel-Knoblauch-Petersilie-Masse, Ei und Gewürze hinzufügen.

4. Semmeln ausdrücken, mit der Hand oder mit dem Stabmixer zerkleinern und zum Faschierten geben.

5. Alles gut vermischen und abschmecken.

Shit ICH WILL ROHES FASCHIERTES NICHT ABSCHMECKEN.

So!

Eigentlich solltest du ja, aber ... Nicht jeder möchte rohes Faschiertes kosten. Brate ein kleines Probelaibchen, dann fällt das Probieren leichter. Ein weiterer Vorteil dabei ist, dass du die Konsistenz überprüfen kannst. Wenn das Laibchen zu locker ist oder gar zerfällt, knete den Teig kräftig durch, dann bekommt das Faschierte eine bessere Bindung.

6. Laibchen formen und in Bröseln wälzen.

7. Fingerbreit Öl in eine Pfanne geben, erhitzen und die Laibchen darin knusprig backen.

Shit DIE LAIBCHEN SIND NICHT KNUSPRIG, ABER ZU FETTIG.

So!

Wälze die Laibchen in Bröseln und lege sie ins heiße Fett. Lasse sie auf beiden Seiten knusprig braun werden. Sollten die Laibchen noch nicht durch sein, kannst du sie im Rohr bei 200 °C, am besten bei Umluft, fertig backen.

STEPHANIEBRATEN

Zutaten für 4 Personen

- 2 Semmeln vom Vortag
- 1 Zwiebel
- 10 g Petersilie
- 2 Knoblauchzehen
- 200 g Schweinsnetz
- 50 g Butter
- 500 g gemischtes Faschiertes
- 1 Ei
- Salz
- Pfeffer, gemahlen
- Majoran
- Öl zum Braten

Fülle

- 3 Eier
- 2 kleine Essiggurkerl

Vorbereitung

Schweinsnetz in kaltes Wasser einlegen

1. Semmeln in Wasser einweichen.
2. Eier hart kochen.
3. Zwiebel schälen und fein schneiden.
4. Petersilie hacken.
5. Knoblauch schälen.
6. Schweinsnetz in kaltes Wasser legen.

Zubereitung

Schweinsnetz aufbreiten

1. Grundmasse wie bei den faschierten Laibchen zubereiten.
2. Schweinsnetz aus dem Wasser nehmen, ausdrücken und auf einem Brett auslegen.
3. Faschiertes zu einer Rolle formen und auf das Schweinsnetz legen.
4. Mit der Handkante eine breite Rinne längs in die Fleischrolle drücken.

5 Die Enden der Eier abschneiden und mit den Essiggurkerln knapp nebeneinander leicht in die Vertiefung drücken.

Shit **DIE EIDOTTER HABEN EINEN BLAUEN RAND.**

So!

Das ist bei Eiern immer so, wenn du sie zu lange kochst. Eine Kochzeit von 9–10 Minuten genügt, wenn du sie in kochendes Wasser legst.

Oft wird auch ein Frankfurter Würstl mit den gekochten Eiern und den Essiggurkerln in den Braten eingeschlossen. Für unsere Freunde im Nachbarland: Frankfurter Würstl heißen bei euch Wiener Würstchen.

6 Eier und Gurkerl in den Braten einschließen, dabei die Oberfläche mit befeuchteten Händen öfters glatt streichen.

7 Das gefüllte Faschierte in das Schweinsnetz einschlagen.

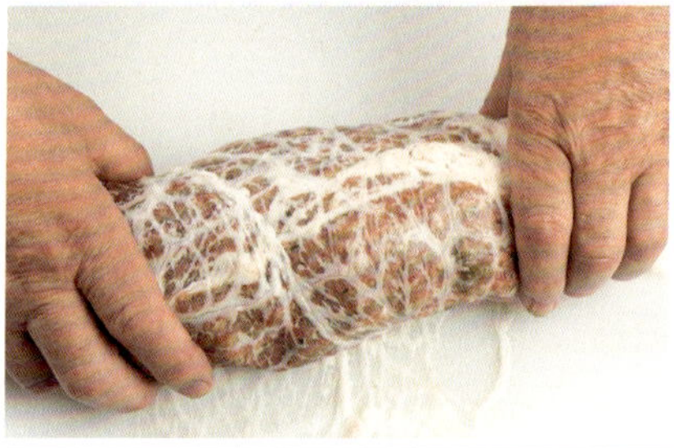

So! Shit **DER GEFÜLLTE FASCHIERTE BRATEN FÄLLT AN DER OBERSEITE AUSEINANDER.**

Das Verschließen der Oberseite funktioniert mit nassen Händen besser. Auf Nummer sicher gehst du, wenn du den faschierten Braten in ein Schweinsnetz einwickelst. Das Schweinsnetz besteht aus Fett und hält den Braten damit auch saftig.

8. Den Stephaniebraten in eine befettete Bratpfanne legen und im vorgeheizten Backrohr bei 200 °C Umluft ca. 40 Minuten braten.
9. Währenddessen den Braten immer wieder mit dem ausgetretenen Bratenfett übergießen.
10. Den fertigen Braten aus dem Backrohr nehmen und warm halten.
11. Das überschüssige Fett ableeren. Aus dem Bratrückstand einen Bratensaft machen (siehe S. 126).

GEFÜLLTE PAPRIKA & CO. MIT PARADEISERSAUCE

Am besten sind die dünnfleischigen inländischen Paprika, die im Herbst auf den Markt kommen

Zutaten für 4 Personen

- 8 grüne Paprika
- 50 ml Öl

Fülle

- 1 kleine Zwiebel
- 2 Esslöffel gehackte Petersilie
- 2 Knoblauchzehen
- 4 Esslöffel Rundkornreis
- 400 g gemischtes Faschiertes
- 40 g Butter
- Salz
- Pfeffer
- Majoran
- 1 l Paradeisersauce (siehe S. 315 f.)

Vorbereitung

1. Deckel der Paprikaschoten beim Stiel abschneiden, Paprika aushöhlen und alle Kerne entfernen.
2. Zwiebel schälen und fein schneiden.
3. Petersilie hacken, sofern nicht bereits gehackte, tiefgekühlte Petersilie verwendet wird.
4. Knoblauch schälen.

Zubereitung

1. Reis in reichlich kochendem Salzwasser 15 Minuten kochen, dann mit kaltem Wasser abfrischen.
2. Butter schmelzen, Zwiebel darin hell anrösten. Petersilie dazugeben und Knoblauch darüber pressen, kurz ziehen und danach überkühlen lassen.
3. Faschiertes mit allen Zutaten vermischen und intensiv kneten.

Shit **DIE FÜLLE IST ZU LOCKER.**

So!

Knete den Fleischteig kräftig. So erhält das Faschierte eine bessere Bindung. Brate ein kleines Probelaibchen zur Kontrolle von Geschmack und Konsistenz. Nach dem Probebraten merkst du, ob das Fleisch genug Bindung hat oder noch ein wenig geknetet werden möchte. Im Normalfall wirst du nach dem Kosten noch etwas nachsalzen.

4. Paprika mit der Fleischmasse füllen und evtl. Deckel daraufsetzen.

Shit **DIE GEFÜLLTEN PAPRIKA SIND ZU MATSCHIG.**

So!

Viele, vor allem Kinder, mögen den Geschmack der gefüllten Paprika, aber nicht die Konsistenz der Paprika. Für alle, die sich auf die gefüllten Paprika freuen, aber keine matschigen Paprika wollen, kannst du aus der Fleischmasse Kugeln formen, diese neben den Paprika anbraten und in der Tomatensauce mitdünsten.

5 Paprika außen mit Öl bestreichen, in ein flaches Kochgeschirr geben und etwa 20 Minuten im vorgeheizten Backrohr bei 180 °C Umluft braten, bis sie auf der Oberseite Farbe bekommen haben.

6 Mit Paradeisersauce aufgießen und 30 Minuten fertig dünsten.

Du kannst aber auch ausgehöhlte rote Zwiebeln, kleine Zucchini oder vorgekochte Kohlblätter mit dieser Fülle beglücken

FISCHGRATIN MIT SPARGEL

- » Ich bekomme die Gräten nicht aus dem Fisch.
- » Beim Hautabziehen schneide ich entweder durch die Haut oder es bleibt zu viel Fleisch daran.
- » Nach dem Überbacken trennt sich das Fett von der Hollandaise.

FORELLE BLAU

- » Ich habe keine längliche Fischwanne.
- » Die Forelle wird nicht blau.
- » Die Haut ist nach dem Kochen zerfetzt, das Fleisch trocken.

POCHIERTE FISCHFILETS

- » Zwiebel, Petersilie und Co. sind nur schwer aus den Wurzelstreifen des Fischsudes zu bekommen.
- » Die Fischfilets sind zu trocken und zerfallen.

fisch

PLATTFISCH-RÖLLCHEN NACH WIENER ART

» Die dünnen, gebackenen Filets sind schon durchgegart und somit trocken, bevor die Panier knusprig ist.

GEBRATENE FISCHFILETS MIT MANDEL-BUTTER

» Die Filets werden zu kompakt und verlieren die natürliche Textur.

» Die gebratenen Fischfilets kleben am Pfannenboden.

FISCHGRATIN MIT SPARGEL

Zutaten für 4 Portionen

- 200 g weißer Spargel
- 200 g grüner Spargel
- 500 g Lachsfilet oder Filet von anderem Fisch
- Salz
- Weißer Pfeffer aus der Mühle
- Sauce hollandaise aus 2 Dottern (siehe S. 318 ff.)

Vorbereitung

1. Spargel kochen und schräg in 2 cm lange Stücke schneiden.
2. Hollandaise zubereiten (siehe S. 318 ff.).
3. Lachs entgräten, die Haut abziehen und das Filet schräg in dünne Scheiben schneiden.

Shit ICH BEKOMME DIE GRÄTEN NICHT AUS DEM FISCH.

So!

Das Entgräten ist mit einer Pinzette oder mit einer Flachzange möglich. Besser geht es mit einer Fischgrätenpinzette.

Shit BEIM HAUTABZIEHEN SCHNEIDE ICH ENTWEDER DURCH DIE HAUT ODER ES BLEIBT ZU VIEL FLEISCH DARAN.

So!

Um die Haut vom Fisch zu bekommen, entferne diese mit einem flachen, langen Messer (Filetmesser), indem du es leicht schräg zur Fischhaut hältst und mit einer sichelartigen Führung mehr ziehst als schneidest.

Zubereitung

1. Spargel auf den Tellern verteilen.
2. Spargel mit den Fischscheiben belegen, mit Salz und Pfeffer würzen.
3. Mit Hollandaise überziehen.
4. Im vorgeheizten Rohr bei starker Oberhitze (Grillfunktion) überbacken.

Shit NACH DEM ÜBERBACKEN TRENNT SICH DAS FETT VON DER HOLLANDAISE.

So!

Das passiert auch mir manchmal mit der selbstgemachten Sauce. Den Grund dafür kenne ich leider nicht. Ich mische 2–3 Esslöffel Béchamelsauce oder QimiQ Saucenbasis unter die Hollandaise, dann klappt es.

FORELLE BLAU

Zutaten für 4 Portionen

- 4 frische Forellen

Wurzelsud (Court-bouillon)

- 3 l Wasser
- 1 Bund Suppengrün (500 g)
- 1 Zwiebel
- 100 ml Weinessig
- 1/4 l Weißwein
- Salz
- Schwarze Pfefferkörner
- 1 Lorbeerblatt
- Saft einer Zitrone

Vorbereitung

1. Wurzelgemüse schälen und feinblättrig schneiden.
2. Zwiebel schälen und vierteln.
3. Das Grüne vom Suppengemüse zu einem Sträußchen binden.

4. Pfefferkörner in ein Tee-Ei oder in ein Gewürzsäckchen geben.

Zubereitung

1. Wasser in einer Fischwanne oder in einem geräumigen Topf zum Kochen bringen.

Shit ICH HABE KEINE LÄNGLICHE FISCHWANNE.

So!

Es braucht sehr viel Flüssigkeit und unnötig viele Aromen, wenn der längliche Fisch wie ein Strich in einem runden Kochgeschirr vor sich hinsimmert. Außerdem ist kein Platz für einen zweiten Fisch.

Du kannst die Not zur Tugend machen. Krümme die Forellen, indem du einen Faden durch die Kiemen und den Schwanz ziehst. Die Forellen sehen so am Teller besser aus und der Platz im Kochgeschirr ist somit ökonomisch genutzt.

2. Wurzelgemüse, Essig, Wein und die Gewürze darin 10 Minuten kochen.

3. Fische mit Zitronensaft einreiben und ins wallende Wasser legen.

Shit DIE FORELLE WIRD NICHT BLAU.

So!

Achte darauf, dass die Schleimhäute nicht verletzt sind. Du kannst die Fische sicherheitshalber auch mit Zitronensaft oder Essig zärtlich einreiben, bevor du sie ins Wasser gibst.

4. Ziehen, aber nicht kochen lassen! Die Fische sind gar, wenn du die Rückenflosse leicht herausziehen kannst oder wenn die Augen trüb sind.

Shit DIE HAUT IST NACH DEM KOCHEN ZERFETZT, DAS FLEISCH TROCKEN.

So!

Um Himmels willen! Die Fische dürfen unter keinen Umständen kochen. Lasse sie langsam unter dem Siedepunkt ziehen, dann ist die Fischwelt wieder in Ordnung.

POCHIERTE FISCHFILETS

Pochieren bedeutet, Lebensmittel unter dem Siedepunkt in Flüssigkeit garen zu lassen. Für Fisch wird dazu gerne eine Court-bouillon (siehe S. 185) verwendet. Sollte keine Court-bouillon zur Hand sein, werden die Filets wie unten beschrieben mit den Wurzelstreifen und den Gewürzen pochiert. Der Vorteil dieser Variante ist, dass das Wurzelgemüse gleich mit dem Filet als Beilage serviert werden kann.

Zutaten für 4 Portionen

- 1 Bund Suppengrün
- 1 Zwiebel
- 1/2 Bund Petersilie
- 600 g Fischfilet (Zander, Saibling etc.)
- Salz, Weiße Pfefferkörner, 1 Lorbeerblatt
- 200 ml Weißwein oder etwas Zitronensaft

Sauce

- Fischfond
- 200 g Crème fraîche
- 50 g Butter
- 50 ml Schlagobers

Vorbereitung

1. Wurzelwerk in feine Streifen schneiden.
2. Zwiebel schälen und fein schneiden.
3. Petersilie abzupfen, die Blätter grob hacken, die Stiele für den Fond verwenden.
4. Fische, wenn notwendig, entgräten und salzen.

Zubereitung

1. Wasser mit Zwiebel, Wein und Gewürzen zum Kochen bringen und etwa 15 Minuten köcheln lassen.
2. Diesen Gewürzsud abseihen und noch einmal aufkochen lassen.

Shit

ZWIEBEL, PETERSILIE UND CO. SIND NUR SCHWER AUS DEN WURZELSTREIFEN DES FISCHSUDES ZU BEKOMMEN.

So!

Koche diese Würzmittel vorher aus, seihe das Ganze ab und verwende den Gewürzsud zur Weiterverarbeitung.

3. Gemüsestreifen und Fisch einlegen, vom Feuer nehmen und zugedeckt ziehen lassen.

4. Gemüsestreifen und Fisch aus dem Kochsud nehmen und warm stellen.

Shit **DIE FISCHFILETS SIND ZU TROCKEN UND ZERFALLEN.**

So!

Der Sud mit den Gemüsestreifen darf keinesfalls aufkochen. Lege die Filets in den kochenden Sud und lasse das Ganze am Herdrand ohne Hitzezufuhr zugedeckt ziehen. Sollte das Gemüse noch zu knackig sein, nimm die Filets aus dem Sud und lasse die Wurzelstreifen noch ein wenig kochen.

Zubereitung der Sauce

1. Den entstandenen Fond abseihen.

2. Fond mit Crème fraîche aufkochen und bis zur gewünschten Konsistenz einreduzieren lassen.

3. Kalte Butterflocken zügig einrühren, mit geschlagenem Obers vollenden.

4. Gemüse noch einmal erhitzen und anrichten, Filets auf den Gemüsesockeln platzieren, mit Sauce überziehen und mit Petersilie bestreuen.

PLATTFISCHRÖLLCHEN NACH WIENER ART

Zutaten für 4 Portionen

- 2 Seezungen oder anderen Plattfisch
- 1 Bund Petersilie
- Salz
- 60 g glattes Mehl
- 2 Eier
- 120 g Semmelbrösel
- Öl zum Frittieren

Vorbereitung

1. Die Haut der Fische abziehen, filetieren, leicht klopfen. Bei Schollenfilets solltest du die abgezogenen Filets in zwei schmale Stücke teilen.

2. Petersilienblätter abzupfen, Filets damit belegen, zu Röllchen einschlagen und mit einem Zahnstocher befestigen.

Shit **DIE DÜNNEN, GEBACKENEN FILETS SIND SCHON DURCHGEGART UND SOMIT TROCKEN, BEVOR DIE PANIER KNUSPRIG IST.**

So!

Forme die Filets vor dem Backen zu Röllchen oder Schleifen. Das macht die Filets dicker und verzeiht somit kleine Fehler beim Braten.
Achte darauf, dass du die Hautseite mit den Petersilienblättern belegst und einrollst.

Zubereitung

1. Die Röllchen salzen, in Mehl, Ei und Weißbrotbröseln panieren.

2. In heißem Öl goldgelb frittieren, auf Küchenrolle abtropfen lassen.

3. Die restlichen Petersilienblätter frittieren.

Für die, DIE ES GENAU WISSEN WOLLEN

JEDER FISCH MAG'S ANDERS
Eiweiß leitet die Hitze rasch, daher trocknet Fisch je nach Art schon bei Temperaturen ab 60 °C aus. Karpfen und Schwertfisch haben mehr Bindegewebe und vertragen deshalb höhere Temperaturen. Thunfisch und Lachs sind hingegen bei einer Kerntemperatur knapp unter 50 °C am saftigsten. Fett leitet die Hitze nicht so rasch wie Eiweiß, daher benötigen fettreiche Fische eine längere Garzeit als Magerfische derselben Größe.

GEBRATENE FISCHFILETS MIT MANDELBUTTER

Zutaten für 4 Portionen

- 600 g Fischfilet (z. B. Zander, Scholle, Saibling, Petersfisch)
- 50 g Maisgrieß oder Semmelbrösel
- 50 g Mehl
- Salz, Weißer Pfeffer aus der Mühle
- Öl zum Braten

Mandelbutter

- 100 g Butter
- 100 g Mandelblätter
- 50 ml Weißwein
- 1 Spritzer Worcestershiresauce
- 1 Kaffeelöffel gehackte Petersilie

Vorbereitung

1. Fischfilets von den restlichen Gräten befreien und in gleich große Stücke teilen.
2. Maisgries (oder Brösel) und Mehl vermischen.

Zubereitung

1. Die Fischfilets an der Hautseite leicht einritzen, mit Salz und Pfeffer würzen.

Shit DIE FILETS WERDEN ZU KOMPAKT UND VERLIEREN DIE TEXTUR.

So!

Salze den Fisch erst kurz vor der Zubereitung.

2. Fischfilets mit der Hautseite in die Maisgrieß-Mehl-Mischung tauchen, mit der Hautseite nach unten ins heiße Öl legen und sofort mit einem leichten Gewicht beschweren.

Filets mit Softistep oder einem Gefäß leicht beschweren

3. Wenn die Haut Farbe genommen hat, die Filets wenden und die Pfanne vom Feuer nehmen.

Shit **DIE GEBRATENEN FISCHFILETS KLEBEN AM PFANNENBODEN.**

So!

Tauche die Filets erst im letzten Moment mit der Hautseite ins Mehl. Nimm eine beschichtete Pfanne und lege die Filets in das heiße Fett.

4. Die Filets warm stellen.

Zubereitung der Mandelbutter

1. Das überschüssige Fett aus der Pfanne leeren, Butter im Bratenrückstand schmelzen.
2. Butter leicht bräunen, Mandelblätter beifügen und kurz schwenken.
3. Weißwein, Worcestershiresauce und Petersilie beifügen.
4. Im letzten Moment alles noch einmal kurz erhitzen.

Für die, **DIE ES GENAU WISSEN WOLLEN**

Die berühmten 3 S der Fischzubereitung (Säubern, Säuern, Salzen) sind Schnee von gestern.

» **Säubern: Wasche die Filets zügig unter fließendem Wasser. Toter Fisch hat im Wasser liegend nichts verloren, er verliert dabei nur Proteine und Mineralstoffe.**

» **Säuern: Das Säuern sollte früher den typischen Fischgeruch binden. Frischer Fisch riecht angenehm. Nur wenn die Fische etwas länger im Kühlschrank verweilen, beginnen sie zu „fischeln". Beim Braten oder Grillen der Fische können sich über die trockene und starke Hitze manche Proteine und proteinähnliche Moleküle in krebserregende Substanzen verwandeln. In diesem Fall kann eine Marinade in Kombination mit Feuchtigkeit und Säure die Bildung dieser DNA-angreifenden Stoffe reduzieren.**

» **Salzen: Salz entzieht dem Fleisch durch seine osmotische Wirkung Flüssigkeit. Das Filet wird zwar kompakter, aber auch trockener. Die natürliche Textur geht dabei verloren. Allerdings kann das Salzen kurz vor der Zubereitung Gerüche an der Oberfläche binden.**

GEMISCHTES GEMÜSE

» Die Gemüsebeilage macht Stress, wenn ich mehrere Gänge und Beilagen zubereite.
» Das Gemüse schmeckt ausgelaugt.
» Bei gemischtem Gemüse verfärbt sich das helle Gemüse.
» Brokkoli und Zucchini sind schon verkocht, während Karotten und Kohlrabi noch steinhart sind.
» Das Gemüse kühlt nach dem Anrichten schnell aus.
» Das Gemüse wird von Aromen meines Kühlschrankes begleitet.
» Wenn ich grünes Gemüse mit einem Spritzer Zitronensaft verfeinere, wird es unappetitlich braun.

GEMÜSE AUS DER MIKROWELLE

» Das Gemüse wird nicht gleichmäßig heiß.
» Das Gemüse wird schrumpelig.
» Das Gemüse zerkocht in der Mikrowelle.

GEMÜSE SOUS-VIDE

» Das Gemüse wird nicht gleichmäßig durch.
» Das Gemüse ist überwürzt.
» Brokkoli, Kohlsprossen, Karfiol und Kohlrabi schmecken in Vakuum gegart grauenhaft, furchtbar und entsetzlich.

GEMÜSE AUS DEM DAMPF-GARER

» Dem Gemüse fehlt die leuchtende Farbe.
» Dem Gemüse fehlt der Glanz und es kühlt zu schnell aus.

RÖSTGEMÜSE

» Das Röstgemüse wird nicht durch.
» Das Gemüse verliert Flüssigkeit und wird nicht geröstet.

Gemüse

GESCHMORTES GEMÜSE

» Das grüne Gemüse verliert die schöne grüne Farbe. Der Brokkoli schmeckt außerdem zu intensiv.
» Das Gemüse röstet, ohne dass Flüssigkeit austritt, in der es dünsten sollte.
» Das Gemüse brennt schnell an.

CREMESPINAT

» Der Spinat aus frischen Blättern knirscht zwischen den Zähnen.
» Der Spinat verliert seine Farbe schon beim Vorkochen der frischen Spinatblätter.
» Der Spinat ist nach dem Aufkochen zu flüssig.
» Mehlbröckerl im Spinat und dann auch noch angebrannt – ein Graus!
» Dem eingemachten Spinat fehlt der cremige Schmelz am Gaumen.

DILLFISOLEN

» Die Dillfisolen sind nicht so knackig wie in meinen Kindheitserinnerungen.
» Meine eingebrannten Fisolen schmecken nicht wie bei Oma.
» Der Sauerrahm flockt aus.
» Die Fisolen schwimmen in zu viel Einbrennsauce.
» Der Dill verliert schnell die Farbe und das angenehme Aroma.

GEMÜSEFOND

» Ich bekomme nicht genügend Gemüseabschnitte für einen Fond zusammen.
» Die Gemüsearomen werden im Fond nicht so richtig ausgelaugt.
» Der Gemüsesud schmeckt am Ende schal. Gehaltvoll ist anders!
» Wohin mit dem ganzen Gemüsefond? So viel kann ich auf einmal nicht verbrauchen.

Wie kocht man Gemüse?

1

Schon die Altvorderen wussten: „Jegliches Gemüse wird die Farbe von Smaragd erhalten, wenn es mit Nitrum gekocht wird." Unter Nitrum wurde übrigens das Küchennatron mit seinen basischen Eigenschaften verstanden.

Heute genügen ein normaler Kochtopf und Wasser mit reichlich Salz, um die leuchtende Farbe von Gemüse zu erhalten.

GEMISCHTES GEMÜSE

Shit DIE GEMÜSEBEILAGE MACHT STRESS, WENN ICH MEHRERE GÄNGE UND BEILAGEN ZUBEREITE.

So!

Nachfolgend zeige ich dir, wie du das Gemüse vorbereiten solltest, damit du dich auf die anderen Komponenten konzentrieren kannst.

Zutaten für 4-6 Personen

- 100 g Karotten
- 50 g Gelbe Rüben
- 100 g Kohlrabi
- 100 g Zucchini
- 100 g Karfiol
- 100 g Brokkoli
- Salz
- Weißer Pfeffer, gemahlen
- Staubzucker
- 100 g Butter

Vorbereitung

1. Karotten, Gelbe Rüben und Kohlrabi schälen und in gleich große, mundgerechte Stücke schneiden.
2. Zucchiniends abschneiden, Zucchini der Länge nach halbieren und dann in 1 cm dicke Scheiben schneiden.
3. Karfiol und Brokkoli in mundgerechte Röschen teilen.

Zubereitung

1. Salzwasser zum Kochen bringen.

Shit DAS GEMÜSE SCHMECKT AUSGELAUGT.

So!

Koche das Gemüse nur in der dafür absolut nötigen Wassermenge. Salze das Wasser oder koche das Gemüse in einem Gemüsefond.

2 Gib das hellste Gemüse, also Karfiol und Kohlrabi, zuerst hinein und koche es ca. 5 Minuten lang.

Shit BEI GEMISCHTEM GEMÜSE VERFÄRBT SICH DAS HELLE GEMÜSE.

So!

Beginne immer mit weißem bzw. sehr hellem Gemüse und ende mit den dunkelsten Gemüsearten, damit nichts abfärbt.

3 Danach das Gemüse mithilfe eines Gitterlöffels aus dem Kochsud nehmen, mit kaltem Wasser so lange abfrischen, bis es auch im Inneren kalt ist.

4 Dann die Gelben Rüben und die Karotten 6–7 Minuten kochen, bis sie knackig sind, und wie das helle Gemüse abfrischen.

5 Zuletzt Brokkoli und Zucchini im Kochsud nicht länger als eine Minute kochen und abfrischen.

5 Nun das gesamte Gemüse abseihen und mit Salz, Pfeffer und ein wenig Staubzucker würzen.

Shit BROKKOLI UND ZUCCHINI SIND SCHON VERKOCHT, WÄHREND KAROTTEN UND KOHLRABI NOCH STEINHART SIND.

So!

Karotten und Gelbe Rüben benötigen je nach Schneideart 6–7 Minuten, bis sie fertig gegart sind. Karfiol und Kohlrabi sind in ca. 5 Minuten fertig. Zucchinischeiben und Brokkoliröschen brauchen gar nur 1 Minute, bis sie aus dem Kochwasser müssen.

6 Butter schmelzen und mit dem Gemüse mischen.

Shit DAS GEMÜSE KÜHLT NACH DEM ANRICHTEN SCHNELL AUS.

So!

Spare nicht mit der Butter! Fett ist nicht nur ein Geschmacksverstärker, die Butter gibt der Beilage auch einen schönen Glanz. Vor allem aber hält Fett dein Gemüse viel länger warm. Und nein – mit Margarine geht das nicht!

7 Das Gemüse aromadicht und kühl verwahren.

So! Shit DAS GEMÜSE WIRD VON AROMEN MEINES KÜHLSCHRANKES BEGLEITET.

Du lagerst im Idealfall das Gemüse in jenem Geschirr, in dem du es vor dem Anrichten erhitzt.

- Den Kochtopf, in dem du das Gemüse wieder regenerieren möchtest (früher hat man aufwärmen dazu gesagt), musst du mit Frischhaltefolie abdecken, damit nicht die gesamte Aromenvielfalt deines Kühlschrankes das Gemüse begleitet.
- Willst du die Gemüsebeilage in der Mikrowelle erhitzen, kannst du sie in einem Glasgeschirr oder einem Kunststoffbehälter mit passendem Deckel im Kühlschrank lagern.

8 Die Gemüsemischung ca. 10 Minuten vor dem Anrichten in das Backrohr geben und bei 150 °C wieder erwärmen oder in der Mikrowelle erhitzen.

So! Shit WENN ICH GRÜNES GEMÜSE MIT EINEM SPRITZER ZITRONENSAFT VERFEINERE, WIRD ES UNAPPETITLICH BRAUN.

Verwende beim Kochen von grünem Gemüse unter gar keinen Umständen Säure! Säure ist der Todfeind des Chlorophylls, das grünem Gemüse seine Farbe verleiht. Jedes grüne Gemüse wird in einer säurehaltigen Flüssigkeit hässlich braun.

Für die, DIE ES GENAU WISSEN WOLLEN

PH-WERT: Besonders beim grünen Gemüse spielt der pH-Wert eine wichtige Rolle. Der pH-Wert 7 ist neutral – je niedriger der Wert, umso saurer, je höher, umso basischer ist etwas. Gemüse behält seine Farbe am besten, wenn es in einer eher basischen Umgebung zubereitet wird. Dampf im Dampfgarer hat einen pH-Wert von 6 – ein saurer Wert, der für die Strahlkraft der Farben nicht unbedingt förderlich ist und daher mit Salz kompensiert werden sollte.

VERWÄSSERTER GESCHMACK: Ein Einweghäutchen an jeder Zelle des Gemüses lässt nur Wasser durch – keine Salze, keine Minerale. Gibst du nun das Gemüse ins Wasser, ohne es vorher zu salzen, dann möchte das Wasser in einem Anfall von Gerechtigkeitssinn innerhalb und außerhalb der Zellen die gleichen Salz- und Mineralanteile erreichen. Das Wasser fließt so lange in die Zellen, bis innerhalb und außerhalb der Zelle die gleiche Mineral- und Salzkonzentration besteht. Kochst du das Gemüse in gesalzenem Wasser oder in Gemüsefond (in einer gesättigten Lösung), so ist genug Mineralsalz im Wasser und der Ausgleich, der das Gemüse „auswaschelt", bleibt aus.

Zubereitungs-arten

2

Knackig, g'schmackig und reich an Vitaminen – so sollte gegartes Gemüse sein. Dabei reicht es nicht, den Topf zu füllen und den Ofen anzuwerfen. Die Zubereitungsart ist entscheidend für den Geschmack und den Nährstoffgehalt von Brokkoli & Co.

GEMÜSE SOUS-VIDE (AUS DEM VAKUUMBEUTEL)

GRÜNER SPARGEL SOUS-VIDE

Zutaten für 4 Personen

- 1 kg grüner Spargel
- Saft von einer Zitrone
- Salz
- Staubzucker
- 100 g Butter

Vorbereitung

1. Grünen Spargel nur im unteren Drittel schälen.
2. Die holzigen Enden abbrechen.

Spargel fest umschlossen halten, die Enden brechen dann dort ab, wo der Spargel nicht mehr holzig ist

Zubereitung

1. Spargel flach in Vakuumbeutel füllen.

Shit DAS GEMÜSE WIRD NICHT GLEICHMÄSSIG DURCH.

So!

Du darfst das Gemüse keinesfalls übereinander im Vakuumbeutel schlichten.

2 Mit Zitronensaft, Salz und Zucker würzen.

Shit **DAS GEMÜSE IST ÜBERWÜRZT.**

So!

Sei bei vakuumiertem Gemüse sparsam mit dem Würzen. Es nimmt die Gewürze besonders stark auf und bringt diese recht kräftig zum Ausdruck.

3 Butter hinzufügen, Beutel vakuumieren und verschweißen.

4 Dampfgarer oder Wasserbad auf 85 °C erhitzen und den Spargel je nach Stärke zwischen 10 und 35 Minuten garen.

Der Spargel wird im Vakuumbeutel bei kontrollierter Temperatur gegart

Shit **BROKKOLI, KOHLSPROSSEN, KARFIOL UND KOHLRABI IN VAKUUM GEGART SCHMECKEN GRAUENHAFT, FURCHTBAR UND ENTSETZLICH.**

So!

Vakuumgaren verstärkt das natürliche Aroma. Besonders bei Gemüsearten mit sehr kräftigem Eigengeschmack, wie z. B. Kohlgemüse, steigert sich der Geschmack bis ins Ungenießbare. Du musst diese Gemüsearten unbedingt zuerst in Salzwasser kernig kochen und dann gut abfrischen. Danach füllst du sie mit Salz, Pfeffer, Kümmel, Butter und evtl. Bohnenkraut in Vakuumbeutel und vakuumierst das Ganze. So kannst du das Gemüse bei Bedarf im geschlossenen Beutel im heißen Wasserbad erhitzen.

GEMÜSE AUS DER MIKROWELLE

Allen Unkenrufen zum Trotz kann Gemüse besonders schnell, vitamin- und mineralstoffschonend in der Mikrowelle zubereitet oder erhitzt werden. Allerdings hat die Arbeit mit dem „Atomofen" so manche Tücken, die du aber problemlos umgehen kannst. Beachte beim Zerteilen deiner Gemüsesorten, dass die Mikrowellen nur bis zu 2 cm tief in das Gemüse eindringen.

Shit DAS GEMÜSE WIRD NICHT GLEICHMÄSSIG HEISS.

So!

Du musst daher das Gemüse in gleichmäßige Scheiben schneiden und im Kochgeschirr entweder einlagig oder als lockeren Haufen anordnen.

Shit DAS GEMÜSE WIRD SCHRUMPELIG.

So!

Das Wasser, das in den Zellwänden erhitzt wird, verdampft und möchte sich aus dem Gemüse verabschieden. Sieh zu, dass das Gemüse leicht befeuchtet in einem geschlossenen Behälter in die Mikrowelle kommt – damit hältst du den Dampf sowohl im Gefäß als auch im Gemüse gefangen und letzteres trocknet nicht aus.

Shit DAS GEMÜSE ZERKOCHT IN DER MIKROWELLE.

So!

Koche das Gemüse in der Mikrowelle nicht so lange wie üblich. Im geschlossenen Behälter kann ein leichter Druck entstehen, der Wasserdampf bis auf 120 °C erhitzen lässt. Das Gemüse kann deshalb doppelt so schnell als bei der herkömmlichen Zubereitungsart fertig sein.

GEMÜSE AUS DEM DAMPFGARER

Bereitest du Gemüse im Dampfgarer zu, bleiben viele Aroma- und Mineralstoffe im Gemüse erhalten, die beim Kochen im Wasser ausgeschwemmt werden. Jeder Vorteil hat aber mindestens einen Nachteil, der hier unsere Aufmerksamkeit verdient.

Shit DEM GEMÜSE FEHLT DIE LEUCHTENDE FARBE.

So!

Mariniere das rohe Gemüse vor dem Dampfgaren mit etwas Salz. Das Gemüse erhält eine schönere Farbe und schmeckt besser. Ich habe es ausprobiert und es funktioniert.

Shit DEM GEMÜSE FEHLT DER GLANZ UND ES KÜHLT ZU SCHNELL AUS.

So!

Schwenke das Gemüse einfach vor dem Anrichten in schäumender Butter oder in heißem Olivenöl. Natürlich ist das Kochen ohne Salz und Fett dem Diktat der gesunden Ernährung folgend verlockend. Das Problem beginnt dann, wenn man das Ganze essen soll! Fett schützt das Gemüse vor dem Austrocknen, sorgt als guter Wärmeschutz dafür, dass das Gemüse nicht allzu schnell auskühlt und kümmert sich um den seidigen Glanz.

GESCHMORTES GEMÜSE

Verwende kein Wasser, wo es nicht notwendig ist – es laugt das Gemüse aus! Salze das Gemüse und lasse es ein wenig stehen. So entsteht genügend eigener Saft, in dem das Gemüse ohne Aromaverlust schmoren kann. Das ist meine bevorzugte Methode, Gemüse zuzubereiten.

Zutaten für ca. 6 Personen

- 100 g Schalotten
- 200 g Karotten
- 100 g Kohlrabi
- 100 g Zucchini
- 100 g grüner Spargel
- 100 g Brokkoli
- 1 roter Paprika
- 1 gelber Paprika
- Salz
- 50 ml Olivenöl
- Weißer Pfeffer
- Staubzucker
- 10 Wacholderbeeren

Du kannst die hier genannten Gemüsesorten selbstverständlich auch durch Saisongemüse ersetzen. Ich habe auf S. 196 beschrieben, wie diese Gemüsearten einzuarbeiten sind.

Vorbereitung

1. Schalotten schälen.
2. Karotten und Kohlrabi schälen und in ziemlich gleichgroße Stücke schneiden.
3. Zucchini und Spargel putzen und in gefällige Stücke schneiden.
4. Brokkoli in Röschen teilen.
5. Paprika entkernen, die Trennwände ausschneiden und ebenfalls in mundgerechte Stücke teilen.

Zubereitung

1. Wasser mit Salz zum Kochen bringen und Brokkoliröschen 1 Minute kochen, danach kalt abfrischen.

Shit DAS GRÜNE GEMÜSE VERLIERT DIE SCHÖNE GRÜNE FARBE BEIM DÜNSTEN. DER BROKKOLI SCHMECKT AUSSERDEM ZU INTENSIV.

So!

Vor allem grünes Gemüse solltest du vor dem Weiterverarbeiten kurz in kochendes Wasser geben und danach mit sehr kaltem Wasser abfrischen. So bleibt das Gemüse leuchtend grün und der allenfalls zu kräftige Eigengeschmack wird gemildert. Übrigens: Ich würde auch Karfiol oder Kohlsprossen mit kochendem Salzwasser überbrühen.

2 Das Gemüse bis auf den Brokkoli in eine kalte Pfanne geben, salzen und etwas ziehen lassen.

Shit **DAS GEMÜSE RÖSTET, OHNE DASS FLÜSSIGKEIT AUSTRITT, IN DER ES DÜNSTEN SOLLTE.**

So!

Salze das Gemüse sofort, nachdem du es in die Pfanne gegeben hast. Das Salz entzieht ihm genug Flüssigkeit zum Dünsten im eigenen Saft.

3 Öl hinzufügen und das Gemüse bei geringer Hitze anschwitzen. Mit Pfeffer, Wacholderbeeren und etwas Zucker würzen. Die Pfanne mit Frischhaltefolie gut abdecken und das Gemüse bei geringer Hitze 7–8 Minuten ziehen lassen. Der entstehende Dampf wölbt die Folie nach oben.

Wenn die Hitzezufuhr eingestellt wird und der Dampf entweicht, umschließt die Folie nahezu vakuumartig das Gemüse. So kann das Gemüse bis zum Anrichten warm gehalten werden, ohne dass es Geschmack und Farbe verliert.

Shit DAS GEMÜSE BRENNT AN.

So!

Drei Dinge solltest du beachten:

- Hast du die Hitze beim Anrösten des Gemüses reduziert, sodass der austretende Saft nicht verdampft?
- Hält der Deckel auch dicht? Wenn nicht, spanne Frischhaltefolie über die Pfanne.
- Arbeite mit kleinstmöglicher Hitze weiter.

4 Frischhaltefolie vorsichtig abnehmen. (Vorsicht: Der heiße Dampf ist schmerzhaft).

5 Brokkoli hinzufügen und die Pfanne wieder mit Frischhaltefolie überziehen.

6 Herd ausschalten und das Gemüse abgedeckt noch 3–5 Minuten ziehen lassen.

RÖSTGEMÜSE

Wird Gemüse unter ständigem Rühren geröstet, besticht es am Ende durch köstliche Aromaverbindungen, die beim Rösten entstehen. Ob nun asiatisch im Wok oder in der Pfanne zubereitet – Röstgemüse bietet ein Mehr an Geschmacksvielfalt. Bei dieser Zubereitungsart wird das Gemüse zudem recht flott gegart – es verliert daher nahezu keine Nährstoffe und behält die leuchtende Farbe.

Zutaten für ca. 5 Personen

- 100 g Karotten
- 50 g Gelbe Rüben
- 1 grüner Paprika
- 1 roter Paprika
- 50 g Frühlingszwiebeln
- 100 g Zuckererbsenschoten
- 100 g Brokkoliröschen
- 2 Knoblauchzehen
- 1 Zweig Thymian
- Öl zum Rösten
- Salz
- Weißer Pfeffer, gemahlen

Vorbereitung

1. Karotten und Gelbe Rüben schälen, der Länge nach halbieren, dann leicht schräg dünnblättrig schneiden.

Shit **DAS GEMÜSE WIRD NICHT DURCH.**

So!

Schneide das Gemüse eher dünnblättrig, sodass es in kurzer Zeit durchgegart werden kann.

2. Paprika entkernen, die weißen Trennwände entfernen und in Streifen, Quadrate oder Rauten schneiden.
3. Frühlingszwiebeln putzen, die Wurzeln wegschneiden. Das Weiße bei einer Länge von ca. 3 cm abschneiden und der Länge nach halbieren, das Grüne in 1 cm breite Ringe schneiden.
4. Die Enden der Zuckererbsenschoten abschneiden und die Schoten diagonal halbieren.
5. Brokkoli in eher kleine Röschen teilen.
6. Knoblauch schälen.
7. Thymian abzupfen und hacken.

Zubereitung

1. Eine Pfanne erhitzen, wenig Öl hineingeben, das Wurzelgemüse, Brokkoli und die weißen Jungzwiebelstücke ins heiße Fett geben und unter ständigem Rühren 1 Minute rösten.

Shit **DAS GEMÜSE VERLIERT FLÜSSIGKEIT UND WIRD NICHT GERÖSTET.**

So!

Das Öl muss richtig heiß sein. Es darf jedoch nicht überhitzt werden, bis Rauch aufsteigt und das Öl klebrig wird. Es ist sehr wichtig, dass du die Pfanne stark erhitzt und erst im letzten Moment das Öl hineingibst. Verwende relativ wenig Öl. Und: Du darfst das Gemüse jetzt noch nicht salzen.

2. Paprika und Zuckererbsenschoten hinzufügen, kurz unter Rühren weiter rösten.
3. Das Grüne von den Jungzwiebeln und die Gewürze beigeben, noch einmal kurz rösten und zum Schluss salzen.

EINMACHGEMÜSE

Einmachgemüse, wie es bei Oma schmeckte, steht nicht unbedingt in der Fibel der zeitgemäßen Ernährung. Im Sinne der Gaumennostalgie sichert sich dieses Gemüse jedoch noch immer den Platz an der Seite von Tafelspitz und Co.

Ich empfehle, Cremespinat aus frischen Spinatblättern zuzubereiten, auch wenn du die Mehrarbeit am Anfang zum Teufel wünschst. Die frischen Spinatblätter sind den Mehraufwand an Arbeit allemal wert – du wirst den Unterschied schmecken! Außer dem geschmacklichen Vorteil spricht aber nichts dagegen, Tiefkühlspinat, am besten passiert, zu verwenden.

CREMESPINAT

Zutaten für 4 Personen

- 1,2 kg Blattspinat
- 20 g Butter
- 20 g glattes Mehl
- 200 ml Gemüsefond (siehe S. 212 f.)
- 100 ml Schlagobers
- Salz, weißer Pfeffer, gemahlen
- Knoblauch oder geriebene Muskatnuss
- 30 g Butter zum Bräunen

Vorbereitung

1. Die Spinatblätter von den ganz groben Stielen befreien und öfters waschen – dabei das Wasser immer wieder wechseln.

Shit DER SPINAT AUS FRISCHEN BLÄTTERN KNIRSCHT ZWISCHEN DEN ZÄHNEN.

So!

Das Knirschen zwischen den Zähnen ist dem Sand zu verdanken, den du aus den Spinatblättern nicht ausgespült hast. Es ist wichtig, dass du Blattspinat gut und zwar 4–5 Mal wäschst, damit der ganze Sand weggespült wird.

2. Falls Knoblauch verwendet wird, diesen schälen und pressen.

Zubereitung

1. Wasser mit Salz zum Kochen bringen, Spinat etwa 3 Minuten kochen lassen, dann unter kaltem Wasser gut abfrischen.

Shit DER SPINAT VERLIERT SEINE FARBE SCHON BEIM VORKOCHEN DER FRISCHEN SPINATBLÄTTER.

So!

Du hast zwei Möglichkeiten, die schöne grüne Farbe zu erhalten:

» Gib reichlich Salz ins Kochwasser. Das Natrium im Salz ist hilfreich, die schöne grüne Farbe zu erhalten.
» Nachdem du den Spinat 2–3 Minuten gekocht hast, frische ihn sofort mit reichlich kaltem Wasser ab. Achte darauf, dass der Spinat auch im Inneren gut abgekühlt ist und nicht weiter garen kann.

2 Spinatblätter ausdrücken, grob hacken und im Zerkleinerer fein pürieren.

Shit DER SPINAT IST NACH DEM AUFKOCHEN ZU FLÜSSIG.

So!

Ob du frischen Spinat oder Tiefkühlspinat nimmst, läuft auf das Gleiche hinaus: Die Flüssigkeit muss gut ausgedrückt werden. Der Fehler passiert meistens beim tiefgekühlten Blattspinat, wenn dieser halbgefroren zur Sauce gegeben und anschließend mit dem Stabmixer püriert wird. Auch tiefgekühlter Blattspinat muss unbedingt gut ausgepresst werden! Püriere den Spinat am besten mit dem elektrischen Zerkleinerer.

Um beim bevorstehenden Date nicht alle Chancen zu vergeben, vergiss den Knoblauch und reibe lieber etwas Muskatnuss in den Spinat. Ich mache den Spinat auch ohne Date mit Muskatnuss. Es ist für mich logisch, weil die frischen Spinatblätter von Natur aus ein leicht nussiges Aroma haben.

3 Die Butter in einem flachen Topf schmelzen. Das Mehl mit dem Schneebesen einrühren, hell rösten, danach vom Herd nehmen und etwas abkühlen lassen.

4 Den Gemüsefond aufkochen und die Einmach damit aufgießen. Das Schlagobers unter ständigem Rühren mit dem Schneebesen bröckerlfrei einrühren.

5 Etwa 5 Minuten kochen lassen.

6 Den Spinat mit der Einmachsauce verrühren, mit Salz, Pfeffer und evtl. Muskatnuss würzen. Solltest du jetzt noch Bröckerl sehen, dann püriere das Ganze mit dem Stabmixer.

Shit MEHLBRÖCKERL IM SPINAT UND DANN AUCH NOCH ANGEBRANNT – EIN GRAUS!

So!

Gibst du einen Tiefkühlspinatziegel in die fertige Einmachsauce, dann wird dieser Spinat, bis er aufgetaut und heiß ist, eine wunderschöne schwarze Schicht am Boden des Topfes bilden. Wenn du den Spinat aufgetaut und schon vorgewärmt in die Einmachsauce gibst, reduzierst du die Kochzeit und vermeidest dadurch das Anbrennen und die Entstehung von grauslichen Mehlbröckerln.

7. Butter in einer Pfanne bräunen, Knoblauch einrühren und sofort unter den Spinat mischen. Wenn nötig, die Konsistenz des Cremespinats mit Suppe regulieren.

Shit **DEM EINGEMACHTEN SPINAT FEHLT DER CREMIGE SCHMELZ AM GAUMEN.**

So!

Lasse die Butter schmelzen und warte, bis sie braun ist. Braune Butter gibt dem Spinat den cremigen Schmelz am Gaumen und verleiht ihm zusätzlich nussige Aromen.

DILLFISOLEN

Für **eingemachten Kohl** gelten die gleichen Shits wie für die Dillfisolen. Würze den Kohl aber nicht mit Essig und Dill, sondern mit Kümmel, Knoblauch und gerösteten Speckwürfeln. Anstelle des Sauerrahms kannst du auch Crème fraîche verwenden.

Zutaten für 8 Personen

- 1 kg Fisolen
- 1 Bund Dill
- 20 g Butterschmalz
- 200 ml Rindsuppe oder Gemüsefond
- 20 g glattes Mehl
- 250 g Sauerrahm
- Weinessig
- Salz, Pfeffer, gemahlen

Vorbereitung

1. Bei den Fisolen die Enden wegschneiden. Leicht schräg in 5 mm lange Stücke schneiden (die kleinen Stücke schmecken besser, können knackiger gekocht werden und sehen nicht nach Tiefkühlfisolen aus).

2. Dill abzupfen und fein hacken.

Zubereitung

1. Wasser mit reichlich Salz zum Kochen bringen. Die Fisolen darin knackig kochen.

2. Den Kochsud abgießen und die Fisolen rasch unter fließendem Wasser abfrischen.

Shit DIE DILLFISOLEN SIND NICHT SO KNACKIG WIE IN MEINEN KINDHEITSERINNERUNGEN.

So! Willst du die Fisolen so, wie du sie von Oma bekommen hast, dann vergiss tiefgekühlte Fisolen. Es kommt nämlich nicht auf die Kochzeit an – nur mit frischen Fisolen kannst du diesen Biss erzielen. Beachte auch, dass du die gekochten Fisolen so lange unter kaltem Wasser abfrischst, bis diese auch in der Mitte kalt sind. Sonst sind die schöne Farbe und das knackige Mundgefühl endgültig Geschichte.

3 Mehl in Butterschmalz bei mittlerer Hitze hellbraun rösten, danach etwas abkühlen lassen.

Shit MEINE EINGEBRANNTEN FISOLEN SCHMECKEN NICHT WIE BEI OMA.

So! Dillfisolen brauchen den Röstmehlgeschmack. Durch das langsame Rösten des Mehls im Butterschmalz (es kann auch Öl sein) entstehen Aromaverbindungen, die dieses Gemüse mit den restlichen Geschmackszutaten abrunden.

4 Die Einbrenn mit kochender Suppe aufgießen und umrühren. Einige Spritzer Essig beigeben und ein paar Minuten kochen lassen.

5 Sauerrahm glatt rühren und erst dann in die Sauce geben.

6 Die Einbrennsauce unter Rühren aufkochen lassen. Die erwärmten Fisolen damit binden und kurz aufkochen lassen.

Shit DIE FISOLEN SCHWIMMEN IN ZU VIEL EINBRENNSAUCE.

So! Hast du zu viel Sauce gemacht und zu wenig Fisolen (oder Gemüse), dann musst du aufpassen, dass das Gemüse in der Sauce nicht zu weit hinausschwimmt. Erhitze am besten die Fisolen ein wenig und gib nur so viel Einbrennsauce darüber, bis sie gebunden sind.

7 Die Fisolen würzen und den Dill kurz vor dem Anrichten einrühren.

Shit DER DILL VERLIERT SCHNELL DIE FARBE UND DAS ANGENEHME AROMA.

So! Rühre den Dill erst kurz vor dem Anrichten unter das Gemüse. Er verliert sonst rasch an Farbe. Wenn du den gehackten Dill einfrierst, verstärkt sich sein Aroma.

Gemüsefond – einfach besser

Gießt du deine Suppen und Saucen mit einem gehaltvollen Gemüsefond auf und verwendest dafür nicht einfach Wasser und Suppenpulver, bist du auf der kulinarischen Siegerstraße. Du wirst mit einem kräftigen Geschmack ohne künstliche Aromen belohnt. Nebenbei freut sich dein Geldbörsel, da du dafür nutzbare Lebensmittel und deren Abschnitte nicht verschwendest.

3

GEMÜSEFOND

Zutaten für ca. 2 l Fond

- 2 kg gereinigte Gemüseabschnitte (z. B. Schalen von Wurzelgemüse oder Spargel, Ansätze von Wurzelgemüse, Tomaten und Melanzani, Blätter und Stiele von Kohlrabi und Radieschen, Inneres von Paprika, Strünke von Karfiol und Kraut, Enden von Lauch, Kräuterstängel, aber keine Kartoffel- oder Zwiebelschalen)
- Öl zum Anbraten
- 3 l Wasser (nicht mehr als die eineinhalbfache Menge der Gemüseabschnitte)
- Pfefferkörner
- 2–5 Lorbeerblätter
- Evtl. ganzer Kümmel
- 1 Zweig Thymian

Für einen universell einsetzbaren Gemüsefond sollte Wurzelgemüse, wie z. B. Karotten, Gelbe Rüben, Sellerie und Lauch, die Hauptrolle spielen.

Shit ICH BEKOMME NICHT GENÜGEND GEMÜSEABSCHNITTE FÜR EINEN FOND ZUSAMMEN.

So!

Ich auch nicht. Ich habe im Tiefkühler aber ein passendes Geschirr mit Deckel, in dem ich die Abschnitte sammle. Wenn ich genug Material und die nötige Zeit habe, stelle ich meinen Fond zu. Du kannst natürlich auch wiederverschließbare Plastikbeutel verwenden.

Vorbereitung

Gemüse so klein wie möglich schneiden.

Shit DIE GEMÜSEAROMEN WERDEN IM FOND NICHT SO RICHTIG AUSGELAUGT.

So!

Schneide das Gemüse so klein wie möglich, um dem Wasser die größtmögliche Angriffsfläche zum Auslaugen zu geben.

Zubereitung

1. Anschnitte und Schalen vom Wurzelgemüse in heißem Öl leicht anrösten, ohne sie Farbe nehmen zu lassen. Dabei entstehen herrliche Aromaverbindungen.

2. Übriges Gemüse und Kräuterstängel hinzufügen.

3. Mit dem abgemessenen kalten Wasser aufgießen und das Ganze langsam zum Kochen bringen.

4. Den Gemüsesud leicht köcheln lassen und nach 1 Stunde abseihen.

Shit **DER GEMÜSESUD SCHMECKT AM ENDE SCHAL. GEHALTVOLL IST ANDERS!**

So!

Koche den Sud nicht länger als 1 Stunde. Er wird dann nicht mehr besser, im Gegenteil.

5. Sofort verwenden oder als Vorrat anlegen.

Shit **WOHIN MIT DEM GANZEN GEMÜSEFOND? SO VIEL KANN ICH AUF EINMAL NICHT VERBRAUCHEN.**

So!

Koche den Fond noch weiter reduzierend ein, bis du nur mehr ein Viertel der ursprünglichen Flüssigkeit hast. Reduzierst du die Flüssigkeit, holst du die Kraft und die Seele der Gemüsearomen heraus.

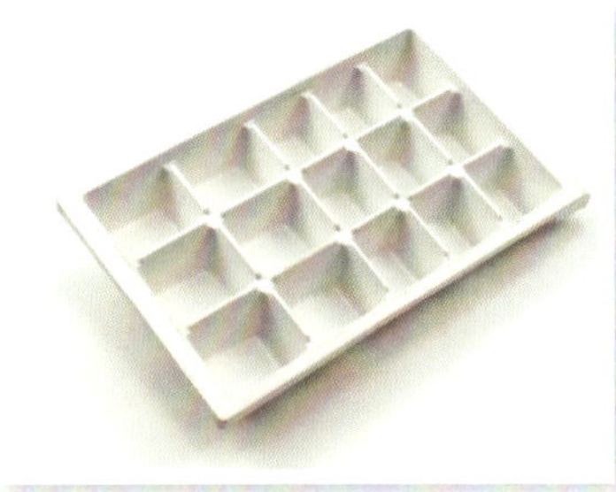

Fülle dann diese Gemüseessenz in Eiswürfelbehälter (oder gereinigte Joghurtbecher) und friere diese Miniportionen ein. Wenn du das nächste Mal Gemüsefond brauchst, kannst du diese konzentrierten Fondwürfel nach Bedarf wieder mit Wasser oder Weißwein ergänzen.

KARTOFFELN KOCHEN

» Die rohen, geschälten Kartoffeln werden braun.
» Die Kartoffeln schmecken langweilig, obwohl ich sie nach dem Kochen gesalzen habe.
» Ich musste kurz mal weg und habe die Kartoffeln zur Seite gestellt, um sie später weiter zu kochen. Nach dem Weiterkochen waren sie selbst nach 1 Stunde noch immer hart.
» Die Heurigen (Frühkartoffeln) sind nach dem Kochen wässrig.
» Wenn ich Kartoffeln mit der Schale koche, zerplatzen sie an der Oberfläche, während sie innen noch roh sind.

POMMES FRITES

» Das Fett spritzt.
» Die Pommes werden nicht durch.
» Die Pommes werden nicht knusprig und sind außerdem fettig.

OFENKARTOFFELN KLASSISCH

» Die Kartoffeln werden nicht flockig-zart und nehmen zu wenig Sauce auf.
» Die Kartoffeln platzen im Ofen auf.
» Bis die Kartoffeln fertig sind, dauert es ja eine Ewigkeit. Geht das nicht schneller?

OFENKARTOFFELN MEDITERRAN

» Die Kartoffeln haben zu wenig Biss.

KARTOFFELPÜREE

» Das Püree wird nicht locker, sondern klebrig. Zu allem Übel ist es auch noch bröckelig.
» Das Püree bekommt eine gummiartige Konsistenz.

Kartoffeln

ERDÄPFEL

- Das Püree wird wässrig und hat keine flockige Bindung.
- Das Püree wird nicht luftig, hat Bröckerl und zieht sich wie Gummi.
- Das Püree brennt beim Warmhalten an und bekommt eine unappetitliche Haut an der Oberfläche.

ZWIEBEL-KARTOFFELN

- Die Kartoffelscheiben zerfallen.
- Die Kartoffelscheiben werden beim Braten in der Pfanne nicht knusprig und zerfallen.
- Ich kann den Garpunkt der Zwiebeln nicht steuern, diese sind entweder noch roh oder verbrannt.
- Knoblauch und Majoran schmecken bitter.

BERNER RÖSTI

- Die Kartoffeln lassen sich nicht gut raspeln, werden breiig und gummiartig.
- Die Kartoffeln kleben am Pfannenboden fest.
- Ich kann die Rösti nicht wenden, ohne dass sie zerfällt.

KARTOFFEL-PUFFER

- Die Kartoffeln verfärben sich nach dem Reißen sofort braun.
- Die Kartoffelmasse lässt laufend Saft.
- Die Kartoffeln wässern noch immer nach.

KARTOFFELTEIG

- Der Kartoffelteig wird immer weicher.
- Der Kartoffelteig wird zäh und gummiartig.
- 10 Minuten vor dem Essen sind alle Kartoffelknödel zerkocht!

Wie kocht man Kartoffeln?

1

So vielseitig wie der Erdapfel selbst sind auch die regionalen Bezeichnungen. In den letzten Jahrzehnten wurde der Begriff Kartoffel als „richtiges" Deutsch gehandelt. Aber der Erdapfel hat sich nicht unterkriegen lassen. Auch heute stehen viele Bayern, Österreicher und Schweizer geschlossen hinter dem Erdapfel. Selbst die Franzosen sind da unserer Meinung und bezeichnen die Knolle als Pomme de terre, was bekanntlich ebenfalls Erdapfel bedeutet (es klingt vielleicht eine Spur eleganter).

KARTOFFELN KOCHEN IST GANZ EINFACH, ODER?

Wir fangen ganz von vorne an: Kartoffeln kochen hört sich wie die einfachste Sache der Welt an. Hier kann man doch sicher nichts falsch machen, oder doch? Im Wasser kochen oder dämpfen – beide Varianten sind okay. Ich koche Kartoffeln lieber im Wasser, weil ich das Gefühl habe, dass sie dann das Salz besser aufnehmen und sie damit g´schmackiger werden.

Möchtest du Petersilien- oder Salzkartoffeln zubereiten, nimmst du am besten speckige (festkochende) Kartoffeln. Für Püree, Kroketten und Kartoffelteig bist du mit mehligen besser dran.

Beim Kochen gehen ca. 15 Prozent der Vitamine und Mineralstoffe verloren, beim Dämpfen etwas weniger. Selbst wenn ein kleiner Teil davon ausgeschwemmt wird, wirst du jedoch nicht gleich an einem Vitamin- und Mineralstoffmangel zugrunde gehen.

Shit **DIE ROHEN, GESCHÄLTEN KARTOFFELN WERDEN BRAUN.**

So!

Bevor du einen Sparschäler und die erste rohe Kartoffel in die Hand nimmst, bereite einen Topf mit kaltem Wasser vor. Lege die geschälten Kartoffeln sofort nach dem Schälen in das Wasser.

Shit **DIE KARTOFFELN SCHMECKEN LANGWEILIG, OBWOHL ICH SIE NACH DEM KOCHEN GESALZEN HABE.**

So!

Kartoffeln nehmen beim Kochen Salz auf. Deshalb musst du schon beim Zustellen das Kartoffelwasser gut salzen.

Shit **ICH MUSSTE KURZ MAL WEG UND HABE DIE KARTOFFELN ZUR SEITE GESTELLT, UM SIE SPÄTER WEITER ZU KOCHEN. NACH DEM WEITERKOCHEN WAREN SIE SELBST NACH 1 STUNDE NOCH IMMER HART.**

So!

Hast du die Kartoffeln zugestellt, darfst du den Kochvorgang nicht mehr unterbrechen. Die Kartoffeln werden ansonsten auch nach 3 Stunden Kochzeit nicht mehr weich. Warum das so ist, weiß ich nicht.

Shit DIE HEURIGEN (FRÜHKARTOFFELN) SIND NACH DEM KOCHEN WÄSSRIG.

So!

Prinzipiell werden Kartoffeln in kaltem Wasser zugestellt, damit die Stärke in den Zellen langsam anschwellen kann. Das macht die Kartoffeln auch leichter verdaulich. Heurige und junge Kartoffeln sollten aber in kochendem Salzwasser zugestellt werden. Die zu langsam aufquellende Stärke in den noch zarten Zellwänden lässt die Kartoffeln ansonsten wässrig werden.

Shit WENN ICH KARTOFFELN MIT DER SCHALE KOCHE, ZERPLATZEN SIE AN DER OBERFLÄCHE, WÄHREND SIE INNEN NOCH ROH SIND.

So!

Auch das ist einer der Gründe, warum du Kartoffeln generell in kaltem Wasser zustellen solltest. Gibst du die Kartoffeln in kochendes Wasser, wird ihre Oberfläche sehr rasch weich, während sie in der Mitte noch hart sind. Vergiss nicht, die Kartoffeln zu salzen!

Für die, DIE ES GENAU WISSEN WOLLEN

WARUM SOLL MAN ROHE GESCHÄLTE KARTOFFELN SOFORT IN WASSER EINLEGEN?
So wird verhindert, dass Polyphenole unter Zuhilfenahme eines Enzyms mit Sauerstoff reagieren können. Genau diese Reaktion, auch Oxidation genannt, führt nämlich zur Verfärbung der Kartoffeln.

WARUM KARTOFFELN SALZEN?
Kartoffeln werden nicht nur wegen des Geschmackes gesalzen. Das Salz im Kochwasser hat zwei Vorteile:

» Salz verkürzt nicht nur die Kochzeit. Ist davon zu wenig im Kochwasser, holt sich das Wasser wertvolle Mineralstoffe, vor allem Kalium, aus den Kartoffeln. Das passiert so lange, bis Wasser und Gemüsezellen denselben Gehalt an Mineralstoffen haben. G'scheite Menschen sprechen hier von Osmose.
» Ballaststoffe (Pektine), die die Kartoffeln in Form halten, verhindern, dass diese weich werden. Salz erleichtert das Lösen der Pektinketten.

KANN MAN GEKOCHTE KARTOFFELN WARM HALTEN?
Gekochte Kartoffeln darfst du nicht zu lange warm halten. Durch das Warmhalten, aber auch durch zu langes Lagern wird Vitamin C abgebaut. Dieses Vitamin verhindert das Oxidieren. Fehlt Vitamin C, entstehen Verbindungen wie dehydrierter Alkohol (die Chemiker sprechen hier von Aldehyden). Genauso schlimm wie es sich anhört, schmecken Aldehyde auch.

Zubereitungs-arten

Ob Erdapfel oder Kartoffel – bei der „richtigen" Bezeichnung scheiden sich die Geister. Ich kenne jedenfalls kein Gemüse, das beim Mundgefühl von locker-luftig bis resch-knusprig einen so köstlichen Eindruck hinterlässt wie die Erdäpfel.

2

POMMES FRITES

Auch wenn die Industrie eine annehmbare Qualität liefert, haben selbstgemachte Pommes frites dennoch ihren Reiz. Vor allem, wenn du bei der Zubereitung mit verschiedenen Kartoffelsorten experimentierst. Je nachdem, ob du mehlige oder speckige Sorten verwendest, erzielst du damit immer ein anderes Mundgefühl. Wenn du besonders originell-zeitgeistige Pommes willst, bereite diese aus Süßkartoffeln zu.

Zutaten für 4 Personen

- 800 g speckige Kartoffeln
- Öl zum Frittieren
- Salz

Vorbereitung

Rohe Kartoffeln schälen, zuerst in 1 cm dicke Scheiben schneiden und danach in Stifte. Sofort in kaltes Wasser geben.

Shit DAS FETT SPRITZT.

So!

Die Kartoffeln musst du direkt nach dem Schneiden in kaltes Wasser legen, damit diese nicht braun werden. Du darfst sie allerdings nicht zu lange wässern und musst sie gut abtrocknen, bevor du sie ins Fett wirfst.

Klassische Zubereitung

1. Öl auf 130 °C erhitzen, Kartoffelstifte auf Küchenrolle trocken tupfen.
2. Kartoffeln im heißen Fett vorbacken, bis sie innen weich sind. Zum Überprüfen einen „Pomm" zwischen zwei Fingern zerdrücken.

Shit DIE POMMES WERDEN NICHT DURCH.

So!

Damit deine Pommes außen knusprig und innen weich werden, musst du diese in heißem Öl bei moderater Temperatur (ca. 130 °C) vorbacken. Danach werden sie auf einem Blech zum Auskühlen flach ausgebreitet.

3. Pommes aus dem Fett nehmen, abtropfen lassen und kalt stellen.

4. Kurz vor dem Anrichten die Pommes in heißem Fett bei 180 °C knusprig backen und salzen.

POMMES FRITES UND WIE SIE NOCH KNUSPRIGER WERDEN

Diese Idee stammt nicht von mir. Ich habe diese Methode in einer Fernsehsendung gesehen, ausprobiert und war begeistert!

1. Große mehlige Kartoffeln in 2 cm dicke Stifte schneiden, in kaltem Salzwasser zustellen und sehr weich kochen. Aber Vorsicht, sie dürfen nicht zerfallen!

2. Die Kartoffeln mit einem Gitterlöffel vorsichtig aus dem Wasser nehmen und flach auf einem Blech auskühlen lassen.

3. Fett auf 130 °C erhitzen, die Kartoffeln partienweise frittieren, danach wieder flach auf einem Blech zum Abkühlen ausbreiten.

4. Zum Lagern einfrieren. (Ist nicht zwingend notwendig, es genügt Kühlschranktemperatur.)

5. Fett auf 180 °C erhitzen und die Kartoffeln goldbraun fertig frittieren.
   Du bekommst die Pommes aber auch in der Heißluftfritteuse oder im Backrohr bei 220 °C Umluft knusprig!

Shit **DIE POMMES WERDEN NICHT KNUSPRIG UND SIND AUSSERDEM FETTIG.**

So!

Gib die Kartoffelstifte erst dann ins Fett, wenn es 180 °C hat. Dann brutzle sie so lange, bis sie eine goldbraune Farbe haben. Salze sie erst im letzten Moment.

Perfekte Bratkartoffeln

Diese kannst du genauso zubereiten wie Pommes. Schneide dafür die geschälten Kartoffeln vor dem Kochen in gleichmäßige Viertel, Sechstel oder Achtel und koche diese, bis sie beinahe zerfallen. Danach kannst du sie im heißen Fett besonders knusprig frittieren.

OFENKARTOFFELN

Zugegeben – Pommes sind eine Wohlfühlknusperfettspeise, die manchmal einfach sein muss – jedenfalls bei mir. Für die Gesundheitsbewussten unter uns werden Ofenkartoffeln schon eher zum Star am Speiseplan: zweimal so viel Kalium für den Energiestoffwechsel und viel mehr Folsäure zur Blut- und Zellbildung als Salzkartoffeln, mehr Vitamin C und bei weitem weniger Fett als Pommes. Dieses Mehr an lebenswichtigen Mineralstoffen und Vitamin C, verbunden mit weniger Fett, lässt Salzkartoffeln und Pommes ziemlich arm dastehen.

OFENKARTOFFELN KLASSISCH

Zutaten für 4 Portionen

- 4 große mehlige Kartoffeln
- Butter zum Bestreichen
- Salz, Pfeffer
- Butter oder Sauerrahm mit Schnittlauch nach Lust und Laune gewürzt

Shit DIE KARTOFFELN WERDEN NICHT FLOCKIG-ZART UND NEHMEN ZU WENIG SAUCE AUF.

So! Nur mit mehligen Kartoffeln erhältst du diese nahezu püreeartige Konsistenz. So wird die Sauce regelrecht aufgesaugt und das Auslöffeln aus der Schale zum perfekten Genuss.

Zubereitung

1. Kartoffeln abtrocknen und mit einem Spieß öfters einstechen.

Shit DIE KARTOFFELN PLATZEN IM OFEN AUF.

So! Trockne die Kartoffeln ab und stich sie mit einem Spieß ein paar Mal ein – so geht es besser.

2. Alufolie mit etwas weicher Butter bestreichen.

3. Kartoffeln mit Salz und Pfeffer bestreuen, in Alufolie einwickeln und auf ein Backblech setzen.

4. Backrohr auf 220 °C vorheizen und die Kartoffeln je nach Größe 50–70 Minuten backen. Zur Weiterverarbeitung auf der Oberseite einschneiden und Butter, Sauerrahm oder die Wunschfülle darauf platzieren.

Shit

BIS DIE KARTOFFELN FERTIG SIND, DAUERT ES JA EINE EWIGKEIT. GEHT DAS NICHT SCHNELLER?

so!

Einer der renommiertesten Lebensmittelphysiker unserer Zeit, Prof. Dr. Thomas Vilgis, empfiehlt, die Folie einfach wegzulassen. Ich habe das ausprobiert und es funktioniert tatsächlich!

Snack für zwischendurch

Dafür kannst du die Kartoffeln mit Paprikaschoten, Stangensellerie, gebratenem Speck, Räucherfischen etc. aufbrezeln.

für die, **DIE ES GENAU WISSEN WOLLEN**

Um Zeit zu sparen, werden Ofenkartoffeln von manchen vorgekocht, bevor sie ins Rohr kommen. Ich gebe zu bedenken, dass durch das Kochen im Wasser viele Nährstoffe verloren gehen. Große mehlige Kartoffeln müssen langsam unter dem Siedepunkt gegart werden. So laufen sie nicht Gefahr, an der Oberfläche matschig zu werden und aufzuplatzen, während sie in der Mitte noch roh sind.

OFENKARTOFFELN MEDITERRAN

Zutaten für 4 Portionen oder 8 Beilagen

- 1/2 kg kleine speckige Kartoffeln
- 3 Knoblauchzehen
- 100 ml Olivenöl
- Salz
- 3 Rosmarinzweige

Vorbereitung

1. Kartoffeln mit der Schale gut abbürsten, der Länge nach halbieren und auf ein mit Backpapier ausgelegtes Blech legen.

Shit DIE KARTOFFELN HABEN ZU WENIG BISS.

So!

Im Unterschied zu Folienkartoffeln empfehle ich dir für diese Zubereitung speckige Kartoffeln, damit der gewünschte Biss erhalten bleibt.

2. Knoblauch pressen und mit dem Olivenöl vermischen.
3. Kartoffeln mit der Knoblauch-Olivenöl-Mischung bestreichen, salzen und mit Rosmarinzweigen belegen.
4. Backrohr auf 200 °C vorheizen und Kartoffeln je nach Größe 30–40 Minuten backen.

KARTOFFELPÜREE

Kartoffeln für Püree mit oder ohne Schale kochen? Die Meinungen darüber nehmen nahezu religiöse Dimensionen an. Auf jeden Fall ist industriell vorbereitetes Püree aus dem Packerl nicht die richtige Methode, um den Kartoffelstreit beizulegen. Beide Zubereitungsvarianten haben Vor- und Nachteile.

- In der Schale gekochte Kartoffeln haben einen etwas höheren Gehalt an Vitaminen und Mineralstoffen. Auf diese Weise ergibt sich ein passables Kartoffelpüree, wenn du keine Fehler machst. Lagerkartoffeln musst du unbedingt vor dem Kochen schälen. Die Giftstoffe in den Keimen würden alle gesundheitlichen Vorteile über den Haufen werfen.
- Kochst du die Kartoffeln ohne Schale, wird dein Püree besonders flaumig und locker.

Zutaten für 4 Personen

- 500 g mehlige Kartoffeln
- 1/8 Liter Milch
- 150 g Butter
- Salz
- Muskatnuss

Vorbereitung

Mehlige Kartoffeln schälen, vierteln und mit kaltem Wasser bedecken.

Shit **DAS PÜREE WIRD NICHT LOCKER, SONDERN KLEBRIG. ZU ALLEM ÜBEL IST ES AUCH NOCH BRÖCKELIG.**

So!

Verwende ausschließlich und unbedingt mehlige Kartoffelsorten für Püree, selbst wenn in französischen Kochbüchern festkochende Sorten empfohlen werden.

Zubereitung

1. Kartoffeln mit Salzwasser bedeckt ca. 30 Minuten lang weich kochen.

Shit **DAS PÜREE BEKOMMT EINE GUMMIARTIGE KONSISTENZ.**

So!

Kochst du die Kartoffeln zu kurz, zerstörst du die Zellwände. Die Stärke quillt dann kleisterartig aus den Zellen und die Kartoffeln werden zur klebrigen Masse.

Shit **DAS PÜREE WIRD WÄSSRIG UND HAT KEINE FLOCKIGE BINDUNG.**

So!

1. Lasse die Kartoffeln nicht im Kochwasser faulenzen, du kannst dann den Garpunkt nicht mehr kontrollieren. Der Kleister aus den Kartoffelzellen würde sich in das Kochwasser verabschieden. Und so hast du zu wenig Bindung, um Milch und Butter in das Püree einzuarbeiten.
2. Lasse Dampf ab: Wenn du das überflüssige Wasser aus den Kartoffeln bekommst, kannst du mehr Milch und Butter unter das Püree rühren.

2. Kartoffeln abseihen und kurz bei milder Hitze ausdampfen lassen.

3. Milch mit Butter erhitzen und mit dem Handmixer in die Kartoffeln einrühren, bis eine luftige Konsistenz entsteht, sofort mit Salz und Muskatnuss abschmecken.

Shit **DAS PÜREE WIRD NICHT LUFTIG, HAT BRÖCKERL UND ZIEHT SICH WIE GUMMI.**

So!

Gib die Kartoffeln in eine Metallschüssel und rühre die Hälfte der erhitzten Milch-Butter-Mischung mit einem Handmixer ein. Verwende dafür die Schneebesenquirle und eine moderate Geschwindigkeitsstufe. So arbeitest du Luft unter die Kartoffelmasse und die Milch-Butter-Mischung kann sich mit den Kartoffeln verbinden. (Der Profi sagt dazu „emulgieren".)
Verwende NIEMALS einen Stabmixer, wenn du keinen „Kartoffelkleister" willst!

4. Püree über einem Wasserbad warm halten und mit flüssiger Butter abdecken.

Shit **DAS PÜREE BRENNT BEIM WARMHALTEN AN UND BEKOMMT EINE UNAPPETITLICHE HAUT AN DER OBERFLÄCHE.**

So!

1. Stelle deine Schüssel mit dem Püree zum Warmhalten in eine mit heißem Wasser gefüllte Kasserolle – so kann es nicht anbrennen. Vergiss jedoch nicht, hie und da zu kontrollieren, ob noch Wasser in der Kasserolle ist. Das Warmhaltewasser verdampft recht rasch, vor allem, wenn du es sprudelnd kochen lässt.

2. Bedecke die Oberfläche mit flüssiger Butter, damit sie nicht austrocknet.

5. Vor dem Anrichten die Butter in das Püree einrühren.

Die französische Zubereitungsart von Kartoffelpüree verlangt die gleiche Menge an Butter wie Kartoffeln. Dieses äußerst hüftunfreundliche Rezept erscheint mir, wenn auch köstlich, etwas übertrieben. Butter ist in diesem Fall nicht nur der bekannte Geschmacksträger, sondern sorgt auch für den angenehmen Schmelz am Gaumen.

für die, DIE ES GENAU WISSEN WOLLEN

WARUM EIGENTLICH NICHT MIT DEM STABMIXER?
Die Kartoffelzellen sind mit Stärke gefüllt, die beim Erhitzen das Wasser aufnimmt und zu einem Kleister aufquillt.

Verwendest du einen Handmixer, löst sich der Kleber zwischen den Zellen. Diese trennen sich, ohne zu zerplatzen. Der Kleister bleibt hingegen in den Zellen. Voraussetzung ist natürlich, dass die Kartoffeln gut durchgegart sind.

Benutzt du nun zum Pürieren der Kartoffeln einen Stabmixer, beschädigst du die Zellwände und der Kleister kann ungehindert die Zellen verlassen, um sein zähes Werk zu verrichten. Kartoffeln, die nicht ganz durchgegart sind, verstärken diesen Gummieffekt.

ZWIEBELKARTOFFELN

Zutaten für 4 Personen als Beilage

- 800 g speckige Kartoffeln
- 1 kleine Zwiebel
- 2 Knoblauchzehen
- 50 g Butter zum Bestreichen (oder Olivenöl)
- Öl zum Braten
- Majoran
- Salz
- Weißer Pfeffer aus der Mühle

Vorbereitung

1. Kartoffeln in kaltem Salzwasser zustellen und zugedeckt weich kochen.

2. Kartoffeln schälen und auskühlen lassen.

Shit **DIE KARTOFFELSCHEIBEN ZERFALLEN.**

So!

Koche speckige (festkochende) Kartoffelsorten in der Schale. Schäle dann die Kartoffeln und lasse sie gut auskühlen.

3 Zwiebel schälen, halbieren und in dünne Streifen schneiden.

4 Knoblauch schälen und dünnblättrig schneiden.

5 Butter schmelzen und ein Backblech damit dünn bestreichen.

Zubereitung

1 Kartoffeln blättrig schneiden und auf dem befetteten Backblech verteilen.

Shit **DIE KARTOFFELSCHEIBEN WERDEN BEIM BRATEN IN DER PFANNE NICHT KNUSPRIG UND ZERFALLEN.**

So!

Verteile die Kartoffeln locker auf einem Backblech, bestreiche sie mit Butter oder Olivenöl. Wenn die Ränder Farbe genommen haben, sind die Scheiben fertig.

2 Die Kartoffelscheiben salzen, die restliche Butter mithilfe eines Pinsels darüber verteilen.

3 Backrohr auf 220 °C Umluft vorheizen und die Kartoffeln darin knusprig braten.

4 In der Zwischenzeit Öl in einer Pfanne erhitzen und die Zwiebeln darin goldgelb rösten.

Shit **ICH KANN DEN GARPUNKT DER ZWIEBELN NICHT STEUERN, DIESE SIND ENTWEDER NOCH ROH ODER VERBRANNT.**

So!

Auch wenn du die Kartoffeln in einer beschichteten Pfanne brätst, röste Kartoffeln und Zwiebel getrennt voneinander und vermische sie erst anschließend. Sowohl die Zwiebelstreifen als auch die Kartoffelscheiben können so ideal bräunen. Damit behältst du die Kontrolle über beide Komponenten.

5 Pfanne vom Feuer nehmen, Knoblauchscheiben und Majoran darin kurz ziehen lassen.

Shit KNOBLAUCH UND MAJORAN SCHMECKEN BITTER.

So!

Wenn du Knoblauch zu lange röstest, rächt er sich mit einem bitteren Geschmack. Nimm die Pfanne mit den gerösteten Zwiebelstreifen vom Feuer, füge jetzt erst Knoblauch und Majoran hinzu und lasse das Ganze kurz ziehen. Knoblauch frittieren verlangt viel Fingerspitzengefühl!

6 Kartoffeln mit den Zwiebeln vermischen, mit Salz und Pfeffer abschmecken und noch einmal erhitzen.

Kartoffeln nach Lyoner Art

Sie werden ähnlich gemacht, allerdings werden dafür meist dünne Scheiben aus rohen geschälten Kartoffeln verwendet.

Röste die dünnen, rohen Kartoffelscheiben mit Olivenöl im Rohr oder in einer beschichteten Pfanne, bis sie goldgelb sind. Schmelze dann die Butter in der Pfanne, röste die Zwiebeln goldig an, vermische sie mit den Kartoffeln und würze mit Thymian anstelle von Majoran.

BERNER RÖSTI

Zutaten für 4 Personen

- 1 kg speckige Kartoffeln
- 100 g Frühstücksspeck (kann auch weggelassen werden)
- 1 Zwiebel
- Salz
- Öl zum Rösten

Vorbereitung

1. Kartoffeln am Vortag kochen und schälen.

Shit DIE KARTOFFELN LASSEN SICH NICHT GUT RASPELN, WERDEN BREIIG UND GUMMIARTIG.

So!

Koche die Kartoffeln in der Schale am Vortag, schäle sie anschließend und gib sie über Nacht in den Kühlschrank.

2. Speck in kleine Würfel schneiden.
3. Zwiebel schälen und fein schneiden.

Zubereitung

1. Die am Vortag gekochten Kartoffeln mit der Röstireibe raspeln.
2. Öl in einer beschichteten Pfanne erhitzen, Speck darin kurz anrösten, die Zwiebeln beifügen und anbraten, ohne sie Farbe nehmen zu lassen.
3. Die geraspelten Kartoffeln beigeben, flach in der Pfanne verteilen und etwas andrücken.

Shit DIE KARTOFFELN KLEBEN AM PFANNENBODEN FEST.

So!

Verwende zur Zubereitung von Rösti immer eine beschichtete Pfanne und gib die Kartoffeln niemals ins kalte Fett.

4. Wenn die Rösti auf der Unterseite braun und knusprig ist, wenden und auf der anderen Seite ebenfalls knusprig braten.

Shit ICH KANN DIE RÖSTI NICHT WENDEN, OHNE DASS SIE ZERFÄLLT.

So!

Wenn die Rösti auf der Unterseite goldbraun ist, lege einen passenden Teller darauf und wende die Pfanne, sodass die knusprige Seite auf der Oberseite liegt. Achte darauf, dass kein überschüssiges heißes Fett über deine Hände rinnt. Lasse nun die Rösti wieder in die Pfanne gleiten und brate die andere Seite ebenfalls knusprig braun.

KARTOFFELPUFFER

Zutaten für 4 Beilageportionen

- 500 g mehlige Kartoffeln
- 1 kleine Zwiebel
- Evtl. 1 Knoblauchzehe
- 2 Esslöffel Sauerrahm oder Joghurt
- 1 Ei
- 2 Esslöffel Stärkemehl
- Salz, Pfeffer
- Öl zum Braten

Vorbereitung

1. Kartoffeln schälen, in kaltes Wasser legen.
2. Zwiebel schälen und fein schneiden.
3. Knoblauch schälen.

Zubereitung

1. Sauerrahm oder Joghurt in eine Schüssel geben, die Kartoffeln darüber mit der feinen Reibe reißen und immer wieder mit dem Rahm oder Joghurt verrühren. Danach Knoblauch über die Kartoffeln pressen.

Shit DIE KARTOFFELN VERFÄRBEN SICH NACH DEM REISSEN SOFORT BRAUN.

So!

Gib zwei Löffel Sauerrahm oder Joghurt in eine Schüssel und reibe die Kartoffeln darüber. Vergiss nicht, laufend umzurühren, damit alle Kartoffelraspeln unter dem Rahm- bzw. Joghurtschutz stehen.

2. Kartoffeln mit den restlichen Zutaten vermischen und gut auspressen.

Shit DIE KARTOFFELMASSE LÄSST LAUFEND SAFT.

So!

Presse die Kartoffelmasse mithilfe eines Geschirrtuches gut aus.

3 Kartoffelmasse auf ein Sieb legen, Laibchen formen.

Shit DIE KARTOFFELN WÄSSERN NOCH IMMER NACH.

So!

Ich lege die ausgepresste Kartoffelmasse auf ein Sieb, damit der Saft immer ablaufen kann.

4 Öl in einer beschichteten Pfanne erhitzen und die Laibchen goldgelb braten.

So geht's auch

Du kannst die Kartoffelpuffer auch mit grob geraspelten Kartoffeln zubereiten. Ich mische auch gerne Paprikawürfel, Schwammerl oder Schinkenstreifen darunter und spiele mit Gewürzen wie Majoran, Thymian oder Rosmarin. Mit einem Salat als Beilage ergibt das eine köstliche Hauptspeise.

KARTOFFELTEIG FÜR PIKANTE SPEISEN

Zutaten für 4 Beilagenportionen (z. B. Kartoffelknödel, Schupfnudeln, Gnocchi)

- 500 g mehlige Kartoffeln
- 50 g handwarme Butter
- Salz
- Muskatnuss
- 1–2 Dotter
- 300 g griffiges Mehl
- 2 Esslöffel Stärkemehl

Wenn du den Kartoffelteig als Umhüllung für Speck-, Fleisch- oder Grammelknödel verwenden und diese zur Hauptspeise machen möchtest, nimm die doppelte Menge.

Zubereitung

1. Kartoffeln kochen, pressen und auskühlen lassen.

2. Mit den restlichen Zutaten vermischen.

Denk daran: Lebensmittel leben!
Kartoffeln haben je nach Jahreszeit und Sorte einen unterschiedlichen Stärkegehalt, von dem der Grad der Bindung abhängig ist. Jedes Rezept ist nur eine Annäherung an die perfekte Speise und muss vor der Endfertigung auf die Qualität überprüft werden.

Shit DER KARTOFFELTEIG WIRD IMMER WEICHER.

So!

Wichtig ist vor allem, dass du die Kartoffeln kalt verarbeitest. Es gibt dafür zwei Methoden:

1. Kartoffeln mit der Schale kochen, schälen und über Nacht auskühlen lassen.
2. Kartoffeln schälen, in kaltem Salzwasser zustellen und zum Kochen bringen. Danach die Kartoffeln noch heiß durch die Kartoffelpresse drücken. Bevor du die Kartoffeln nun weiterverarbeitest, müssen diese gut auskühlen.

Wenn du Stärkemehl anstelle von Grieß unter den Teig mischst, zerfließt der Teig nicht so stark.

Shit DER KARTOFFELTEIG WIRD ZÄH UND GUMMIARTIG.

So!

Vermische die Zutaten für den Kartoffelteig so schnell wie möglich. Je mehr du knetest, desto zäher wird der Teig.

3. Knödel, Gnocchi etc. formen und in kochendem Salzwasser mehr ziehen als kochen lassen. Kochzeit: je nach Größe 10–20 Minuten, eine Kartoffelroulade braucht mindestens 40 Minuten.

Shit 10 MINUTEN VOR DEM ESSEN SIND ALLE KARTOFFELKNÖDEL ZERKOCHT!

So!

So ersparst du dir die Peinlichkeit vor deinen Gästen:

1. Überprüfe die Konsistenz, indem du einen kleinen Probeknödel machst, bevor du in Serie gehst. Ist der Probeknödel zu hart, kannst du mit etwas flüssiger Butter die Festigkeit auflockern. Zerfällt der Knödel beim Kochen, kannst du mit etwas Mehl den Teig festigen.
2. Koche deine Knödel nicht so, wie früher Windeln ausgekocht wurden. Lasse das Kochwasser eher ruhig dahinsimmern.

GEBRATENER TOFU

» Der Tofu schmeckt langweilig und ist von der Konsistenz her kein Fleischersatz.

CHILI SIN CARNE

» Der Bulgur wird nicht weich.
» Das Chili schmeckt zu säurebetont und hantig.
» Das Chili ist zu wässrig.

GEMÜSE-LINSEN-CURRY

» Wegen der blähenden Inhaltsstoffe der Hülsenfrüchte bin ich nicht salonfähig.
» Zucchini und Paprika zerkochen sehr schnell.
» Die Currysauce hat einen bitteren Nachgeschmack.
» Die Schlagobersbindungen schlagen sich ganz schön zu Bauche.

GEBACKENE SPINATNOCKEN

» Die Masse ist zu trocken. Die Nocken lassen sich nicht formen.
» Die Nocken sind zu fettig oder zerfallen.

Vegetarisches

GEMÜSE-STRUDEL

- Das Gemüse im Strudel hat keinen Biss.
- Die Fülle brennt rasch an.
- Der Teig bekommt keine blättrigen Schichten.
- Der Teig zerreißt beim Einrollen.

GEBACKENER KÄSE

- Der Käse rinnt beim Backen aus der Panier.
- Der Käse trieft vor Öl.

FRITTIERTE STRUDELTEIG-ECKEN MIT KARTOFFEL-SCHNITTLAUCH-FÜLLE

- Der Strudelteig wird brüchig und lässt sich nicht formen.
- Die Fülle quillt aus der Teighülle.
- Die Enden des gefalteten Teiges lösen sich.

GEBRATENER TOFU

Zutaten für 4 Portionen

- 400 g Naturtofu
- 50 ml Gemüsefond
- 50 g Butter zum Braten

Zubereitung

1. Tofu in Frischhaltefolie wickeln und einfrieren.
2. Tofu auftauen.
3. Tofu auspressen, damit die ganze Flüssigkeit entweichen kann.
4. In kräftigem Fond (Gemüseextrakt, Kräuteressenz oder Gewürzreduktion) etwa 1 Stunde lang marinieren.
5. Butter erhitzen und Tofu beidseitig braten.

Shit **DER TOFU SCHMECKT LANGWEILIG UND IST VON DER KONSISTENZ HER KEIN FLEISCHERSATZ.**

So!

Wenn du Tofu einfrierst und nach dem Auftauen die Restflüssigkeit herausdrückst, kannst du mithilfe von Kräutermarinade oder geräucherten Gewürzen mit zahlreichen Aromavarianten spielen.

Für die, **DIE ES GENAU WISSEN WOLLEN**

Durch das Einfrieren werden die Proteine im Tofu verändert. Es entstehen Eiskristalle, die sich im Proteinnetzwerk breitmachen. Nach dem Auftauen kannst du mit etwas Druck die flüssig gewordenen Kristalle herauspressen, um mit aromatisierter Flüssigkeit, wie z. B. einem kräftigen Gemüsefond, die so entleerten Kammern mit Aromen zu füllen. Nach dieser Prozedur erinnert das Mundgefühl eher an eine fleischartige Textur.

CHILI SIN CARNE

Zutaten für 4 Portionen

- 1 Zwiebel
- 1 rote Paprika
- 150 g Champignons
- 2 Karotten
- 100 g Sellerie
- 4 Knoblauchzehen
- 800 g geschälte Tomaten
- 200 g Maiskörner
- 400 g rote Bohnen
- 400 g weiße Bohnen
- 250 ml Gemüsefond
- 160 g Bulgur
- 50 ml Olivenöl
- 250 ml Tomatensaft
- 4 Esslöffel Ketchup
- 1 Kaffeelöffel Chilipulver
- Salz

Vorbereitung

1. Zwiebel schälen und fein schneiden.
2. Paprika halbieren, Kerngehäuse und weiße Trennwände entfernen und in kleine Rechtecke schneiden.
3. Champignons putzen und in kleine Würfel schneiden.
4. Karotten und Sellerie schälen und ebenfalls in kleine Würfel schneiden.
5. Knoblauch schälen.
6. Tomaten etwas zerkleinern.
7. Bohnen und Maiskörner abseihen und kurz abspülen.

Zubereitung

1. Gemüsefond aufkochen lassen und über den Bulgur gießen.
2. Zugedeckt 25 Minuten ziehen und quellen lassen.

Shit DER BULGUR WIRD NICHT WEICH.

So!

Bulgur gehört mit kochender Flüssigkeit übergossen, damit er danach aufquellen kann (dauert etwa 25 Minuten).

3. Öl in einer Kasserolle erhitzen, Zwiebel, Karotten und Sellerie anschwitzen.
4. Champignons beigeben und so lange dünsten, bis die ganze Flüssigkeit verdampft ist.
5. Tomatenstücke beigeben, mit Tomatensaft aufgießen, einmal aufkochen lassen.
6. Paprikastücke, Ketchup und Bulgur mit dem Gemüsefond beimengen und zugedeckt auf kleiner Flamme 20 Minuten köcheln lassen.

Shit DAS CHILI SCHMECKT ZU SÄUREBETONT UND HANTIG.

So!

Nimm anstelle des Tomatenmarks Ketchup. Die Kombination aus Essig, Tomaten und Zucker rundet das Chili ab.

7. Bohnen und Maiskörner hinzufügen, Knoblauch dazupressen, salzen und einmal aufkochen lassen.

Shit DAS CHILI IST ZU WÄSSRIG.

So!

Bohnen und Maiskörner musst du gut abtropfen lassen. Wenn die Sauce noch immer zu flüssig ist, lasse das Ganze vor der Beigabe der Bohnen ein wenig reduzierend einkochen.

Du kannst auch getrocknete Bohnen einweichen und tags darauf in frischem Wasser kochen. Achte beim Einweichen darauf, dass du die Bohnen in genügend Wasser einweichst, da sie ordentlich aufquellen.

GEMÜSE-LINSEN-CURRY

Nimm einfach das Gemüse, das du magst oder gerade zur Hand hast

Zutaten für 4 Portionen

- 200 g Linsen
- 1 Zwiebel
- 150 g Karotten
- 1/2 Karfiol
- 150 g Stangensellerie
- 1 rote Paprika
- 150 g Zucchini
- 1 Apfel
- 1 Esslöffel Petersilie, gehackt
- 60 g Butter
- 2 Esslöffel Currypulver
- 100 ml Ananassaft
- 2 Esslöffel Ketchup
- 200 ml Gemüsefond
- 50 ml Kokosmilch
- 125 g QimiQ Saucenbasis (oder Schlagobers)
- Kreuzkümmel
- Salz
- Pfeffer aus der Mühle

Vorbereitung

1. Linsen am Vortag in warmem Wasser einweichen.
2. Zwiebel schälen und fein schneiden.
3. Karotten schälen und in 2 cm lange Stifte schneiden.
4. Karfiol putzen und in Röschen teilen.
5. Stangensellerie putzen und in 2 cm lange Stücke schneiden.
6. Paprika halbieren, Kerne entfernen und in mundgerechte Teile schneiden.
7. Zucchini der Länge nach halbieren und in 1 cm dicke Scheiben schneiden.
8. Apfel schälen, Kerngehäuse entfernen und in kleine Würfel schneiden.
9. Petersilie abzupfen und hacken.

Zubereitung

1. Das Einweichwasser der Linsen ableeren, Linsen in frischem Wasser zustellen.

2. Die Linsen weich kochen, das Kochwasser ableeren.

Shit **WEGEN DER BLÄHENDEN INHALTSSTOFFE DER HÜLSENFRÜCHTE BIN ICH OFT NICHT SALONFÄHIG.**

So!

Nachdem du die Linsen über Nacht in warmem Wasser eingeweicht hast, stelle sie am nächsten Tag in einem Topf mit frischem Wasser zu und koche sie ohne Salz. Mit Kreuzkümmel zu würzen, kann auch ein wenig helfen.

3. Butter in einer Kasserolle schmelzen, die Zwiebel darin anrösten.

4. Karotten, Karfiol und Stangensellerie beigeben, salzen und zugedeckt bei geringer Hitze 5 Minuten dünsten.

Shit **ZUCCHINI UND PAPRIKA ZERKOCHEN SEHR SCHNELL.**

So!

Nicht jedes Gemüse hat die gleiche Garzeit. Gerade Zucchini sind recht flott fertig. Gib die Zucchini einfach später in die Sauce.

5. Topf mit dem Gemüse vom Feuer nehmen, Currypulver darüberstreuen und mit Ananassaft ablöschen.

Shit **DIE CURRYSAUCE HAT EINEN BITTEREN NACHGESCHMACK.**

So!

Wie Paprikapulver rächt sich auch Curry mit einem bitteren Nachgeschmack, wenn er geröstet wird.

6. Ketchup beigeben, mit dem restlichen Ananassaft und dem Gemüsefond aufgießen und 10 Minuten weiter dünsten.

7. Paprika und Zucchini hinzufügen, weiterdünsten.

8 Linsen und Apfelwürfel einrühren.

9 Mit QimiQ Saucenbasis oder mit Schlagobers und ein wenig glattem Mehl vollenden, Sauce etwas einkochen lassen.

Shit **DIE SCHLAGOBERSBINDUNGEN SCHLAGEN SICH GANZ SCHÖN ZU BAUCHE.**

So!

Ich binde aus diesem Grund Saucen, die mit Schlagobers und Mehl den letzten Schliff erhalten sollen, lieber mit QimiQ Saucenbasis.

10 Kreuzkümmel beigeben, mit Salz und Pfeffer abschmecken.

Für die,

DIE ES GENAU WISSEN WOLLEN

DAMIT DU NICHT DIE BETTDECKE FESTBINDEN MUSST

Viele Hülsenfrüchte enthalten Kohlenhydrate, sogenannte Oligosaccharide. Diese langkettigen Zuckermoleküle können von unserem Verdauungssystem nicht aufgespaltet werden. Sie gelangen unverändert in die unteren Darmregionen, wo sie von den dort ansässigen Bakterien zerlegt werden. Während dieses Vorganges erzeugen die Bakterien unter anderem Gase – mit den bekannten übel riechenden und oftmals peinlichen Folgen …

Der großartige Lebensmittelphysiker Harold McGee beschreibt in seinem Werk „On Food and Cooking“, dass auch andere Substanzen in Hülsenfrüchten zu Blähungen führen können. Diese Substanzen kommen in Bohnen in größerer Menge vor als Oligosaccharide.

So viel zur Theorie der Entstehung von Blähungen durch Hülsenfrüchte. Damit du nächtens nicht die Bettdecke festbinden musst, solltest du einen Großteil der Oligosaccharide ausschwemmen. Dafür weichst du die Bohnen oder Linsen über Nacht ein, leerst am nächsten Tag das Einweichwasser weg und stellst sie in frischem Wasser ohne Salz zu. Salz verkürzt zwar die Kochzeit, Bohnen verlieren allerdings durch das Kochen in Salzwasser ihre cremige Konsistenz und werden mehlig. Lange Garzeiten fördern ebenso das Ausschwemmen der „Darmwindmoleküle“.

GEBACKENE SPINATNOCKEN

Zutaten für 4 Portionen

- 50 g Gouda, ganz
- 100 g tiefgekühlter Blattspinat
- 250 g Semmelwürfel
- 3 Eier
- 150 g Topfen, 20 % F. i. T.
- 50 g griffiges Mehl
- Salz, Pfeffer, Muskatnuss

Zum Wälzen

- 80 g Brösel
- 30 g Parmesan (oder Gouda)

Kräutereinmachsauce
(siehe S. 311)

Glacierte Gemüsewürfel aus gedämpften Karotten, Salatgurken, Kohlrabi, Erbsen, gemischten Paprika

Garnitur

- 50 g Sauerrahm

Vorbereitung

1. Käse reiben.
2. Spinat auftauen lassen, Flüssigkeit nicht zu stark herauspressen.

Zubereitung

1. Blattspinat mit geriebenem Käse, Semmelwürfeln, Eiern, Topfen, Mehl, Salz, Pfeffer und etwas geriebener Muskatnuss verrühren.
2. Parmesan und Brösel vermischen, Nocken formen und diese in den Bröseln wälzen.

Shit **DIE MASSE IST ZU TROCKEN. DIE NOCKEN LASSEN SICH NICHT FORMEN.**

So!

Die Aufnahme der Flüssigkeit variiert bei den unterschiedlichen Semmelwürfelmarken. Wenn das Gemenge zu trocken ist, füge noch ein Ei hinzu.

3 Fett erhitzen, die Nocken knusprig frittieren und auf Küchenrolle abtropfen lassen.

Shit **DIE NOCKEN SIND ZU FETTIG ODER ZERFALLEN.**

So!

Es ist wichtig, dass du die Nocken ins heiße Fett legst, damit sich eine schöne Kruste bilden kann und sich die Oberfläche nicht mit Fett ansaugt.

4 Auf einem Spiegel aus Kräutereinmachsauce das glacierte Gemüse verteilen und mit Sauerrahm garnieren. In die Mitte drei frittierte Nocken setzen.

Du musst natürlich nicht meine Originalvariante zubereiten. Die Nocken können auch mit Salbeibutter (siehe S. 295) übergossen zu einem bunten Salat gereicht werden.

GEMÜSESTRUDEL

Zutaten für 4 Portionen

- 2 Strudelteigblätter (Du kannst den Strudelteil auch selbst zubereiten. Wie das geht, ist auf S. 349 f. nachzulesen.)
- Butter zum Bestreichen

Fülle
- 100 g Kohlrabi
- 130 g Karotten
- 1 kleine Zucchini
- 130 g Broccoli
- 130 g Karfiol
- 130 g Gelbe Rüben

Bindung
- Etwa 250 g Gemüseabschnitte
- 150 g mehlige Kartoffeln
- 50 g Butter
- 250 ml Schlagobers
- 2 Eier
- Salz
- Muskatnuss

Butter für das Blech und zum Bestreichen des Strudels

Vorbereitung

1. Gemüse in Stäbchen schneiden bzw. Karfiol in Röschen teilen.
2. Den Strunk und die Gemüseanschnitte in dünne Scheiben schneiden.
3. Kartoffeln schälen und blättrig schneiden.
4. Butter schmelzen.
5. Backblech mit Butter bestreichen. (Mit Backpapier auslegen geht auch, dann wird der Strudelboden aber nicht so knusprig.)
6. Backrohr rechtzeitig auf 180 °C Umluft oder 200 °C Ober-/Unterhitze vorheizen.

Zubereitung

1. Gemüse in Salzwasser kurz kochen, dann sofort abfrischen.

Shit DAS GEMÜSE IM STRUDEL HAT KEINEN BISS.

So!

Du darfst das Gemüse nur in kochendes Wasser geben. Lasse es einmal aufkochen und frische es dann sofort mit kaltem Wasser ab. Lasse das Gemüse so lange im kalten Wasser, bis es auch im Inneren kalt ist. Wenn das Gemüse nur an der Oberfläche ausgekühlt ist, unterbrichst du den Garprozess nicht und das Gemüse verliert Farbe und Biss.

2. Die in Scheiben geschnittenen Gemüsereste, Karfiolstrünke und Kartoffeln in Butter anlaufen lassen, mit Schlagobers aufgießen, alles weich kochen und anschließend kalt stellen.

Shit DIE FÜLLE BRENNT RASCH AN.

So!

Schneide aus diesem Grunde die Kartoffeln und die Gemüseanschnitte in dünne Scheiben. Dünste alles bei moderaten Temperaturen und gieße mit Schlagobers auf. Anschließend reduziere die Temperatur und koche langsam unter ständigem Umrühren alles sehr weich. Die Fülle muss nach dem Pürieren eine dicklich-cremige Konsistenz haben.

3 Das weich gegarte Gemüse pürieren und mit den Eiern vermischen.

4 Ein Strudelteigblatt auf ein Strudeltuch legen, mit Butter bestreichen, ein zweites Teigblatt darüberlegen und ebenfalls mit flüssiger Butter bestreichen.

Shit **DER TEIG BEKOMMT KEINE BLÄTTRIGEN SCHICHTEN.**

So!

Perfekte Teigschichten erhältst du, indem du jede Teiglage mit flüssiger Butter bestreichst.

5 Ein Drittel des Teiges mit der Fülle 2 cm dick bestreichen.

6 Das gekochte Gemüse auf der Fülle verteilen und mithilfe des Strudeltuches einrollen.

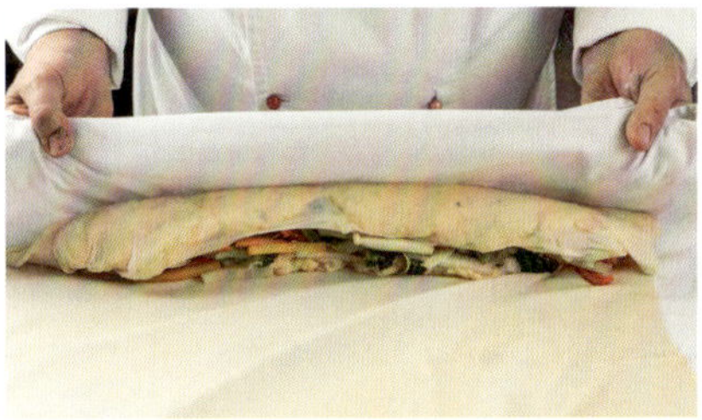

Gemüsepüree auf dem unteren Drittel des ausgezogenen Teiges verstreichen, mit dem vorbereiteten Gemüse belegen und einrollen

Shit **DER TEIG ZERREISST BEIM EINROLLEN.**

So!

Wenn du die Fülle nicht ganz auskühlen lässt, bevor der Teig damit bestrichen wird, hast du bald den „Gatsch" am Tisch. Außerdem solltest du den Teig erst im letzten Moment aus der Verpackung nehmen, wenn er nicht brüchig werden soll.

7 Strudel auf ein befettetes Blech legen, mit Butter bestreichen und bei 180 °C backen.

FRITTIERTE STRUDELTEIG-ECKEN MIT KARTOFFEL-SCHNITTLAUCH-FÜLLE

Zutaten für 4 Portionen

- 4 Strudelteigblätter

Fülle

- 300 g mehlige Kartoffeln
- 1 Bund Schnittlauch
- 3 Dotter
- 2 Esslöffel Crème fraîche
- 20 g Butter
- Salz
- Pfeffer
- Kümmel, gemahlen
- Öl zum Frittieren

Vorbereitung

1. Kasserolle mit kaltem Wasser bereitstellen.
2. Kartoffeln schälen, vierteln und sofort in das vorbereitete Wasser geben.
3. Schnittlauch fein schneiden.
4. Fülle vorbereiten:
   - Kartoffeln in kaltem Salzwasser zustellen, zugedeckt weich kochen, abseihen, ausdampfen lassen und passieren.
   - Alle Zutaten beifügen und kurz vermischen.

Zubereitung

1. Teig auf einem Schneidebrett ausbreiten, in 10 cm breite Streifen schneiden, die Ränder mit Wasser bestreichen.

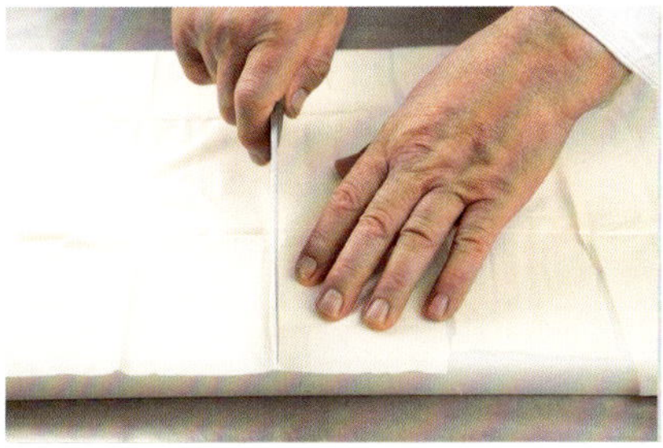

Shit DER STRUDELTEIG WIRD BRÜCHIG UND LÄSST SICH NICHT FORMEN.

So!

Bereite alles vor. Lege den Teig erst im letzten Moment aus und arbeite dann zügig weiter. Je länger der ausgepackte Teig liegt, desto brüchiger wird er. Wenn du den Teig auf einem feuchten Geschirrtuch ausbreitest, hast du etwas mehr Zeit.

2. Mit einem Suppenlöffel oder Dressiersack am unteren Ende jedes Teigstreifens die Fülle in kleinen Häufchen platzieren.

Shit DIE FÜLLE QUILLT AUS DER TEIGHÜLLE.

So!

Mache einen Prototyp, damit du herausfindest, wie viel Fülle deine Falttechnik verträgt. Achte darauf, dass beim Zusammenlegen des Teiges keine offenen Stellen bleiben.

3. Teigstreifen samt Fülle locker zu Dreiecken einschlagen, die Enden andrücken, Pölster etwas flach drücken.

Als Inhalt eignet sich auch eine Pilzfülle (siehe Duxelles, S. 131 f.). Ebenso kannst du geröstete Eierschwammerl, Steinpilze oder Paprikawürfel unter die Kartoffelfülle mischen. Ob mit Spinat und Feta oder geriebenem Mozzarella, getrockneten Tomaten und Basilikum – du kannst deiner Fantasie freien Lauf lassen.

Teig einmal diagonal einklappen

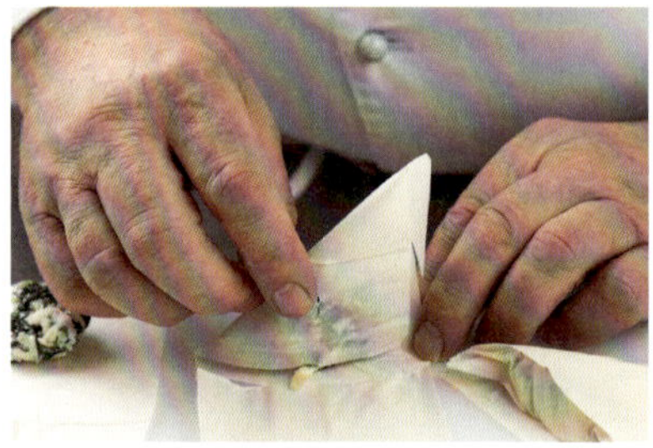

Teig einmal gerade einklappen

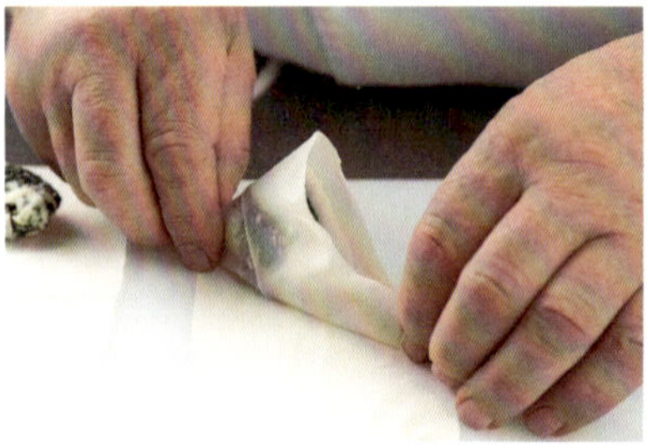

Noch einmal diagonal einklappen

Und nochmals einmal gerade und einmal diagonal einklappen

Shit DIE ENDEN DES GEFALTETEN TEIGES LÖSEN SICH.

So!

Klebe die Enden mit etwas kaltem Wasser zusammen und schneide den restlichen Teig ab.

4 Reichlich Öl in einer Kasserolle erhitzen, Strudelteigpölster hineinlegen, unter Wenden knusprig frittieren, aus dem Öl nehmen und auf Küchenrolle abtropfen lassen.

GEBACKENER KÄSE

Zutaten für 4 Portionen

- 800 g Käse (Edamer, Emmentaler, Camembert, Räucherkäse – egal welchen ...)
- 100 g glattes Mehl
- 2 Eier
- 250 g Brösel
- Öl zum Frittieren

Zubereitung

1. Käse mit Mehl, Eiern und Bröseln panieren.

2. Käse für 1 Stunde einfrieren.

Shit DER KÄSE RINNT BEIM BACKEN AUS DER PANIER.

So!

Natürlich kannst du, wie es üblich ist, den Käse zweimal panieren, um danach unter einer dicken Mehl-Brösel-Schicht etwas Käseartiges zu schmecken. Du kannst aber auch den sorgsam panierten Käse für eine Stunde in den Tiefkühlschrank legen. Wenn die panierte Schicht in der Hitze des Fettes rascher verkrustet als der Käse schmelzen kann, bist du auf der Gewinnerseite. Wichtig ist, dass du den Käse ordentlich panierst, ohne dass die künftige Kruste löcherig ist. Das Fett muss natürlich heiß genug sein, damit die Panier rasch die schützende Hülle bilden kann.

3. Öl erhitzen und den Käse darin frittieren.

Shit DER KÄSE TRIEFT VOR ÖL.

So!

Das Fett war nicht heiß genug. Tupfe das überschüssige Backfett mit Küchenrolle ab.

4. Auf Küchenrolle abtropfen lassen.

WIENER REIS

» Die Nelken aus dem Reis zu klauben, ist echt mühsam.
» Der Reis schmeckt langweilig.
» Der Reis brennt immer an.
» Der Reis ist patzig.

Reis

PILAV-REIS

» Der Reis wird zu stark angeröstet und manchmal auch braun.

NATURREIS

» Der Reis wird einfach nicht weich.

RISOTTO

» Das Risotto erinnert geschmacklich eher an Milchreis.
» Das Risotto wird nicht cremig.
» Das Risotto wird ein zerkochter Kleistergatsch.
» Das Risotto wird klebrig.
» Vor dem Anrichten habe ich viel zu tun. Es ist mir bei allem logistischen Geschick nicht möglich, 18 Minuten lang das Risotto zu rühren.

Wie kocht man Reis?

1

Reis kochen ist eigentlich recht einfach: Reichlich Wasser mit Salz zum Kochen bringen, Reis hinein, 15 Minuten kochen lassen, Flüssigkeit ableeren, etwas flüssige Butter hinzufügen. Das funktioniert gut, ist aber nicht die einzige Art, Reis zuzubereiten.

WIENER REIS

Eine besonders würzig-duftende Zubereitungsweise ist der klassische Wiener Reis.

Zutaten für 4 Beilagenportionen

- 1/2 Zwiebel
- 6 Gewürznelken
- Evtl. 1 Lorbeerblatt
- 200 g Langkornreis
- 400 ml Wasser
- 50g Butter
- Salz

Vorbereitung

Zwiebel schälen, halbieren und mit den Nelken spicken.

Shit DIE NELKEN AUS DEM REIS ZU KLAUBEN, IST ECHT MÜHSAM.

So!

Steckst du die Gewürznelken in die geschälte Zwiebelhälfte, kannst du diese leicht entfernen, wenn der Reis fertig ist. Ich mache zusätzlich noch einen kleinen Einschnitt in die Zwiebel, in den ich ein Lorbeerblatt stecke.

Zubereitung

1. Wasser mit Butter und Salz zum Kochen bringen.

Shit DER REIS SCHMECKT LANGWEILIG.

So!

Salze kräftig, das Reiswasser darf ruhig leicht versalzen schmecken.

2. Gespickte Zwiebel und Reis in das Salzwasser geben.

3. Etwas einkochen lassen.

Shit DER REIS BRENNT IMMER AN.

So!

Bei mir auch! Aus diesem Grund dünste ich den Reis entgegen aller Kochbücher im Backrohr.

4. Anschließend 20 Minuten zugedeckt im Backrohr bei 150 °C dünsten.

5. Nach 20 Minuten den Reis aus dem Backrohr nehmen, die Zwiebel entfernen und den Reis mit einer Gabel auflockern.

Shit DER REIS IST PATZIG.

So!

Wenn du den Reis in das Backrohr gibst, rühre auf keinen Fall mehr um. Erst wenn der Reis fertig ist, kannst du ihn mit einer Gabel „aufgaberln" (auflockern).

6. Reis wieder zudecken und 5 Minuten ziehen lassen.

PILAV-REIS

Besonders locker und aromatisch wird Pilav-Reis, weil er vor dem Dünsten in Olivenöl oder Butter glaciert wird.

Zutaten für 4 Beilagenportionen

- 1 kleine Zwiebel
- 50 g Butter
- 200 g Langkornreis
- 400 ml Wasser oder Gemüsefond
- Salz

Vorbereitung

Zwiebel schälen und fein schneiden.

Zubereitung

1. Butter schmelzen, Reis darin kurz anlaufen lassen.

Shit DER REIS WIRD ZU STARK ANGERÖSTET UND MANCHMAL AUCH BRAUN.

So! Es genügt, wenn die Reiskörner mit Fett umhüllt sind, du musst den Reis nicht braten.

2. Mit Wasser oder Gemüsefond aufgießen.
3. Salzen und die Flüssigkeit einkochen lassen.
4. Wenn der Reis die ganze Flüssigkeit aufgenommen hat, zudecken und 20 Minuten im Backrohr fertig dünsten.
5. Reis mit einer Gabel auflockern und noch 5 Minuten zugedeckt nachziehen lassen.

Beachte ab Punkt 2 die Shits wie beim Wiener Reis.

NATURREIS

Brauner Naturreis verhält sich beim Kochen ein wenig anders als weißer Reis. Das Verhältnis von Wasser zu Reis wird nach dem Volumen und nicht nach dem Gewicht angegeben. Ich gehe davon aus, dass der Inhalt einer Tasse 1/4 Liter ist.

Zutaten

- 1 Tasse Naturreis
- 2 Tassen Wasser
- Etwas Butter
- Salz

Zubereitung

1. Reis mit Wasser und Butter zum Kochen bringen, zudecken und etwa 30 Minuten im Backrohr dünsten.

Shit DER REIS WIRD EINFACH NICHT WEICH.

So!

Naturreis braucht wesentlich länger als weißer Reis. Bei manchen Reissorten ist auch das Salzen problematisch und verlängert die Kochzeit.

2. Einige Minuten zugedeckt rasten lassen.

3. Salzen und auflockern.

Für die, DIE ES GENAU WISSEN WOLLEN

REIS UND AROMA
Die äußeren Schichten des Reises enthalten Mineralstoffe, Zucker und Aminosäuren, also alles, was Geschmack abgibt. Stärke gibt es außen wenig. Das bedeutet, je weniger Randschichten vom Reis abgeschliffen wurden, umso aromatischer ist er.

BASMATI- ODER JASMINREIS?
Ziehe Basmatireis Jasminreis vor. Der Blutzuckerspiegel steigt bei Basmatireis weniger schnell an, was sich positiv auf deinen Körper auswirkt.

REIS AUFBEWAHREN
Bakterien können sich auf gekochtem Reis auch im Kühlschrank vermehren. Aus diesem Grund solltest du den Reis so rasch wie möglich abkühlen, um die Bakterienwohlfühltemperatur zwischen 20 und 60 °C zu vermeiden. Lagere Reis nicht länger als 1 Tag im Kühlschrank.

REIS AUFWÄRMEN
Möchtest du Reis erwärmen, lasse ihn richtig heiß werden, damit mögliche Keime absterben. Am besten funktioniert das in der Mikrowelle.

REIS UND SEIN GIFT
Achtung: Die Reispflanze liebt Arsen und zieht dieses aus dem Boden. Arsen sammelt sich auch in den Körnern an. Achte daher beim Einkauf auf die Qualität.

Risotto

Ein perfektes Risotto auf den Teller zu bringen, ist für so manchen eine Herausforderung. Es muss cremig sein, die Reiskörner sollten noch Biss haben und der Geschmack soll keine tristen Kindheitserinnerungen an patzigen Milchreis hervorrufen.

2

Basilikumrisotto mit Gemüse

RISOTTO

Wie bekommt man ein Risotto gut hin?

- Erstes Gebot: Nimm die richtige Reissorte, denn nur der Mittelkornreis hält die aufwendige Prozedur des Risottorührens unbeschadet aus.
- Zweites Gebot: Rühre ständig um und beachte das perfekte Timing.

für die, DIE ES GENAU WISSEN WOLLEN

LOCKER ODER CREMIG – WIE HÄTTEN WIR'S DENN GERNE?

Wenn du die Unterschiede beim Reiskochen verstehen willst, musst du wissen, dass die unterschiedlichen Reissorten verschiedene Stärkearten beinhalten, wie z. B. Langkorn-Reisstärke (Amylose-Stärke) und Risotto-Reisstärke (Amylopektin-Stärke).

Reisgerichte, die Körnchen für Körnchen locker auf den Teller kommen sollen, enthalten hauptsächlich amylosehaltige Stärke. Diese überwiegt vor allem im Patna- und Langkornreis. Amylose-Stärke verkleistert nicht so stark wie Amylopektin-Stärke. Sie gibt auch wenig Stärke an das Kochwasser ab. Deshalb bleibt der Reis vor allem nach dem Dünsten locker und behält seine Reiskörndeloptik.

Das wasserbindende und nahezu nicht wasserlösliche Amylopektin gibt hingegen Stärke an die Dünstflüssigkeit ab. Der Reis erhält damit seine cremig-klebrige Konsistenz.

Für Risotti eignet sich am besten Mittelkornreis, wie z. B. Carnaroli, der mit seinem hohen Gehalt an Amylopektin genug Stärke für die Cremigkeit abgibt. Im Biss bleibt er jedoch al dente.

Zutaten für 4 große Portionen

- 1 Zwiebel
- 70 g Parmesan
- 750 ml Gemüsefond (oder Suppe)
- 2 Esslöffel Olivenöl
- 300 g Risottoreis
- 150 ml Weißwein
- Salz
- 50 g Butter

Vorbereitung

1. Zwiebel schälen und fein schneiden.
2. Parmesan reiben.
3. Gemüsefond aufkochen.

Risottoreis 1:1 mit Fond aufgießen

Zubereitung

1. Olivenöl erhitzen und die Zwiebel darin anschwitzen.
2. Risottoreis zu der Zwiebel geben und glasig werden lassen, dann mit Weißwein ablöschen.
3. Mit dem Gemüsefond soweit aufgießen, dass der Reis gut mit Flüssigkeit bedeckt ist.

Shit DAS RISOTTO ERINNERT GESCHMACKLICH EHER AN MILCHREIS.

So!

Wichtig ist, dass du den Reis mit heißem Gemüsefond (oder heißer Suppe) nur soweit aufgießt, bis der Reis damit bedeckt ist. Erst wenn der Reis die gesamte Flüssigkeit aufgenommen hat, gieße etwas Flüssigkeit nach. Wiederhole diesen Vorgang so lange, bis die Reiskörner weich sind, in der Mitte jedoch noch Biss haben. Durch das laufende Zugeben der Flüssigkeit konzentrieren sich die Aromen.

4. Risotto ständig rühren und immer wieder mit Gemüsefond bedecken.

Das Risotto unter Rühren köcheln lassen, bis die ganze Flüssigkeit aufgesogen ist

Shit DAS RISOTTO WIRD NICHT CREMIG.

So!

Wichtig ist, dass du ständig umrührst. So wird die Stärke von der Oberfläche der Reiskörner abgerieben. Diese Stärke gibt der Flüssigkeit die gewünschte Cremigkeit.

Shit DAS RISOTTO WIRD EIN ZERKOCHTER KLEISTERGATSCH.

So!

Du warst faul und hast nicht ständig gerührt.
Rührst du das Risotto erst zum Schluss, zerbrechen die Reiskörner und es wird ein Gatsch.

Wenn du den fertigen Reis noch 5 Minuten rasten lässt, festigen sich die Reiskörner alleine dadurch, dass du die Hitzezufuhr einstellst.

Butterflocken einrühren

5. Wenn das Risotto nach etwa 18 Minuten fertig ist, zudecken und 5 Minuten rasten lassen.
6. Butterflocken in das fertige Risotto einrühren.
7. Parmesan unterrühren.

Shit DAS RISOTTO WIRD KLEBRIG.

So!

Wichtig: Rühre den Parmesan im allerletzten Moment unter das Risotto oder bestreue das angerichtete Risotto mit dem Parmesan. Vergiss nicht, vorher die Butterflocken einzurühren!

DIE NERVENSCHONENDE RISOTTOVERSION

Shit

so!

VOR DEM ANRICHTEN HABE ICH VIEL ZU TUN. ES IST MIR BEI ALLEM LOGISTISCHEN GESCHICK NICHT MÖGLICH, 18 MINUTEN LANG DAS RISOTTO ZU RÜHREN.

Das musst du auch nicht! Mit dieser Methode kannst du einen Großteil der Risotto-Rührerei ohne allzu großen Qualitätsverlust schon am Vortag erledigen!

1. Zwiebel und Reis in Butter oder Olivenöl anschwitzen, mit Wein ablöschen und mit 300 ml kochendem Fond (gleiche Menge wie Reis) unter ständigem Übergießen und Rühren kochen.
2. Nach etwa 12 Minuten hat der Reis die ganze Flüssigkeit aufgenommen.
3. Leere das teilgegarte Risotto auf ein Blech, damit alles rasch abkühlen kann.

Stunden später ...

10 Minuten vor dem Anrichten den restlichen Fond in einer Kasserolle aufkochen lassen, das zum Teil gegarte Risotto hinzufügen und unter ständigem Rühren und Zugießen wie oben beschrieben etwa 5 Minuten fertig kochen.

Tipp
Anstelle der Butterflocken kannst du auch zum Schluss Kräuterbutter oder diverse Pestos als Geschmacksgeber in das Risotto rühren.

WISSENSWERTES ZU KNÖDELN

- Die Knödel werden zu hart oder zerfallen.
- Beim Kochen legen sich die Knödel am Boden der Kasserolle an.
- Beim Kochen der Knödel bleiben manche an der Oberfläche roh.
- Wenn ich die gekochten Knödel einfriere, sind sie nach dem Erhitzen im Salzwasser „letschert“ (lasch) und nahe am Zerkochen.

SEMMELKNÖDEL

- Die Knödel werden nicht flaumig.
- Die Knödel zerkochen oder sind zu hart.
- Die Knödel werden an der Außenseite matschig.

SERVIETTENKNÖDEL

- Die Knödel werden nicht flaumig.
- Die Knödel schmecken nach Faserschmeichlern.

GEBACKENE BÄRLAUCHKNÖDEL

- Der Bärlauch verliert seine leuchtend grüne Farbe.
- Die Knödel lassen sich nicht gut formen.
- Die Knödel werden nicht durch.
- Die Knödel sind vom Fett durchweicht und neigen zum Auseinanderfallen.

Knödel UND NOCKERL

KNÖDEL AUS BRANDTEIG – NOUGATKNÖDEL

- » Der Brandteig ist zu weich zum Formen.
- » Das Nougat schmilzt schon beim Füllen.
- » Die Knödel zerkochen.
- » Die Brösel zum Wälzen werden nach kurzer Zeit bröckelig und feucht.

KNÖDEL AUS TOPFENTEIG – ZWETSCHKEN-KNÖDEL

- » Die Knödel zerfallen beim Kochen.
- » Die Knödel platzen beim Kochen auf.

KNÖDEL AUS KARTOFFELTEIG/MARILLEN-KNÖDEL

- » Den Knödeln fehlt die geschmackliche Raffinesse.
- » Die Bindung des Teiges lässt nach.
- » Der Teig wird zu schnell weich.
- » Die Knödel platzen beim Kochen auf.
- » Trotz Probeknödel zerkocht der Teig sehr schnell.

NOCKERL (SPÄTZLE)

- » Die Nockerl werden zäh.
- » Die Nockerl kleben im Wasser aneinander.
- » Ich habe keinen Nockerlhobel bzw. kein Spätzlesieb. Was tun?
- » Die Nockerl kleben beim Auskühlen aneinander.

Knödel

1

Möchtest du wissen, was der absolute Horror in einer Profiküche ist?
Dann stelle dir folgendes Szenario vor: Nachdem du 200 Knödel ins Wasser geworfen hast, musst du feststellen, dass alle verkocht sind. Einem Nervenzusammenbruch nahe erblickst du im Topf ein breiiges Etwas, das deinen guten Ruf als Gastgeber/in endgültig zu Grabe trägt.

RUNDE KNÖDELKUNDE

Selbst in der Profiküche geht ohne Probeknödel gar nichts. Mein junges Team hatte damals die Idee, dem Probeknödel einen Namen zu geben. Sie einigten sich auf den Namen „Fridolin". Der Name stammt aus dem Althochdeutschen und bedeutet „der Friedensreiche" – sehr passend, wie ich finde. Fridolin schont auf jeden Fall die Nerven!

Übrigens: Auch wenn es sich um unterschiedliche Teige handelt, leiden die meisten Knödelvariationen unter den gleichen Shits.

Shit DIE KNÖDEL WERDEN ZU HART ODER ZERFALLEN.

So!

Überschätze deine Fähigkeiten am Herd nicht. Auch ich würde ohne einen Probeknödel mit den restlichen Knödeln nicht in Serie gehen.

Ist der Probeknödel zu hart, kannst du den Teig mit etwas flüssiger Butter auflockern. Zerkocht der Probeknödel, kannst du den Teig mit etwas Mehl festigen.

Shit BEIM KOCHEN LEGEN SICH DIE KNÖDEL AM BODEN DER KASSEROLLE AN.

So!

Wenn du die Kasserolle nach dem Einlegen der Knödel leicht rüttelst, verhinderst du das Anlegen der Knödel.

Shit BEIM KOCHEN DER KNÖDEL BLEIBEN MANCHE AN DER OBERFLÄCHE ROH.

So!

Wenn du die Knödel mit dem Kochlöffel leicht anstößt, drehen sie sich.

Shit WENN ICH DIE GEKOCHTEN KNÖDEL EINFRIERE, SIND DIESE NACH DEM ERHITZEN IM SALZWASSER „LETSCHERT" UND NAHE AM ZERKOCHEN.

So!

Du kannst gekochte Knödel ohne weiteres einfrieren. Wenn dich die Lust auf Knödel packt, lasse die Knödel etwa 20 Minuten antauen und erhitze sie dann über Dunst. Dazu brauchst du keine teuren Geräte. Ein flacher Topf mit einem passenden Gittereinsatz reicht völlig. Fülle dazu bis knapp zum Gittereinsatz Wasser in den Topf. Wenn das Wasser kocht, lege die Knödel in den Einsatz und dämpfe diese im zugedeckten Geschirr.

PIKANTE KNÖDEL

SEMMELKNÖDEL

Zutaten für 8 Knödel

- 1 kleine Zwiebel
- 1/2 Bund Petersilie
- 60 g Butter
- 200 ml Milch
- 250 g Semmelwürfel
- 3 Eier
- Salz
- 2 Esslöffel griffiges Mehl

Vorbereitung

1. Zwiebel fein schneiden.
2. Petersilienblätter abzupfen und fein hacken.

Zubereitung

1. Butter erhitzen, Zwiebel beigeben und hell anrösten.
2. Mit Milch aufgießen, aufkochen lassen und über die Semmelwürfel gießen.

Shit DIE KNÖDEL WERDEN NICHT FLAUMIG.

So!

Wenn du die Semmelwürfel mit kochender Milch aufgießt, entstehen Luftbläschen, die das Volumen der Knödel und somit auch die Lockerheit fördern. Diese Masse sollte nun 2 Stunden ziehen, bevor du die Eier und das Mehl untermengst.

3. Etwas abkühlen lassen.
4. Eier mit Salz und Petersilie verquirlen und unter die Semmelmasse mischen.

5 Das Mehl locker untermengen.

6 Wasser mit Salz zum Kochen bringen, einen Probeknödel kochen.

Shit **DIE KNÖDEL ZERKOCHEN ODER SIND ZU HART.**

So!

Die Semmelwürfel der verschiedenen Hersteller nehmen unterschiedliche Flüssigkeitsmengen auf. Jede Angabe der Flüssigkeitsmenge im Rezept ist daher nur eine Richtlinie. Solltest du Wert auf perfekte Knödel legen, ist es unbedingt notwendig, einen kleinen Probeknödel zu kochen, bevor du in Serie gehst.

» Ist der Knödel zu hart, kannst du durch Beigabe von etwas flüssiger Butter die Semmelmasse ein wenig auflockern.
» Zerfällt der Knödel beim Kochen, festigst du die Masse mit etwas griffigem Mehl.

7 Wenn der Probeknödel passt, mit nassen Händen Knödel formen und in etwas Mehl wälzen.

8 Die Knödel in das kochende Salzwasser geben und 15 Minuten mehr ziehen als kochen lassen. Auf keinen Fall zudecken!

Shit **DIE KNÖDEL WERDEN AN DER AUSSENSEITE MATSCHIG.**

So!

Die Knödel dürfen weder wallend kochen noch zugedeckt werden.

Für die, DIE ES GENAU WISSEN WOLLEN

Durch das Formen der Knödel mit den nassen Händen und das Wälzen im Mehl soll den Knödeln eine möglichst glatte Oberfläche gegeben werden. Das gelingt natürlich nicht zur Gänze. Durch den Strömungstransport (die Konvektion) im kochenden Wasser beginnen sich die Knödel zu bewegen bzw. zu drehen. Dabei verlieren sie wegen der rauen Oberfläche laufend ein wenig Teig.

Sind die Knödel fast fertig, steigen sie an die Oberfläche des Wassers. Das Erhitzen der Knödel im heißen Wasser sorgt für eine Ausdehnung der Gas- und Luftbläschen, die das Volumen der Knödel erhöhen. Das Aufsteigen der Knödel ist ein Prozess, der vom Volumen abhängig ist. Die Knödel steigen auf, sobald sie ein gewisses Volumen erreicht haben.

SERVIETTENKNÖDEL

Zutaten für 6–8 Portionen

- 60 g Butter
- 250 g Semmelwürfel
- 3 Eier
- 200 ml Milch
- Salz
- Evtl. etwas gehackte Petersilie
- Butter zum Bestreichen

- 1 sauberes Geschirrtuch
- Küchenspagat

Zubereitung

1. Butter schmelzen und über die Semmelwürfeln gießen.

2. Eier mit Milch und Salz verrühren, mit den Semmelwürfeln vermischen und etwas ziehen lassen.

Shit DIE KNÖDEL WERDEN NICHT FLAUMIG.

So!

Wie bei den Semmelknödeln ist die Angabe der Milchmenge nur eine Richtlinie. Wenn du altbackene Semmeln in Würfel schneidest, brauchst du bei weitem weniger Flüssigkeit. Wichtig ist auf jeden Fall, dass du die Masse nicht zu trocken hältst.

3. Geschirrtuch mit kaltem Wasser nass machen und gut ausdrücken, auf die Arbeitsfläche legen und mit flüssiger Butter bestreichen.

4. Die Semmelmasse auf dem Tuch verteilen und straff einrollen.

Shit DIE KNÖDEL SCHMECKEN NACH FASERSCHMEICHLERN.

So!

Leider sind Frischhaltefolie oder Alufolie keine gute Idee! Obwohl ich gestehen muss, dass auch ich eine Zeit lang die Knödelmasse in Frischhaltefolie gewickelt und dann gekocht habe. Allerdings kannst du dann Plastikpartikeln im Essen nicht ausschließen. Daher empfiehlt es sich, ein Geschirrtuch zu verwenden und dieses vorher mit klarem Wasser gut auszuspülen, damit keine Waschmittelreste in den Knödel übergehen. Wie weit die kochfeste Folie Sinn macht, weiß ich noch nicht.

5. An beiden Enden und in der Mitte mit Spagat abbinden.

6. Wasser zum Kochen bringen, die Serviettenknödel ca. 35 Minuten kochen, dann aus dem Wasser nehmen.

7. Spagat und Geschirrtuch entfernen, die Rolle in fingerdicke Scheiben schneiden. Wenn du die Knödel nicht sofort anrichtest, solltest du sie zum kurzfristigen Warmhalten mit flüssiger Butter bestreichen. So trocknen bzw. kühlen die Knödel nicht so schnell aus und haben nebenbei eine glänzende Oberfläche.

GEBACKENE BÄRLAUCHKNÖDEL (ODER SPINATKNÖDEL)

Zutaten für 12 kleine Knödel

- 150 g Bärlauch
  (oder 150 g tiefgekühlter Blattspinat)
- 50 g Gouda, ganz
- 250 g Semmelwürfel
- 150 ml Milch
- 3 Eier
- 100 g Topfen
- 60 g griffiges Mehl
- Salz
- Weißer Pfeffer, gemahlen
- Muskatnuss
- 100 g Brösel zum Wälzen
- Fett zum Frittieren

Vorbereitung

1. Bärlauch putzen (oder Blattspinat auftauen lassen).

2. Gouda reiben.

Zubereitung

1. Wasser mit Salz zum Kochen bringen, Bärlauch darin kurz überkochen, danach in kaltem Wasser abfrischen.

Shit **DER BÄRLAUCH VERLIERT SEINE LEUCHTEND GRÜNE FARBE.**

So!

Dass du vor allem grünes Gemüse und Kräuter gut salzen musst, weißt du ja bereits aus dem Gemüsekapitel. Salzen nützt allerdings nichts, wenn du das Gemüse nach dem Vorkochen nicht gründlich abfrischst. Es ist wichtig, dass du die Temperatur in der Mitte des Gekochten rasch abkühlst, damit du den Garprozess beendest.

Für Spinatknödel brauchst du den tiefgekühlten Blattspinat nur auftauen lassen und die Flüssigkeit abpressen.

2. Bärlauch aus dem Wasser nehmen, ausdrücken und grob hacken.

3. Alle Zutaten vermischen und ca. 1 Stunde ziehen lassen.

4. Kleine Knödel formen und in Bröseln wälzen.

Shit DIE KNÖDEL LASSEN SICH NICHT GUT FORMEN.

So!

Dann ist die Masse vermutlich zu trocken. Arbeite einfach noch etwas Milch in den Teig ein. In seltenen Fällen kann es vorkommen, dass die Masse zu flüssig ist, v. a. bei Semmelwürfeln aus altbackenen Semmeln. Gib in diesem Fall nicht die ganze Milch auf einmal zur Masse, sondern taste dich langsam an einen formbaren Teig heran.

5. Frittierfett auf 170 °C erhitzen und die Knödel knusprig frittieren.

Vielfältig einsetzbar

Diese knusprig gebackenen Knödel schmecken köstlich als Beilage zu gebratenen oder gedämpften Lammgerichten, aber auch zu Geflügel- oder Fischhauptspeisen.

Drei kleine Knödel auf Blatt- oder Gemüsesalat ergeben eine vegetarische Hauptspeise, die auch ich gerne esse.

Shit DIE KNÖDEL WERDEN NICHT DURCH.

So!

Du frittierst mit wesentlich höheren Temperaturen als beim Kochen. Aus diesem Grund müssen diese Knödel natürlich kleiner sein als die gekochten runden Kollegen.

Shit **DIE KNÖDEL SIND VOM FETT DURCHWEICHT UND NEIGEN ZUM AUSEINANDERFALLEN.**

So!

Erhitze das Fett auf mindestens 170 °C, bevor du die Knödel einlegst. Danach kannst du die Temperatur leicht reduzieren.

Tipp
Mit derselben Technik kannst du neben Spinatknödeln auch Kräuter- oder Petersilienknödel zaubern.

SÜSSE KNÖDEL

KNÖDEL AUS BRANDTEIG

Zutaten für 10 Nougatknödel

Teig
- 250 ml Wasser
- Salz
- 60 g Butter
- 120 g glattes Mehl
- 2 Eier

Fülle
- 150 g Nougatmasse

Butterbrösel
- 150 g Butter
- 200 g Brösel

Zubereitung

1. Brandteig zubereiten. (Wie das funktioniert, kannst du auf S. 361 f. nachlesen.)

Shit **DER BRANDTEIG IST ZU WEICH ZUM FORMEN.**

So!

Du hast den Teig zu kurz abgebrannt. Gib bei größeren Mengen ein Ei weniger zum Teig und mache unbedingt einen Probeknödel.

2 Brandteig zu einer Rolle formen und in gleich große Stücke schneiden.

3 Nougat zu kleinen Knödeln formen.

Shit **DAS NOUGAT SCHMILZT SCHON BEIM FÜLLEN.**

So!

Gib das Nougat sofort nach dem Formen in den Kühlschrank und entnimm dort immer nur kleine Mengen, um sie in den gut ausgekühlten Brandteig zu wickeln.

4 Nougatknödel mit Brandteig umwickeln.

5 Wasser mit etwas Salz zum Kochen bringen und die Knödel darin ca. 8 Minuten ziehen lassen.

Shit **DIE KNÖDEL ZERKOCHEN.**

So!

Gerade bei Brandteigknödeln ist es wichtig, dass sie im Wasser mehr ziehen als kochen.

6 Butter schmelzen und Brösel darin rösten.

7 Die Knödel in den Butterbröseln wälzen.

Shit **DIE BRÖSEL ZUM WÄLZEN WERDEN NACH KURZER ZEIT BRÖCKELIG UND FEUCHT.**

So!

Nimm die Knödel mit einem Gitterlöffel aus dem Wasser und erlaube eine Zwischenlandung auf einem Küchentuch.

KNÖDEL AUS TOPFENTEIG

Zutaten für 12 Zwetschkenknödel

Teig

» 60 g Butter
» 400 g Topfen, 10 % F. i. T.
» 180 g griffiges Mehl
» 1 Ei
» 1 Dotter
» Abgeriebene Zitronenschale einer unbehandelten Zitrone
» Salz

Fülle

» 12 Zwetschken
» 12 Schokoladenstücke

Die ultimative Zwetschkenknödel-Schoko-Lieblingskombination
Ich habe eine Versuchsreihe mit Freunden und Familie gestartet, um die ultimative Zwetschkenknödel-Schoko-Lieblingskombination herauszufinden: Ich persönlich mag es am liebsten, wenn die Zwetschken mit Bitterschokolade gefüllt sind, während meine Kinder auf Nougat schwören. Die Jugend und die Damen tendieren eher zu weißer oder Vollmilchschokolade. Um Spannung in deine Knödelrunde zu bringen, kannst du verschiedene Schokoreste in die Zwetschkenknödel hüllen, frei nach dem Motto „Welche Schoki ergattert wer?".

Mohn-Zucker-Mischung (mein persönlicher Favorit)
» 150 g gemahlener Mohn
» 100 g Staubzucker

Butterbrösel

» 150 g Butter
» 200 g Brösel

» 200 g geschmolzene Butter zum Übergießen

Vorbereitung

1. Butter auf Zimmertemperatur bringen.

2. Zwetschken einschneiden und die Kerne entfernen. Du kannst aber auch mithilfe eines Kochlöffelstiels den Kern aus der Frucht stoßen (funktioniert bei Marillen ebenso).

3 Ich gebe anstelle des Kernes ein Stück Schokolade oder Nougat in die Zwetschken.

Zubereitung

1 Für den Teig alle Zutaten verkneten.

2 Schüssel mit dem Teig mit Frischhaltefolie geruchssicher verschließen und mindestens 2 Stunden im Kühlschrank rasten lassen.

Shit DIE KNÖDEL ZERFALLEN BEIM KOCHEN.

So!

Das Mehl muss mindestens 2 Stunden (besser noch länger) quellen, bevor es die volle Bindung entfalten kann.

3 Aus dem Teig auf der leicht bemehlten Arbeitsfläche eine Rolle formen und diese in gleichmäßige Stücke schneiden.

4 Teigscheiben flach drücken, die Zwetschken daraufsetzten, mit dem Teig umhüllen und gut verschließen.

5 Mit bemehlten Händen Knödel formen.

Shit DIE KNÖDEL PLATZEN BEIM KOCHEN AUF.

So!

Verschließe die Knödel dort, wo die Frucht nicht geöffnet ist.

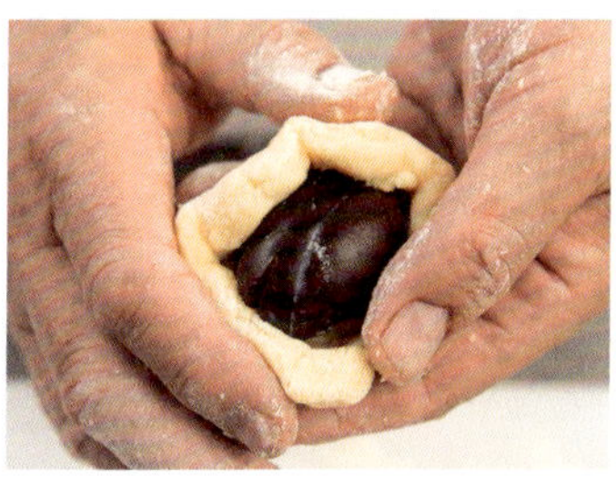

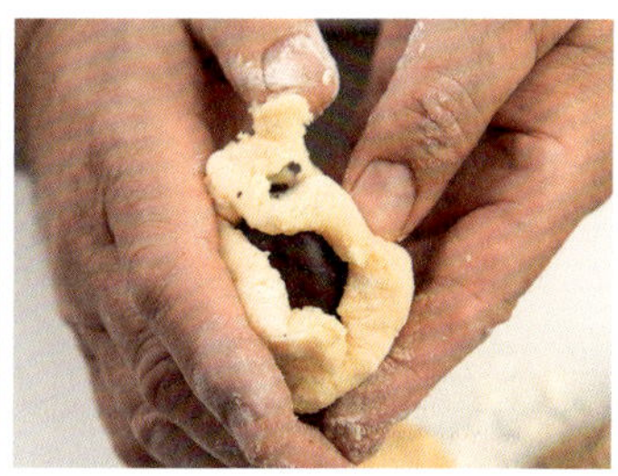

6 Leicht gesalzenes Wasser in einer flachen Kasserolle zum Kochen bringen.

7. Die Knödel einlegen und 12 Minuten mehr ziehen als kochen lassen.

8. Butter schmelzen und Brösel darin rösten. Die Knödel gut abtropfen lassen und in den Butterbröseln wälzen.

9. Butter schmelzen und über die Knödel gießen.

Zwetschkenknödeliges in Butterbröseln

Der heiße Schokoschaum (siehe S. 379) beeindruckt deine Gäste auch als Beilage zu Zwetschkenknödeln

KNÖDEL AUS KARTOFFELTEIG

Frage 20 Köche nach einem Rezept für Kartoffelteig und du erhältst 40 verschiedene Rezepte. Jeder Koch wird schwören, dass sein Rezept das wahre und beste ist. Naja – mein Rezept ist das beste! Die unterschiedlichen Eigenschaften der verschiedenen Kartoffelsorten und deren Stärkegehalt, der den Jahreszeiten entsprechend variiert, machen ein exaktes Rezept unmöglich. Feingefühl für den Teig und ein Probeknödel sind die unerlässlichen Wegbegleiter zu gelungenen Knödeln.

Zutaten für 10 Marillenknödel

Teig

- 250 g mehlige Kartoffeln
- 120 g griffiges Mehl
- 15 g Butter
- 20 g Grieß
- 1 Dotter
- 100 g Topfen, mager (muss nicht sein)
- Salz

Fülle

- 10 kleine Marillen
- 10 Stück Würfelzucker

Butterbrösel

- 150 g Butter
- 200 g Brösel
- Staubzucker zum Bestreuen

Shit **DEN KNÖDELN FEHLT DIE GESCHMACKLICHE RAFFINESSE.**

So!

Du hast recht! Ich gebe aus diesem Grund eine Packung Topfen in den Teig. Der Topfen bringt den Teig mit seinem angenehmen, fast unmerklich säuerlichen Beigeschmack dem Knödelolymp ein Stückchen näher.

Vorbeitung

1. Die Marillen mithilfe eines Kochlöffelstieles entkernen.
2. Anstelle des Kernes ein Stück Würfelzucker einsetzen.

Zubereitung

1. Kartoffeln kochen und schälen.
2. Kartoffeln durch die Kartoffelpresse drücken.

Shit **DIE BINDUNG DES TEIGES LÄSST NACH.**

So!

Das kann mehrere Ursachen haben. Koche die mehligen Kartoffeln am Vortag, schäle sie und gib sie mit einem Deckel in den Kühlschrank. Überziehe die Kartoffeln auf keinen Fall mit Frischhaltefolie, da sie so zu schwitzen beginnen. Es ist jedoch wichtig, dass die Kartoffeln gut austrocknen. Nur so behält der Teig bei der Verarbeitung seine Konsistenz und wird nicht laufend weicher. Presse die Kartoffeln erst am nächsten Tag.

3. Kartoffeln mit den restlichen Zutaten rasch verkneten.

Shit **DER TEIG WIRD ZU SCHNELL WEICH.**

So!

Knete den Teig nicht zu lange. Wenn die Zutaten vermischt sind, lasse den Teig einfach in Ruhe. Du wirst sehen – der Teig hält. Oft hat das auch mit der Kartoffelsorte zu tun. Du kannst etwas Mehl durch Stärkemehl ersetzen – auch das hilft ein wenig.

4 Teig zu einer Rolle formen, in Scheiben schneiden und flach drücken.

5 Marillen mit dem Teig umwickeln, die Enden gut verschließen.

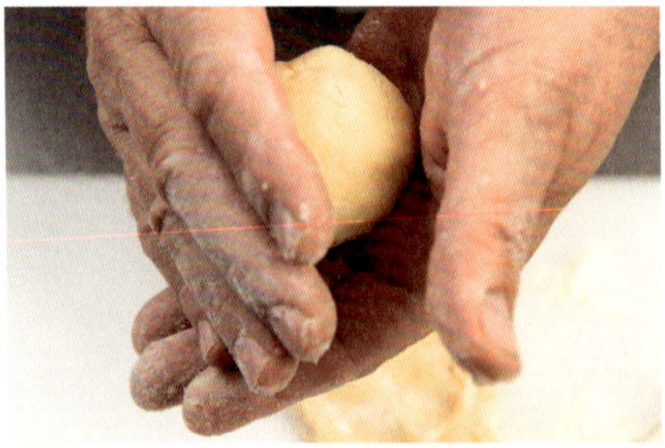

Shit **DIE KNÖDEL PLATZEN BEIM KOCHEN AUF.**

So!

Verschließe die Enden gut und denke daran, dass der Teig keine noch so kleine Öffnung haben darf (siehe auch Zwetschkenknödel, S. 275).

6 Wasser mit etwas Salz zum Kochen bringen, die Knödel einlegen und 12 Minuten mehr ziehen als kochen lassen.

Shit **TROTZ PROBEKNÖDEL ZERKOCHT DER TEIG SEHR SCHNELL.**

So!

Lasse die Knödel wirklich ziehen und gib keinesfalls einen Deckel darauf.

7 Butter schmelzen und die Brösel darin goldgelb rösten.

8 Knödel aus dem Wasser nehmen und in den Bröseln wälzen.

9 Mit Staubzucker bestreuen.

Nockerl

Ich habe viele Rezepte ausprobiert – mit Butter, mit Milch, mit langem Kneten, mit ausgiebigen Rastzeiten ... – keines davon hat mich überzeugt. Die Zubereitung mit Butter und Milch ist am Gaumen weder am Geschmack noch an der Konsistenz erkennbar. Langes Kneten und auch das Rastenlassen haben sich bei meinen Versuchen als kontraproduktiv erwiesen.

2

Varianten
Du kannst die Nockerl auch mit Tomatenmark oder passiertem Spinat zubereiten. Reduziere dafür die Flüssigkeitsmenge entsprechend und passe die Würzung an (Spinat und Bärlauch solltest du mit Knoblauch würzen, Tomatennockerl mit italienischen Kräutern, Kräuternockerl evtl. mit Muskatnuss).

Spinatnockerl

NOCKERL

Diese Nockerl sind die schnellste hausgemachte Beilage, die ich kenne.

Zutaten für 4 Beilagenportionen

- 200 g griffiges Mehl
- 2 Eier
- 130 ml Wasser
- Salz
- 1 Esslöffel Öl für das Salzwasser

Zum Schwenken

- 50 g Butter
- Salz

Zubereitung

1. Salzwasser mit etwas Öl zum Kochen bringen.

2. Mehl und Eier mit Wasser in einer Rührschüssel mit der Hand vermischen.

Shit DIE NOCKERL WERDEN ZÄH.

So!

- Gib kein Salz in den Teig.
- Vermische die Zutaten zu einem Teig, ohne ihn zu kneten.
- Lasse den Teig nicht rasten.

3. Teig mithilfe eines Spätzlesiebes oder Nockerlhobels in kochendes Salzwasser tropfen lassen, umrühren und kurz kochen lassen.

Shit DIE NOCKERL KLEBEN IM WASSER ANEINANDER.

So!

Du brauchst wirklich reichlich Wasser. Wenn du die Nockerl in das kochende Wasser tropfen lässt, rühre hie und da mit dem Kochlöffel um. Vergiss nicht, ein wenig Öl ins Wasser zu geben.

Shit ICH HABE KEINEN NOCKERLHOBEL BZW. KEIN SPÄTZLESIEB. WAS TUN?

So!

Bestreiche ein Schneidbrett mit Öl und schabe den Teig mithilfe einer Teigkarte in Form kleiner länglicher Spätzle in das kochende Wasser.

4 Wenn die Nockerl nach oben steigen, noch 1 Minute kochen lassen, danach aus dem Wasser nehmen und ausgiebig kalt abschrecken.

5 Butter schmelzen, die Nockerl darin erhitzen und mit Salz abschmecken.

Shit DIE NOCKERL KLEBEN BEIM AUSKÜHLEN ANEINANDER.

So!

Wenn du die Nockerl abgeseiht hast, spüle sie mit kaltem Wasser ab und vermische diese anschließend mit etwas flüssiger Butter oder mit Öl.

Für die, DIE ES GENAU WISSEN WOLLEN

Der Nockerlteig darf nicht lange geknetet werden, damit die Vernetzung der Gluten (siehe dazu Nudelteig, S. 285) nicht zu stark voranschreitet. So bleiben die Nockerl flaumig.

Mit dem Vermischen der Zutaten arbeitest du auch Luftbläschen in den Teig, die für eine lockere Konsistenz sorgen.

NUDELTEIG

» Das Mehl will sich in der Rührmaschine einfach nicht mit den Eiern vermischen.
» Der Teig ist nicht homogen und die Pasta bleibt nach dem Kochen nicht in Form.
» Die Teigplatten lassen sich mit der Nudelmaschine nicht gut ausrollen.
» Wenn ich die Teigplatten zu Bandnudeln schneide, verklebt der Teig die Schneiderollen der Maschine.
» Ich habe die Nudeln in kochendes Wasser gegeben und jetzt ist Kleister im Topf.
» Die Nudeln kleben aneinander.
» Die selbst gemachten Nudeln werden bei mir nie al dente.
» An Spaghetti & Co. bleibt wenig oder gar keine Sauce haften.

GEFÜLLTE TEIGTASCHEN

» Der Teig ist brüchig, die Ravioli werden matschig.
» Nach dem Rasten bekommt der Teig eine Haut.
» Die Nudelplatten ziehen sich in der Teigmaschine ziehharmonikaartig zusammen und bekommen eine raue Oberfläche.
» Der Teig klebt an der Arbeitsfläche fest.
» Die Füllung mit einem Löffel auf dem Teig zu verteilen ist mühsam. An den Fingern klebt mehr Füllung als am Teig.
» Fein geschnittenes Gemüse oder Pilze lassen sich nicht als Häufchen anordnen und purzeln unkontrolliert auf der Teigplatte herum.
» Die Ravioli platzen und die Füllung landet im Wasser. Es bleiben nur leere Teighüllen.
» Beim Schneiden verklebt der Teig das Messer.

Pasta

- » Der Teig an der Oberseite wird spröde und rissig, wenn ich die Ravioli länger liegen lasse.
- » Im letzten Moment vor dem Anrichten tritt die Füllung aus der Teigummantelung. Außerdem kühlen die Teigtaschen rasch aus.

SPINAT-RICOTTA-FÜLLUNG

- » Die Ricotta-Spinat-Masse ist zum Füllen zu flüssig.
- » Die Masse ist ziemlich weich und verrinnt beim Dressieren.

TOPFEN-KRÄUTER-FÜLLUNG

- » Die Zwiebel in der Füllung schmeckt süßlich und ein wenig bitter.
- » Die Füllung wird immer weicher, je mehr Zeit vergeht.

PILZFÜLLUNG

- » Die Zwiebel lässt sich gemeinsam mit den Pilzen nicht goldgelb rösten.
- » Die Pilze lassen zu viel Flüssigkeit und können so nicht rösten.
- » Die Masse ist zu weich zum Formen.

GRAMMEL-FÜLLUNG

- » Die Grammeln verbinden sich nicht zu einer formbaren Masse.

FLEISCH-FÜLLUNG

- » Das Faschierte verbindet sich schlecht.

Nudelteig

1

Ob du industriell gefertigte Nudeln aus der Packung verwendest oder ob du dir die Mühe machst, den Nudelteig selbst herzustellen, ist eine Frage des Geschmackes, aber auch der Zeit. Selbst gemachte Nudeln erlauben dir, mit dem Mundgefühl zu spielen. Wenn du jedoch glaubst, dass diese billiger sind als die getrockneten aus dem Supermarkt, irrst du gewaltig.

MEIN NUDELTEIGREZEPT

Zutaten für 4 Hauptspeisenportionen

- 400 g griffiges Mehl oder Hartweizenmehl
- 4 Eier
- Etwas Olivenöl

Oder doch lieber das Rezept aus dem Piemont?

- 500 g griffiges Mehl oder Hartweizenmehl
- 20 Dotter
- Etwas Olivenöl

Zubereitung

1. Mehl als Haufen auf ein Teigbrett schütten, in der Mitte eine Mulde machen, mit Eiern und ein wenig Olivenöl zu einem festen Teig kneten. (Zugegeben: Um mit der Hand den Teig zu kneten, bedarf es schon sehr viel Energie. Den geringsten körperlichen Einsatz hast du mit der Rührmaschine).

Shit **DAS MEHL WILL SICH IN DER RÜHRMASCHINE EINFACH NICHT MIT DEN EIERN VERMISCHEN.**

So!

Die meisten Rührmaschinen mögen es, wenn die flüssigen Komponenten zuerst in den Kessel kommen, also zuerst die Eier, dann das Öl – du wirst sehen, dass es so leichter geht.

2. Teig mit Olivenöl einfetten, in Frischhaltefolie wickeln und 30 Minuten rasten lassen.

Shit **DER TEIG IST NICHT HOMOGEN UND DIE PASTA BLEIBT NACH DEM KOCHEN NICHT IN FORM.**

So!

Das passiert, wenn du dem Teig nicht genügend Zeit zum Rasten gibst.

3 Teig mithilfe der Nudelmaschine zu Teigplatten ausrollen, etwas antrocknen lassen und dann die Nudeln in die gewünschte Form schneiden.

Shit DIE TEIGPLATTEN LASSEN SICH MIT DER NUDELMASCHINE NICHT GUT AUSROLLEN.

So!

Schneide den Nudelteig mit einem Messer zuerst in dünnere Scheiben und tauche diese beidseitig in Mehl. Rolle dann den Teig durch die größtmögliche Stärke der Teigwalze. Nimm dir zum Ausrollen genügend Zeit und reduziere die Dicke des Teigblattes von Mal zu Mal.

Shit WENN ICH DIE TEIGPLATTEN ZU BANDNUDELN SCHNEIDE, VERKLEBT DER TEIG DIE SCHNEIDEROLLEN DER MASCHINE.

So!

Um die Teigplatten mit dem Spaghetti- oder Tagliatelle-Aufsatz der Nudelmaschine zu schneiden, ist Fingerspitzengefühl angesagt.

Lasse die langen Teigplatten ein wenig antrocknen. Aber verpasse nicht den richtigen Moment! Wenn sich die Teigplatten nicht mehr klebrig anfühlen, kannst du sie durch die Schneidewalzen drehen. Ist der Teig noch klebrig, verlegt er die Schneideaufsätze, ist der Teig zu trocken, wird er beim Ausrollen zersplittern.

Ich hänge die Teigplatten dafür auf einen Wäscheständer. Das ist praktisch und sorgt bei Besuchern immer wieder für Heiterkeit.

4 Reichlich Salzwasser mit etwas Olivenöl zum Kochen bringen.

Shit ICH HABE DIE NUDELN IN KOCHENDES WASSER GEGEBEN UND JETZT IST KLEISTER IM TOPF.

So!

In den meisten Nudelrezepten steht geschrieben: pro 100 g Nudeln 1 Liter Wasser.
Nun mögen für 1 kg Nudeln 10 Liter Wasser übertrieben klingen! Gibst du die Nudeln aber in reichlich kochendes Wasser, hast du im Verhältnis weniger Kleister im Wasser. Außerdem kühlt das Wasser nicht so rasch ab. Der Kleister, der sich vom Teig verabschiedet, wird soweit verdünnt, dass die Nudeln nicht zusammenkleben.

Auch wenn du den Teig nicht genug geknetet hast, sind schlabbrige Nudeln in Kleisterwasser das Resultat.

Shit DIE NUDELN KLEBEN ANEINANDER.

So!

Das Zusammenkleben der Teigwaren kannst du verhindern, indem du die Nudeln „schmierst". Gib Olivenöl zum Wasser, hebe die Teigwaren mit einer Fleischgabel 3–4 Mal aus dem Wasser und wieder zurück durch die Ölschicht.

5 Nudeln kochen bis sie al dente sind.

Shit DIE SELBST GEMACHTEN NUDELN WERDEN BEI MIR NIE AL DENTE.

So!

Teigwaren aus selbst gemachtem Teig haben eine wesentlich kürzere Kochzeit. Kochst du deine Nudeln länger als 2 1/2 Minuten, sind die Nudeln zerkocht, also eher „al kukidente".

Es kann aber auch sein, dass du den Teig nicht gut geknetet hast und sich somit kein ausreichendes Glutennetz (siehe S. 288) bilden konnte.

6 Teigwaren abseihen und weiterverarbeiten oder mit etwas flüssiger Butter bzw. Olivenöl vermischen, auf einem Blech flach ausbreiten und auskühlen lassen.

Shit AN SPAGHETTI & CO. BLEIBT WENIG ODER GAR KEINE SAUCE HAFTEN.

So!

Wenn du deine Teigwaren mit kaltem Wasser abfrischst, beendest du zwar den Garprozess, wäschst aber auch die Stärke weg, die deine Nudeln umgibt und die Sauce aufsaugt.

Für die, DIE ES GENAU WISSEN WOLLEN

Damit Teige ihre typisch elastische Konsistenz erhalten, braucht es den sogenannten Kleber im Mehlkorn, der je nach Getreideart in unterschiedlicher Menge enthalten ist. Der Kleber besteht zu 90 % aus Proteinen – du kennst sie vielleicht auch unter der Bezeichnung Gluten.

Mischst du Flüssigkeit unter das Mehl, verkleistert das Ganze schön langsam zu Klebereiweiß (zu Glutenketten), wird also zu Teig.

Nun ist ausdauerndes und kräftiges Kneten angesagt, damit sich ein Glutennetz bilden kann. Dieses Eiweißgerüst sorgt für die Stabilität der Teigwaren. Je höher der Anteil an Klebereiweiß ist, desto einfacher ist die Teigführung. Außerdem werden Luftbläschen eingearbeitet – diese Sache werden wir uns im Teigkapitel (siehe S. 357) noch genauer ansehen.

Die Behauptung, dass Weizen aus wärmeren Gegenden wie Italien oder Frankreich mehr Protein enthält als Weizen aus kühleren Regionen wie Deutschland oder Österreich, ist mit der besonderen Qualität von italienischer Pasta und französischem Baguette hinlänglich bewiesen.

Vollkornmehl gilt mit seinen Ballaststoffen als das gesündere Mehl, was auch richtig ist, aber: Die Schalenanteile im Vollkornmehl zerstören die Struktur der Gluten, die für die Nudelkonsistenz wichtig sind, und erschweren somit die Verarbeitung des Teiges.

Gefüllte Teigtaschen

Ob Ravioli aus Italien, Piroggen aus Polen, Wan Tan aus China oder unsere Kärntner Kasnudeln – Teigtaschen sind etwas Köstliches. Beim Füllen der Teigtaschen sind deiner Fantasie keine Grenzen gesetzt: Ricotta, Topfen, Fleisch, Gemüse – hinein kommt, was dir schmeckt!

2

RAVIOLI

Zutaten für 4 Personen

- 4 Eier
- 3 Esslöffel Wasser
- 3 Esslöffel Olivenöl
- 200 g glattes Mehl
- 200 g griffiges Mehl
- Salz
- 1 Ei zum Bestreichen

Zubereitung

1. Eier, Wasser und Olivenöl in einen Rührkessel geben, Mehl und Salz darüberstreuen.

2. Mit den Knethacken gut durchkneten.

Shit DER TEIG IST BRÜCHIG, DIE RAVIOLI WERDEN MATSCHIG.

So!

Knete den Teig mindestens 10 Minuten in der Maschine, der Teig hat dann eine bessere Bindung.

3. Teig in Frischhaltefolie wickeln und 30 Minuten rasten lassen.

Shit NACH DEM RASTEN BEKOMMT DER TEIG EINE HAUT.

So!

Gib dem Kleber im Mehl eine Chance und lasse den Teig ruhen, damit er sich entspannen kann. Damit sich keine Haut bildet, streiche ihn mit Olivenöl ein oder wickle ihn in Frischhaltefolie ein.

4. Teig auf einer bemehlten Arbeitsfläche mit dem Rollholz (Nudelwalker) auswalken.

Shit **DIE NUDELPLATTEN ZIEHEN SICH IN DER TEIGMASCHINE ZIEHHARMONIKAARTIG ZUSAMMEN UND BEKOMMEN EINE RAUE OBERFLÄCHE.**

So!

Walke den Teig nicht zu rasch von dick auf dünn aus. Schneide dünne Scheiben vom Teig und bringe ihn mit dem Rollholz auf eine Stärke, die deine Nudelmaschine problemlos weiter ausrollen kann. Achte beim Ausrollen darauf, dass du die ganze Breite deiner Nudelmaschine nutzt.

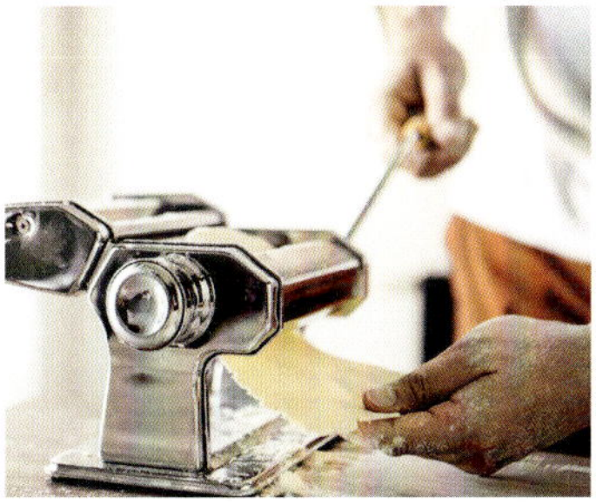

5 Danach den Teig mithilfe der Nudelmaschine in dünne Teigplatten ausrollen.

6 Teigplatten in 2 gleichgroße Teile schneiden. Eine Teigplatte auf der bemehlten Arbeitsfläche ausbreiten und mit versprudeltem Ei bestreichen.

Shit **DER TEIG KLEBT AN DER ARBEITSFLÄCHE FEST.**

So!

Es hilft, den Teig in griffigem Mehl zu wenden und beim Ausrollen Teig und Arbeitsfläche mit griffigem Mehl zu bestauben.

7 Die Füllung (siehe S. 294 ff.) mithilfe eines Dressiersackes in gleichmäßigen Abständen auf die Teigplatte dressieren.

Shit **DIE FÜLLUNG MIT EINEM LÖFFEL AUF DEM TEIG ZU VERTEILEN, IST ECHT MÜHSAM. AN DEN FINGERN KLEBT MEHR FÜLLUNG ALS AM TEIG.**

So!

Die Füllung mit einem kleinen Löffel auf den Teigplatten zu platzieren, mutet an wie Mäuse melken. Außerdem ist es kaum möglich, korrekte und gleichmäßige Portionen zu verteilen. Wenn du nicht zur Selbstquälerei neigst, solltest du die Füllung mit einem Dressiersack auftragen.

Shit **FEIN GESCHNITTENES GEMÜSE ODER PILZE LASSEN SICH NICHT ALS HÄUFCHEN ANORDNEN UND PURZELN UNKONTROLLIERT AUF DER TEIGPLATTE HERUM.**

So!

Verwende, wenn möglich, nur Füllungen, die eine Bindung haben. Diese Bindung kann aus einer Fleischfarce, gekochten Kartoffeln, Topfen etc. bestehen.

8 Die zweite Teigplatte vorsichtig über die Fülle legen und um die Fülle herum gut festdrücken.

Shit **DIE RAVIOLI PLATZEN UND DIE FÜLLUNG LANDET IM WASSER. ES BLEIBEN NUR LEERE TEIGHÜLLEN.**

So!

Das Klebemittel zwischen der oberen und der unteren Teigplatte ist das verquirlte Ei. In manchen Rezepten wird auch Wasser (oft auch mit Mehl vermischt) oder Eiklar dafür verwendet. Das geht natürlich auch. Mit dem versprudelten Ei bin ich jedenfalls immer auf der sicheren Seite.

Achte auch darauf, dass die Füllung gut eingeschlossen ist. Mit der Rückseite eines runden Ausstechers lassen sich die Teigplatten rund um die Fülle gut festdrücken.

9 Mit dem Teigrad Ravioli ausschneiden.

Shit **BEIM SCHNEIDEN VERKLEBT DER TEIG DAS MESSER.**

So!

Nimm besser ein Teigrad oder einen runden Ausstecher und tauche das gute Stück vor dem Schneiden in griffiges Mehl.

Shit **DER TEIG AN DER OBERSEITE WIRD SPRÖDE UND RISSIG, WENN ICH DIE RAVIOLI LÄNGER LIEGEN LASSE.**

So!

Überziehe ein Brett oder ein Blech mit Frischhaltefolie und staube es mit griffigem Mehl. Setze nun die Ravioli auf dieses vorbereitete Kunstwerk und decke sie mit Frischhaltefolie ab. Lagere die Ravioli bis zur weiteren Verarbeitung im Tiefkühler.

10 In Salzwasser 6 Minuten leicht köcheln lassen, danach mit einem Gitterlöffel aus dem Wasser heben, gut abtropfen lassen und sofort auf Tellern verteilen.

11 Mit brauner (Salbei-)Butter (siehe S. 295) oder passender Sauce anrichten.

Shit **IM LETZTEN MOMENT VOR DEM ANRICHTEN TRITT DIE FÜLLUNG AUS DER TEIGUMMANTELUNG. AUSSERDEM KÜHLEN DIE TEIGTASCHEN RASCH AUS.**

So!

Die fertigen Teigtaschen wollen so wenig wie möglich bewegt werden. Hebe die Teigtaschen mit einem Gitterlöffel aus dem Kochwasser und schwenke diese sofort in der passenden Sauce. Du kannst sie aber auch gleich ohne Zwischenlandung auf den Tellern anrichten.

Nicht von mir, sondern von einem Kollegen abgeschaut, ist folgender Trick.

1. Eine Teigplatte auf einen bemehlten Eierbehälter aus deinem Kühlschrank legen.
2. Den Teig leicht in die Vertiefungen drücken.
3. In die so entstandenen Mulden die Fülle geben. In diesem Fall wurde die Fülle mit einem kleinen Eisportionierer vorgeformt.

4. Die Teigplatte mit Ei bestreichen.

5. Mit der zweiten Teigplatte abdecken.

6. Auf ein Brett kippen und mit der verkehrten Seite eines passenden Ausstechers die beiden Teigplatten aneinanderdrücken, damit die Fülle fest umschlossen ist und beim Kochen nicht austritt.
7. Ravioli ausstechen oder mit einem Teigrand ausschneiden.

FÜLLUNGEN FÜR RAVIOLI UND ANDERE TEIGTASCHEN

SPINAT-RICOTTA-FÜLLUNG

Zutaten für 4 Portionen

- 200 g Blattspinat, tiefgekühlt
- 50 g Parmesan oder Grana Padano
- 200 g Ricotta
- 1 Dotter
- Salz, Pfeffer, Muskatnuss
- 50 g Butter

Vorbereitung

1. Spinat auftauen lassen, danach gut ausdrücken und hacken.

Shit DIE RICOTTA-SPINAT-MASSE IST ZUM FÜLLEN ZU FLÜSSIG.

So! Sieh zu, dass der Spinat vollständig aufgetaut ist. Drücke ihn gut aus, damit keine Flüssigkeit im Spinat verbleibt.

2. Parmesan fein reiben.

Zubereitung

1. Butter schmelzen.
2. Alle Zutaten vermischen, die Masse für 30 Minuten in den Kühlschrank stellen.

Shit DIE MASSE IST ZIEMLICH WEICH UND VERRINNT BEIM DRESSIEREN.

So! Wenn der Parmesan sehr fein gerieben ist, festigt er die Fülle. Im Kühlschrank wird die Masse noch fester.

Salbeibutter

Ravioli mit Spinat-Ricotta-Füllung werden oft mit Salbeibutter und gehobeltem Parmesan serviert.

Schmilz für die Salbeibutter 120 g Butter in einer Pfanne und füge etwa 20 sehr grob geschnittene Salbeiblätter hinzu. Lasse das Ganze einmal aufschäumen und würze es dann mit etwas Salz. Ich unterstreiche gerne den nussigen Geschmack der Butter, indem ich einen Esslöffel gehackte Walnüsse in die schäumende Butter gebe.

TOPFEN-KRÄUTER-FÜLLUNG

Zutaten für 4 Portionen

- 1 große mehlige Kartoffel
- 1 kleine Zwiebel
- 1 Esslöffel gehackte Petersilie
- 1/2 Esslöffel gehackte Minze
- 1/2 Esslöffel gehackter Kerbel
- 50 g Butter
- 250 g Topfen, mager
- Salz

Du kannst diese Füllung auch mit Paprikawürfeln, Speck oder gehackten Pilzen variieren.

Vorbereitung

1. Kartoffel in kaltem, gesalzenem Wasser zum Kochen bringen und weich kochen.
2. Wasser ableeren und die Kartoffel bei 150 °C im vorgeheizten Backrohr ein wenig ausdampfen lassen.
3. Kartoffel pressen und gut auskühlen lassen.
4. Zwiebel schälen und klein schneiden.
5. Petersilie, Minze und Kerbel abzupfen und grob hacken.

Zubereitung

1. Butter erhitzen und die Zwiebel darin anlaufen lassen (anschwitzen).

Shit **DIE ZWIEBEL IN DER FÜLLUNG SCHMECKT SÜSSLICH UND EIN WENIG BITTER.**

So!

Zwiebel anschwitzen bedeutet anrösten ohne Farbe nehmen zu lassen.
Sei nicht feig und lasse die Zwiebel rösten, sie verbrennt nicht so schnell. Eine halbrohe Zwiebel kann den Genuss so mancher Speise verderben.

2. Kartoffel, Topfen, Zwiebel, Salz und die Kräuter vermischen.

Shit **DIE FÜLLUNG WIRD IMMER WEICHER, JE MEHR ZEIT VERGEHT.**

So!

Dieses Problem hast du, wenn die Kartoffel noch Wasser enthält und nicht wirklich kalt war.

3. Kugeln formen.

Die Füllung erinnert an Kärntner Kasnudeln, wenn man Bröseltopfen anstelle des mageren Topfens nimmt und die Teigränder grandelt – aber das ist eine andere Geschichte. Grandeln will gelernt sein!

PILZFÜLLUNG

Zutaten für 4 Portionen

- 1 kleine Zwiebel
- 300 g Schwammerl der Saison (Eierschwammerl, Steinpilze, Champignons ...)
- 1 Esslöffel gehackte Petersilie
- 60 g Butter
- 2 Esslöffel Crème fraîche
- Salz
- Weißer Pfeffer aus der Mühle
- Muskatnuss

Tipp
Zu Pilz-Ravioli passt am besten eine Kräuter- oder Schlagoberssauce.

Vorbereitung

1. Zwiebel schälen und schneiden.
2. Pilze gut säubern und grob hacken.
3. Petersilie hacken.

Zubereitung

1. Butter erhitzen, Zwiebel darin goldgelb anrösten.

Shit **DIE ZWIEBEL LÄSST SICH GEMEINSAM MIT DEN PILZEN NICHT GOLDGELB RÖSTEN.**

So!

Alles gleichzeitig geht in diesem Fall gar nicht. Röste zuerst die Zwiebel goldgelb, dann gib die Pilze dazu und erst wenn alles geröstet ist, die Petersilie.

2. Pilze beigeben, anrösten und dann dünsten, bis die ganze Flüssigkeit verdampft ist.

Shit **DIE PILZE LASSEN ZU VIEL FLÜSSIGKEIT UND KÖNNEN SO NICHT RÖSTEN.**

So!

Die Pilze bestehen zum Großteil aus Wasser, das sie jetzt loswerden möchten. Das Fett mit der Zwiebel muss richtig heiß sein. Lasse die ganze Flüssigkeit verdampfen, bevor du den nächsten Arbeitsschritt wagst.

3. Mit Crème fraîche binden, etwas einreduzieren lassen, Petersilie beigeben.
4. Mit Salz, Pfeffer und Muskatnuss abschmecken, Halbkugeln formen und ein wenig anfrieren.

Shit **DIE MASSE IST ZU WEICH ZUM FORMEN.**

So!

Lasse die Masse gut auskühlen. Es kann sein, dass du die Masse nicht genug einreduziert hast. In diesem Fall kannst du sie mit etwas Semmelbröseln festigen. Zum leichteren Füllen der Teigtaschen ist es hilfreich, wenn du die Füllung ein wenig anfrierst.

GRAMMELFÜLLUNG

Zutaten für 4 Portionen

- 1 kleine Zwiebel
- 1 Knoblauchzehe
- 250 g Grammeln
- 1 Esslöffel gehackte Petersilie
- 50 g Schmalz
- Salz
- Schwarzer Pfeffer aus der Mühle

Tipp
Diese Grammelfülle kannst du auch als Füllung für Teigtaschen aus Kartoffelteig (siehe S. 232 f.) oder für Grammelknödel verwenden.

Vorbereitung

1. Zwiebel schälen und fein schneiden, Knoblauch schälen.

2. Grammeln grob hacken.

3. Petersilie hacken.

Zubereitung

1. Schmalz erhitzen, die Zwiebel darin hellgelb rösten.

2. Grammeln beigeben, Knoblauch darüber pressen und kurz weiter rösten.

Shit DIE GRAMMELN VERBINDEN SICH NICHT ZU EINER FORMBAREN MASSE.

so! Lasse die Grammelfülle gut auskühlen, mische evtl. noch ein wenig Schmalz zur besseren Bindung unter die Fülle.

3. Mit Salz und Pfeffer würzen, die Petersilie unterrühren. Auf ein Blech streichen und auskühlen lassen.

4. Kleine Halbkugeln formen. Das geht am besten mithilfe eines Eisportionierers.
Die fertigen Teigtaschen werden mit etwas heißem Schmalz, in dem auch die feingeschnittene Zwiebel und die Grammeln geröstet wurden, sowie gehackter Petersilie angerichtet. Als Beilage eignet sich am besten Wein- oder Sauerkraut.

FLEISCHFÜLLUNG

Tipp
Die fertigen Teigtaschen werden am besten mit Tomatensauce serviert.

Zutaten für 4 Portionen

- 1 kleine Zwiebel
- 1 Knoblauchzehe
- 1 Esslöffel gehackte Petersilie
- 1 Scheibe Toastbrot
- 50 g Butter
- 200 g gemischtes Faschiertes
- 1 Ei
- Salz
- Schwarzer Pfeffer, gemahlen
- Majoran

Vorbereitung

1. Zwiebel schälen und schneiden, Knoblauch schälen.
2. Petersilie hacken.
3. Toastbrot in Wasser einweichen.

Zubereitung

1. Butter erhitzen und die Zwiebel darin goldgelb rösten.
2. Gepressten Knoblauch und Petersilie beigeben und anschwitzen.
3. Zwiebelmischung kurz überkühlen lassen und zum Faschierten geben.
4. Toastbrot ausdrücken, zwischen den Händen etwas zerkleinern und dem Faschierten hinzufügen.
5. Ei und Gewürze zum Faschierten geben, alles kräftig verkneten.

Shit DAS FASCHIERTE VERBINDET SICH SCHLECHT.

So!

Du musst die faschierte Masse gut verkneten. Je länger du knetest, desto besser wird die Bindung. Aber Vorsicht: Langes Kneten zerstört die Konsistenz der Füllung.

6. Kleine Kugeln formen.

BÉCHAMEL

» Die Sauce schmeckt mehlig.
» In der Sauce sind Mehlbröckerl.

EINMACHSAUCE

» Die Zwiebel schmeckt süßlich-roh und leicht bitter.
» Die Sauce schmeckt mehlig und hat Bröckerl.
» Das Fett setzt sich von der Sauce ab.

BRAUNE GRUNDSAUCE/ BRAUNER KALBSFOND

» Sehnen und Flachsen sind in der Fleischabteilung meines Supermarktes nicht zu bekommen.
» Bevor das Tomatenmark braun wird, verbrennt das Gemüse im Topf.
» Der Fond verliert die schöne braune Farbe und wird grau und trüb.
» Ich kann mich doch nicht jedes Mal, wenn ich eine braune Sauce mache, auf diese Prozedur einlassen!

GRÜNE SAUCE

» Das Grünzeug verliert die Farbe.
» Die fertige Sauce bekommt eine unappetitliche Farbe.

FRISCHPAPRIKA-SAUCE

» Die Zwiebel schmeckt leicht süßlich und hat einen bitteren Nachgeschmack. Wenn ich länger röste, verbrennt die Butter.
» Die Sauce schmeckt leicht bitter und könnte etwas feuriger sein.
» Ich möchte keinen Alkohol in der Sauce.
» Das Schlagobers flockt aus.

Saucen

CURRYSAUCE

» Der Curry verbrennt und wird bitter.
» Das Schlagobers flockt aus.

PARADEISER-SAUCE

» Den Geschmack von Omas süßer Tomatensauce bekomme ich nicht hin.
» Mit Entsetzen denke ich an die grauenhaften Mehlbröckerl in der Sauce.

KLASSISCHE ITALIENISCHE TOMATENSAUCE

» Das Olivenöl riecht nach dem Erhitzen stark und unangenehm.
» Die Säure der Tomaten ist sehr aggressiv.
» Die Mischung der Kräuter passt nicht.
» Die Salsa di Pomodoro sollte nicht so glatt sein.

HOLLANDAISE

» Die Dotter stocken beim Aufschlagen und werden nicht schaumig.
» Wenn ich die Butter klären möchte, verbrennt sie recht rasch.
» Die Sauce gerinnt, das Fett trennt sich von den Dottern.
» Die Sauce kippt beim Warmhalten.

HOLLANDAISE AUS DER SCHLAGOBERS-FLASCHE

» Die Sauce verklebt die Düse der Schlagobersflasche.
» Die Sauce kippt beim Warmhalten.

Basissaucen

Saucen haben vor allem eine Aufgabe, nämlich Fleisch-, Getreide- oder Gemüsegerichte vor dem Grauen der Mittelmäßigkeit zu bewahren.

Wer die Basissaucen beherrscht, hat jede Menge Spielraum für raffinierte Saucen aller Art. Denn mit Gewürzen, Kräutern und anderen Zutaten kann man sie beliebig abwandeln.

1

BÉCHAMEL

Weder vegan noch laktosefrei ist die Béchamel, die Mutter aller Saucen. Neutral in Farbe und Geschmack kann sie als Basis sowohl für süße, als auch für würzige Aufläufe dienen. Die Béchamel ist als Grundsauce für Cremespinat, Champignons à la crème sowie zum Überbacken von Lasagne und Aufläufen unverzichtbar.

Zutaten für ca. 500 ml Sauce

- 50 g Butter
- 50 g glattes Mehl
- 500 ml Milch

Zubereitung

1. Butter schmelzen, Mehl einstreuen.

2. Mit einem Kochlöffel umrühren, bis sich Bläschen bilden, die Einmach jedoch noch keine Farbe nimmt. Danach die Einmach von der Herdplatte nehmen.

Shit DIE SAUCE SCHMECKT MEHLIG.

So!

Das Mehl muss im Fett aufschäumen und kurz rösten, damit der Mehlgeschmack verschwindet.

3. In einem anderen Topf die Milch aufkochen.

4. Die Einmach mit kochender Milch aufgießen und mit dem Schneebesen gut einrühren.

Shit **IN DER SAUCE SIND MEHLBRÖCKERL.**

So!

Einmach und Aufgussflüssigkeit dürfen nicht die gleiche Temperatur haben, sonst wirst du immer mit Mehlbröckerln kämpfen. Von Vorteil ist, wenn du die Einmach kurz überkühlen lässt und die Milch aufkochst. Damit schlägst du zwei Fliegen mit einer Klappe:

1. Die Bröckerlgefahr ist gebannt.
2. Mit der kochenden Milch kocht die Sauce schneller auf und brennt somit nicht so leicht an.

5 Bei geringer Hitze unter ständigem Rühren köcheln lassen.

Shit **DIE SAUCE SCHMECKT IMMER NOCH MEHLIG.**

So!

Lasse die Sauce auf kleiner Flamme noch etwa 5 Minuten köcheln.

EINMACHSAUCE

Die Einmach ist die Basis für alle hellen Saucen. Es gelten die gleichen Grundsätze wie bei der Béchamel. Im Unterschied zur Béchamel wird jedoch statt Milch ein Sud oder eine Suppe als Aufguss verwendet und etwas weniger Einmach, Zwiebel und Butter zur Vollendung beigefügt.

Zutaten für 1,4 Liter

- 80 g Butter
- 50 g Zwiebel, geschält und fein geschnitten
- 80 g glattes Mehl
- 200 ml Schlagobers
- 1 l Fond, z. B. Rindsuppe (siehe S. 69 ff.), Gemüsefond (siehe S. 212), Hühnersuppe (siehe S. 73) oder Fischfond
- 50 g Butter

Zubereitung

1 Butter schmelzen, Zwiebel darin anschwitzen.

Shit DIE ZWIEBEL SCHMECKT SÜSSLICH-ROH UND LEICHT BITTER.

So!

Sehr oft beobachte ich bei jungen Köchinnen und Köchen, dass die Zwiebel fast roh verarbeitet wird. Röste die Zwiebel unbedingt so lange, bis sie glasig ist!

2 Mehl einstreuen, einmal aufschäumen lassen, danach kurz überkühlen lassen.

Shit DIE SAUCE SCHMECKT MEHLIG UND HAT BRÖCKERL.

So!

Wie bei der Béchamel wirst du den Rohmehlgeschmack nur los, wenn du das Mehl röstest, bis es Blasen wirft. Es kommt zu keinen BröckerIn in der Sauce, wenn du die Einmach kurz überkühlen lässt und mit der kochenden Flüssigkeit aufgießt.

3 Mit kochender Flüssigkeit aufgießen, kurz verkochen lassen, dann das Schlagobers beigeben.

4 Zügig eiskalte Butterflocken einrühren.

Shit DAS FETT SETZT SICH VON DER SAUCE AB.

So!

Die Butterflocken müssen kräftig eingerührt werden, damit sich kleinste Fetttröpfchen bilden. Ich rühre die Butter mit dem Stabmixer unter die Sauce. Die Sauce darf nach dem Vollenden mit der kalten Butter nicht mehr aufkochen.

Für die, DIE ES GENAU WISSEN WOLLEN

Wenn du eine Einmach zubereitest, muss das Mehl im Fett ein wenig rösten. Stärke besteht aus langen Fadenmolekülen und schmeckt nach Mehl. Durch das kurze Rösten des Mehls teilen sich die Stärkemoleküle in Glukose und die Einmach schmeckt nicht mehr mehlig.

Braune Grundsauce

2

Die Basis einer braunen Grundsauce ist immer ein brauner Fond, der entweder mit einer Einbrenn (das ist die älteste Methode), mit püriertem Gemüse (das ist die schmackhafteste Methode) oder mit in Wasser abgerührtem Stärkemehl (das ist die am häufigsten angewandte Methode) gebunden wird. Aber auch mit Schlagobers, Sauerrahm und Mehl (Rahmsaucen) kann gearbeitet werden.

BRAUNER KALBSFOND

Die Basis für die klassische braune Grundsauce ist der braune Kalbsfond. Du kannst ihn aber ohne weiteres auch mit Rindsknochen zubereiten. Für einen Wildfond verwendest du stattdessen Wildknochen und würzt das Ganze mit Preiselbeeren, Wacholder und Orangenschalen.

Meine Technik der Zubereitung weicht ein wenig von der Schulmethode ab. Du kannst mir jedoch glauben, dass diese die einfachere und sicherere Methode ist.

Zutaten für 2 l Fond oder ca. 0,5 l, reduziert zum Einfrieren

- 1 Zwiebel
- 1 Bund Suppengrün (200–250 g)
- 1 kg Kalbsknochen, Fleischanschnitte, Sehnen und Flachsen
- Öl zum Anrösten
- 1 Esslöffel Tomatenmark
- 50 ml Rotwein
- 2 Lorbeerblätter
- Schwarze Pfefferkörner
- Ca. 4 l Wasser

Vorbereitung

1. Die Zwiebel mit der Schale halbieren und auf der Herdplatte an den Schnittflächen dunkel anrösten.
2. Das Wurzelgemüse in grobe Würfel schneiden.

Zubereitung

1. Die Knochen und Sehnen in eine Pfanne geben, mit etwas Öl beträufeln und im Rohr bei 200 °C dunkelbraun rösten.

Shit

SEHNEN UND FLACHSEN SIND IN DER FLEISCHABTEILUNG MEINES SUPERMARKTES NICHT ZU BEKOMMEN.

So!

Die sind auch nicht zwingend notwendig. Du kannst auch ohne weiteres Fleischknochen verwenden.

2. In einem weiteren Topf das Wurzelgemüse mit dem restlichen Öl anrösten, sodass es gut Farbe nimmt.

3. Tomatenmark zum Wurzelgemüse geben, anschließend rösten, bis sich das Öl von Rot auf Braun verfärbt.

4. Mit Rotwein ablöschen, die gerösteten Knochen, die Zwiebel und das Grünzeug hinzufügen, alles mit Wasser bedecken und etwa 4 Stunden bei geringer Hitze auskochen lassen. Sollte sich viel Schaum auf der Oberfläche bilden, diesen vorsichtig abschöpfen.

Alternative:

Knochen und Suppengrün kannst du auch gemeinsam (geschirrsparend) im Rohr dunkel anrösten. Auf Nummer sicher gehst du aber, wenn du Knochen und Gemüse extra anröstest.

Shit BEVOR DAS TOMATENMARK BRAUN WIRD, VERBRENNT DAS GEMÜSE IM TOPF.

So!

Das musst du verhindern und zwar so: Sobald sich der Boden des Topfes dunkel zu verfärben beginnt, lösche das Ganze mit einen Schuss Rotwein ab. Nun lässt du den Rotwein komplett verdampfen und wartest, bis sich wieder Röstaromen am Boden anlegen. Wenn sich diese Röstungen wieder schön braun verfärbt haben, kannst du noch einmal mit Rotwein ablöschen. Dieses Spiel kannst du 2–3 Mal wiederholen, bis sich das Fett wirklich von Rot auf Braun verfärbt hat.

Shit DER FOND VERLIERT DIE SCHÖNE BRAUNE FARBE UND WIRD GRAU UND TRÜB.

So!

Wenn sich viel Schaum an der Oberfläche absetzt, schöpfe diesen vorsichtig ab. Rühre auf keinen Fall um. So rührst du die Trübstoffe, die den Schaum gebildet haben, wieder ein und die schöne, glänzende Farbe ist dahin.

Der Fond sollte langsam köcheln und keinesfalls zugedeckt werden, denn auch diese Untat macht daraus eine trübe Sache.

5 30 Minuten vor Fertigstellung Pfefferkörner und Lorbeerblätter dazugeben.

6 Den braunen Fond abseihen und auf die Hälfte einreduzieren lassen.

◀ *Braunen Fond einreduzieren*

Shit ICH KANN MICH DOCH NICHT JEDES MAL, WENN ICH EINE BRAUNE SAUCE MACHE, AUF DIESE PROZEDUR EINLASSEN!

So!

Das mache ich auch nicht! Koche den Fond, wenn du Zeit hast, einfach auf Vorrat. Reduziere ihn stark ein (z. B. 2 l Fond auf 0,5 l) und friere ihn dann in kleinen Behältnissen ein. Am besten eignen sich dafür leere Joghurtbecher oder Eiswürfelformen (für größere Eiswürfel).

Wenn du eine Sauce zubereiten möchtest, ergänze den reduzierten Fond wieder mit Wasser. Mit einem guten Fond bist du bei Saucen immer auf der Siegerstraße.

7 Die Verarbeitung der Sauce folgt nach dem Braten in der Pfanne (siehe S. 109 ff.), im Rohr (siehe S. 126 f.) oder nach dem Schmoren (siehe S. 150). Die möglichen Shits findest du auf diesen Seiten.

Weitere Saucen

3

Mit einer Sauce kannst du den Eigengeschmack des Hauptbestandteiles einer Speise unterstreichen. Du kannst aber auch gegen den Strom schwimmen. Wie der Kontrapunkt in der Musik akustische Reize setzt, kann auch die Sauce am Gaumen „spielen“, indem du sie mit einem reizvollen Gegenpol und abenteuerlicher Raffinesse auf den Teller bringst.

GRÜNE SAUCEN (KRÄUTER-, SPINAT- ODER BÄRLAUCHSAUCE)

Zutaten für etwa 1,2 l

- 1 l Einmach, die ohne Butter vollendet wurde
- 200 g Blattspinat oder Bärlauch oder Kräutermischung
- Salz
- 200 g Butter

Zubereitung

1. Wasser mit Salz zum Kochen bringen und das Grünzeug 1 Minute kochen.

Shit DAS GRÜNZEUG VERLIERT DIE FARBE.

So!

Gib reichlich Salz in das Wasser. Frische das Grünzeug so gut mit kaltem Wasser ab, dass es durch und durch gut gekühlt ist.

2. Grünzeug gut abfrischen, dann grob hacken.
3. Butter schmelzen und mit dem Grünzeug pürieren (im Thermomix oder mit dem Kleinschneider).
4. Die grüne Buttermischung mit dem Stabmixer in die Einmach einrühren.

Shit DIE FERTIGE SAUCE BEKOMMT EINE UNAPPETITLICHE FARBE.

So!

Die blitzgrüne Farbe hält nur kurze Zeit. Gib die grüne Butter erst kurz vor dem Anrichten zur Einmach.

FRISCHPAPRIKASAUCE

Zutaten für 1 l Sauce

- 200 g Zwiebel
- 2 rote Paprika
- 100 g Butter
- 1 Esslöffel Paprikapulver
- 50 ml Weißwein
- 600 ml Gemüsefond (oder Rindsuppe)
- 200 ml Schlagobers
- 1 Kaffeelöffel glattes Mehl
- Salz
- Pfeffer aus der Mühle

Vorbereitung

1. Zwiebel schälen und fein schneiden.
2. Paprika halbieren, Kerngehäuse entfernen, weiße Trennwände ausschneiden und in grobe Streifen schneiden.

Zubereitung

1. Butter in einer Kasserolle erhitzen, Zwiebel darin hellgelb anrösten.

Shit **DIE ZWIEBEL SCHMECKT LEICHT SÜSSLICH UND HAT EINEN BITTEREN NACHGESCHMACK. WENN ICH LÄNGER RÖSTE, VERBRENNT DIE BUTTER.**

So!

Du musst die Zwiebel unbedingt goldgelb rösten, weil du sonst nicht das typische Aroma der Paprikasauce bekommst. Röste die Zwiebel bei sanfter Temperatur. Willst du auf Nummer sicher gehen, kannst du anstelle der Butter auch Butterschmalz oder Öl zum Rösten verwenden.

2. Paprikastreifen beigeben und mitrösten.
3. Kasserolle von der Hitze nehmen, Paprikapulver einstreuen und einmal umrühren.

Shit **DIE PAPRIKASAUCE SCHMECKT LEICHT BITTER UND KÖNNTE ETWAS FEURIGER SEIN.**

So!

Paprikapulver verbrennt sehr schnell. Deshalb musst du die Kasserolle von der Hitze nehmen, bevor du das Paprikapulver beifügst. Ich verwende gerne eine Paprikamischung – eine Hälfte edelsüß, eine Hälfte scharf.

4 Mit Weißwein ablöschen, mit Gemüsefond (oder Rindsuppe) aufgießen und 15 Minuten verkochen lassen.

Shit ICH MÖCHTE KEINEN ALKOHOL IN DER SAUCE.

So!

Damit die Paprika nicht die schöne Farbe verlieren, braucht es an dieser Stelle etwas Säure. Du kannst anstelle von Wein auch mit Wasser verdünnten Essig oder Zitronensaft zum Ablöschen verwenden.

5 Schlagobers mit dem Mehl verrühren, in den Saft einrühren, mit Salz und Pfeffer abschmecken und noch einmal 10 Minuten einreduzieren lassen.

6 Mit einem Stabmixer fein pürieren und durch ein Sieb seihen.

Shit DAS SCHLAGOBERS FLOCKT AUS.

So!

Die Sauce muss gut verkochen, bevor du das Schlagobers, auch wenn es mit Mehl abgerührt ist, zur Sauce gibst.

Du kannst anstelle des Schlagobers auch QimiQ Saucenbasis verwenden. Natürlich darfst du dann kein Mehl einrühren. Die Sauce kann dann aber auf keinen Fall ausflocken und ist auch kalorienärmer.

CURRYSAUCE

Die Shits sind jenen der Frischpaprikasauce (siehe S. 312 f.) zum Verwechseln ähnlich.

Zutaten für 1 l Sauce

- 1/2 Zwiebel (70 g)
- 1 Apfel
- 1/2 Banane
- 50 g Ananas (frisch oder aus der Dose)
- 50 g Butter
- 20 g glattes Mehl
- 1 Esslöffel Curry-Madras
- 100 ml Weißwein
- 1 Esslöffel Ketchup
- 750 ml Hühnersuppe (oder Gemüsefond)
- 1 Esslöffel Kokosraspel
- 1/8 l Schlagobers
- 1/16 l Crème fraîche

Vorbereitung

1. Zwiebel schälen und fein schneiden.
2. Apfel, Banane und Ananas schälen und in kleine Würfel schneiden.

Zubereitung

1. Butter in einer Kasserolle erhitzen, Zwiebel darin hell anrösten.
2. Obstwürfel beigeben und andünsten, bis keine Flüssigkeit mehr vorhanden ist und alles wieder röstet, mit Mehl stauben und kurz weiter rösten.

Shit **WENN ICH MIT MEHL STAUBE, VERKLEISTERT ES.**

So!

Die gesamte Flüssigkeit der Früchte muss unbedingt verdampft sein, bevor du mit Mehl staubst. Wenn das Mehl geröstet wird, bekommst du den Rohmehlgeschmack der Sauce in den Griff.

3. Kasserolle vom Feuer nehmen, Curry-Madras einstreuen und mit Weißwein ablöschen.

Shit **DER CURRY VERBRENNT UND WIRD BITTER.**

So!

Currypulver wird recht rasch bitter, wenn es angeröstet wird. Aus diesem Grund musst du das Kochgeschirr vom Feuer nehmen, bevor du Curry beifügst. Du darfst dem Ansatz erst wieder einheizen, wenn du mit Wein abgelöscht hast.

4. Ketchup einrühren und mit Hühnersuppe aufgießen.
5. Kokosraspel beigeben, 10 Minuten köcheln lassen, dann Schlagobers dazugeben und kurz verkochen lassen.

Shit **DAS SCHLAGOBERS FLOCKT AUS.**

So!

Schlagobers mag keine Weinsäure. Lasse deshalb die Sauce gut verkochen, bevor du es dazugibst. Danach kannst du die Sauce mit dem Schlagobers ohne Probleme einreduzieren lassen.

6. Die Sauce mit dem Stabmixer pürieren und durch ein Sieb passieren.
7. Crème fraîche einrühren und noch einmal aufkochen lassen.

PARADEISERSAUCE

Für so manches typisch österreichische Rezept, wie beispielsweise gefüllte Paprika, benötigt man die süße Paradeisersauce nach Alt-Wiener Art. Diese Speisen können zwar auch mit der klassischen italienischen Tomatensauce zubereitet werden, schmecken dann aber nicht so, wie es sich gehört.

Zutaten für 1 l Sauce

- 1 Zwiebel
- 50 ml Öl
- 70 g glattes Mehl
- 800 ml Wasser (oder Gemüsefond)
- 200 g Tomatenmark
- 100 g Kristallzucker
- Salz
- Cayennepfeffer

Vorbereitung

1. Zwiebel schälen und fein schneiden.

Zubereitung

1. Öl erhitzen, Zwiebel darin anschwitzen.
2. Glattes Mehl einstreuen und hellgelb rösten.
3. Mit Wasser (oder Gemüsefond) aufgießen und verkochen lassen.

Shit **MIT ENTSETZEN DENKE ICH AN DIE GRAUENHAFTEN MEHLBRÖCKERL IN DER SAUCE.**

So!

Mehlbröckerl entstehen, wenn du das Tomatenmark in der Einmach kurz mitgeröstet hast. Gib das Tomatenmark erst nach dem Aufgießen zur Sauce.

4 Tomatenmark einrühren und mit Salz, Cayennepfeffer und Kristallzucker süßlich-pikant abschmecken.

Shit **DEN GESCHMACK VON OMAS SÜSSER TOMATENSAUCE BEKOMME ICH NICHT HIN.**

So!

Zwei Komponenten bestimmen den Geschmack der Paradeisersauce. Das sind erstens der leichte Röstmehlgeschmack und zweitens die kräftige Süße, welche die hantige Säure des Tomatenmarks abrundet. Die Sauce wird noch besser, wenn du anstelle des Tomatenmarks eine Dose geschälte Tomaten (500 g) verwendest. Beachte dabei aber, dass du dann weniger Gemüsefond brauchst, also die Menge der Tomaten abziehst.

KLASSISCHE ITALIENISCHE TOMATENSAUCE (SALSA DI POMODORO)

Nun komme ich aber doch noch zur klassischen italienischen Tomatensauce, die sich auf Pasta und Pizza tummelt.

Zutaten für 1 l Sauce

- 200 g Zwiebel
- 3 Knoblauchzehen
- Oregano
- Rosmarin
- Thymian
- 50 ml Olivenöl
- 20 g Kristallzucker
- 1 Dose geschälte Tomaten (500 g)
- 400 ml Gemüsefond
- Salz
- Cayennepfeffer

Vorbereitung

1. Zwiebel schälen und fein schneiden.
2. Knoblauch schälen.
3. Kräuter abzupfen und fein hacken (sofern du nicht getrocknete Kräuter verwendest).

Zubereitung

1. Olivenöl erhitzen, Zwiebel darin anschwitzen.

Shit DAS OLIVENÖL RIECHT NACH DEM ERHITZEN STARK UND UNANGENEHM.

So!

Verwende kein kalt gepresstes Olivenöl. Selbst das normale Olivenöl verträgt keine allzu große Hitze. Hier sind moderate Temperaturen angesagt.

2. Zucker beigeben und leicht karamellisieren lassen.
3. Die geschälten Tomaten samt Saft hinzufügen.

Shit DIE SÄURE DER TOMATEN IST SEHR AGGRESSIV.

So!

Selbst wenn es in manchen Rezepten verpönt ist, verwende ich trotzdem etwas Zucker, um die Säure abzurunden. Auch Balsamicoessig rundet die Säurespitze ein wenig ab.

4. Mit dem Gemüsefond aufgießen und gut verkochen lassen.
5. Knoblauch in die Sauce pressen und Kräuter beifügen, noch einmal aufkochen lassen.

Shit DIE MISCHUNG DER KRÄUTER PASST NICHT.

So!

Du kannst die Sauce auch kräftig mit einer fertigen italienischen Kräutermischung würzen.

6 Mit dem Stabmixer pürieren oder – noch besser – durch die Flotte Lotte drehen.

Shit DIE SALSA DI POMODORO SOLLTE NICHT SO GLATT SEIN.

So!

Die typische, leicht grießartige Struktur der Sauce bekommst du nur hin, wenn du die Sauce durch den großen Einsatz der Flotten Lotte passierst.

7 Mit Salz und Cayennepfeffer abschmecken.

HOLLANDAISE

Für die Zubereitung dieser aufgeschlagenen Buttersauce brauchst du für die Würzung zwei bis drei Esslöffel eines geschmackstragenden Suds. Ist die Hollandaise für Spargel gedacht, reduziert man den Spargelfond ein, soll sie zu Fisch gereicht werden, kannst du auch einen stark einreduzierten Fischfond verwenden. Klassisch ist die Gewürzreduktion, die zu jedem Gericht passt.

Gewürzreduktion

- 1/2 geschälte Zwiebel oder 2–3 Schalotten, grob zerkleinert
- 1 Lorbeerblatt
- 5-6 zerstoßene Pfefferkörner
- 500 ml Weißwein
- 2 Esslöffel Zitronensaft
- Petersilienstängel
- 100 ml Wasser

1 Zutaten so lange einreduzieren lassen, bis nur noch 2–3 Esslöffel Flüssigkeit übrig sind.
2 Die festen Bestandteile gut ausdrücken, damit kein Aroma vergeudet wird.
3 Flüssigkeit abseihen.

Zutaten für 4–6 Portionen

- 2 Dotter
- 1 Spritzer Zitronensaft
- 2–3 Esslöffel Gewürzreduktion
- Senf
- Worcestershiresauce
- 1 Kaffeelöffel Staubzucker
- Salz, Cayennepfeffer
- 100 g Butter

Zubereitung

1. Dotter mit der Gewürzreduktion und den Gewürzen in einer Schüssel über Dampf mit dem Schneebesen schaumig schlagen.

Shit DIE DOTTER STOCKEN BEIM AUFSCHLAGEN UND WERDEN NICHT SCHAUMIG.

So!

Das Wasser unter der Schüssel sollte nicht kochen, damit diese nicht zu heiß wird und die Dotter nicht stocken. Schlage die Dotter kräftig und sieh zu, dass du jeden Winkel der Schüssel mit dem Schneebesen erreichst. Dafür braucht es Muskelschmalz, mit dem Handmixer funktioniert das überhaupt nicht.

2. In der Zwischenzeit die Butter erhitzen und etwas köcheln lassen, bis die Molke verdampft ist.

Shit WENN ICH DIE BUTTER KLÄREN MÖCHTE, VERBRENNT SIE RECHT RASCH.

So!

Um die Butter in die Dotter einzuarbeiten, gibt es mehrere Varianten. Ich bevorzuge das Einrühren der heißen Butter in den Dotterschaum. Dafür muss die Butter nicht unbedingt komplett geklärt sein.

3. Die Schüssel mit den aufgeschlagenen Dottern vom Dampf nehmen und langsam die heiße Butter einrühren. Dann die Sauce mit wenig kaltem Wasser stabilisieren.

Shit DIE SAUCE GERINNT, DAS FETT TRENNT SICH VON DEN DOTTERN.

So!

Rühre zu Beginn die Butter nur langsam in einem dünnen Strahl oder noch besser tropfenweise unter den Dotterschaum. Beim ersten Anzeichen, dass die Sauce zu gerinnen beginnt, gib keine Butter mehr hinzu. Wenn die Sauce die Konsistenz von Mayonnaise hat, ist sie fertig.

4 1 Esslöffel kaltes Wasser in die Sauce rühren und diese bei ca. 60 °C warm halten, auf die Oberfläche weiche Butterflocken geben.

Shit **DIE SAUCE KIPPT BEIM WARMHALTEN.**

So!

Vergiss nicht, 1 Löffel kaltes Wasser in die Sauce zu rühren. Beachte, dass beim Warmhalten der Sauce eine Temperatur von 60 °C nicht überschritten werden darf. Decke die Sauce mit ein paar weichen Butterflocken ab, die du vor dem Anrichten am besten mit einem Schneebesen kräftig unter die Sauce rührst.

5 Vor dem Anrichten die Sauce noch einmal kräftig durchrühren.

HOLLANDAISE AUS DER SCHLAGOBERSFLASCHE

Eine luftigere und vor allem sichere Variante der Hollandaise kommt aus der Flasche. Die Vorteile dabei sind:

- Die Sauce wird kaum gerinnen.
- Du kannst anstelle von Butter mit aromatisiertem Öl geschmackliche Akzente setzen. Verwende dafür z. B. Walnussöl, Zitronen- oder Mohnöl.

Zubereitung

1 Rühre die Dotter mit der Gewürzreduktion und den Gewürzen über Dampf leicht schaumig, bis diese sich zu binden beginnen.

2 Rühre mit dem Handmixer langsam das Öl (oder die geklärte Butter) ein. Fülle das Ganze durch ein Sieb in die Schlagobersflasche.

Shit **DIE SAUCE VERKLEBT DIE DÜSE DER SCHLAGOBERSFLASCHE.**

So!

Alles, was in die Flasche kommt, muss vorher unbedingt durch ein Sieb. Ein kleines Bröckerl in der Flasche und du ärgerst dich grün und blau.

3. Begase die Sauce mit einer Sahnekapsel. Drehe dazu die Flasche mit dem Kopf nach unten, damit das Gas in der Flasche gut aufsteigen kann, und schüttle sie dann kräftig.

4. Halte die Sauce bei 60 °C warm. Dafür kannst du die Flasche in ein Wasserbad oder in das Backrohr stellen.

Shit DIE SAUCE KIPPT BEIM WARMHALTEN.

So!

Die Temperatur von 60 °C darf auf keinen Fall überschritten werden. Kontrolliere die Temperatur im Wasserbad laufend mithilfe eines Bratenthermometers. Auch die Temperatur des Backrohres solltest du mit dem Bratenthermometer überprüfen, da die Temperaturen bei den unterschiedlichen Ofenmodellen oft abweichen.

Für die, DIE ES GENAU WISSEN WOLLEN

Die Hollandaise ist eine Emulsion, also eine Verbindung von Fetttröpfchen mit Flüssigkeit. Die einzige Flüssigkeit in dieser Sauce kommt von den Eidottern, der Gewürzreduktion und evtl. der Molke der absichtlich schlampig geklärten Butter. Das Fett hat genug Arbeit, um selbst mit der wenigen Flüssigkeit zurechtzukommen.
Wird die Sauce warm gehalten, verdampft die wenige Flüssigkeit, die in der Sauce enthalten ist. Um die Ei-Butter-Verbindung stabil zu halten, muss deshalb etwas Flüssigkeit beigegeben werden. Wenn du beim Warmhalten die Oberfläche mit flüssiger Butter quasi versiegelst, können sich die Wasserteilchen nicht verdrücken. Du verhinderst damit, dass Wasser verdampft.
Noch unangenehmer ist es, wenn die Sauce ausflockt, weil die Temperatur von 60 °C überschritten wurde. Die Dotter trennen sich vom Fett und beginnen zu stocken. Hier hilft nur eine Rosskur: Die Sauce muss ein wenig abkühlen. Das erreichst du, indem du einen Esslöffel kaltes Wasser einrührst und dann mit dem Mixer arbeitest. Die Dotter bleiben zwar geronnen, im Mixer werden sie aber in kleinste Teilchen getrennt und die Sauce erscheint wieder glatt.

VERWENDE, WENN MÖGLICH, FRISCHE EIER!

Lezithin ist der Emulgator in den Dottern, der als Netzmittel für die Liaison mit der Butter sorgt. Wenn die Eier altern, wird das Lezithin abgebaut und in Cholesterin umgewandelt. Cholesterin ist aber bei weitem nicht so vernetzungsfreudig wie Lezithin.

SÄURE IST EIN MUSS

Die Säure, wie z. B. in Wein, Essig oder Zitronensaft, dient sozusagen als Kuppler und hilft, die Verbindung von Fett und Flüssigkeit zu erhalten, wenn die Sauce warm gehalten wird. An der Oberfläche der Fetttröpfchen können sich mithilfe der Säure Proteine anhängen, die als Emulgatoren arbeiten, wenn die Eiweiße geronnen sind. Auf diese Weise halten sie die Netzwerkeigenschaften der erwärmten Sauce aufrecht.

BISKUITMASSE

- Der Schnee wird nichts.
- Der Schnee fällt beim Unterheben zusammen.
- Die Masse verliert an Konsistenz.
- Der Biskuitfleck wird brüchig.
- Das Biskuit ist zu trocken.
- Das Biskuit für die Roulade bricht beim Einrollen.

LEICHTE SANDMASSE

- Die Masse ist sehr flüssig.
- Das Mehl lässt sich nur schwer einarbeiten.
- Die Torte hat nach dem Backen in der Mitte einen richtigen Buckel.
- Die Torte ist trocken oder nicht flaumig genug.
- Die Torte könnte saftiger sein.

SACHERMASSE

- Die Kochschokolade wird beim Schmelzen bröckelig und nicht weich.
- Die Schokolademasse bekommt keine cremige Konsistenz.
- Die Torte ist innen nicht durch.

SCHWERE SANDMASSE

- Die Butter flockt aus, der Abtrieb wird nicht glatt.
- Der Butterabtrieb lässt sich nur schwer unter den Schnee heben.
- Die Rosinen wandern beim Backen immer Richtung Boden.

SCHOKOLADE-MASSE OHNE EI-DOTTER

- Die Schokolade bleibt beim Schmelzen hart und wird bitter.
- Ich habe Schneeinseln in der Masse.

PALATSCHINKEN-TEIG

- Die erste Palatschinke ist ein Problem.
- Die Palatschinken werden sehr fettig.
- Die Palatschinken kleben an der Pfanne fest und zerreißen beim Wenden.
- Peters Kaiserschmarren schmeckt besser als meiner.
- Der Kaiserschmarren verbrennt leicht, wird aber nicht durch.
- Der Schmarren ist flaumig, die Konsistenz aber langweilig.

Massen UND TEIGE

BACKTEIG

- » Der Backteig hält nicht am Backgut.
- » Der Teig haftet nicht mehr am Obst.
- » Der Backteig nimmt zu viel Fett auf.
- » Es klebt mehr Backteig an meinen Fingern als an den Äpfeln.
- » Der Backteig ist schon goldgelb, aber die Schlosserbuben sind nicht durch.
- » Der vegane Backteig ohne Eier haftet nicht gut am Backgut.
- » Die Schokoladeraspel bei den Schlosserbuben schmelzen nach dem zweiten Wälzdurchgang.

STRUDELTEIG

- » Der Strudelteig bleibt beim Ausrollen am Tuch kleben.
- » Der Strudelteig lässt sich schwer ausziehen.
- » Beim Ausziehen bekommt der Strudelteig immer Löcher.
- » Die Äpfel im Apfelstrudel schmecken nicht pikant.
- » Die Brösel im Apfelstrudel schmecken pampig.
- » Der Strudelteig ist nicht blättrig.
- » Der Strudel ist nicht knusprig.

GERMTEIG

- » Das Dampfl geht nicht auf.
- » Das Gebäck schmeckt fad.
- » Der Teig ist nicht geschmeidig, das Gebäck zu wenig flaumig.
- » Die Buchteln weichen an der Unterseite auf.

MÜRBTEIG

- » Der Mürbteig wird bröselig und lässt sich nicht verarbeiten.
- » Der Mürbteig aus dem Kühlschrank ist so hart, dass ich ihn nur mühsam ausrollen kann.
- » Der Mürbteig lässt sich nach dem Ausrollen nicht unfallfrei in die Backform legen.
- » Der Mürbteigboden ist nach dem Backen speckig.
- » Die Äpfel bei den Apfelschnitten weichen beim Backen den Mürbteigboden auf.

BRANDTEIG

- » Im Brandteig sind Mehlbröckerl.
- » Der Teig verklebt den Schneebesen.
- » Der Teig zerrinnt beim Dressieren.
- » Der Teig geht beim Backen nicht auf.
- » Der Teig fällt beim Backen zusammen.

Massen

Zu den Massen zählt alles, bei dem Eier die Hauptrolle spielen. Massen werden vorwiegend mit geschlagenem Eiklar oder mit schaumig geschlagenen Eiern zubereitet, wie z. B. die Biskuitmasse, die Sandmasse, die Sachermasse und die Windmasse.

Bei den Teigen ist in der Regel das Mehl die hervorstechende Zutat. In die Kategorie Teige fallen z. B. der Mürbteig, der Brandteig, der Kartoffelteig und der Palatschinkenteig. Aus reiner Gewohnheit möchte ich bei dieser Unterscheidung bleiben, auch wenn im herkömmlichen Sprachgebrauch die Biskuitmasse als Biskuitteig gehandelt wird.

1

BISKUITMASSE FÜR SCHNITTEN UND ROULADEN

Zutaten für eine Biskuitroulade (Biskuitfleck 40 x 30 cm)

- 6 Dotter
- 20 g Kristallzucker für die Dotter
- 1 Päckchen Vanillezucker
- Zitronenaroma oder geriebene Zitronenschale
- 4 Eiklar
- 1 Prise Salz
- 80 g Kristallzucker für den Schnee
- 120 g glattes Mehl

- Griffiges Mehl oder Semmelbrösel zum Stürzen
- Marillenmarmelade zum Bestreichen
- Staubzucker zum Bestreuen

Vorbereitung

1. Backblech vorbereiten, Backpapier zurechtschneiden.
2. Mehl sieben.
3. Backrohr auf 200 °C Ober-/Unterhitze vorheizen.
4. Geschirrtuch mit Mehl oder Bröseln bestreuen.
5. Marmelade glatt rühren, es darf auch ein wenig Rum drin sein, sofern keine Kinder unter den Essern sind.

Zubereitung

1. Eiklar mit einer Prise Salz zu Schnee schlagen. Während des Schlagens nach und nach den Kristallzucker einarbeiten.

Wenn das Eiklar Festigkeit annimmt, ein Drittel vom Zucker beigeben und weiter schlagen, bis der Zucker aufgelöst ist, dann den nächsten Teil einrühren. Achtung: Schlage den Schnee nicht zu lange!

Shit **DER SCHNEE WIRD NICHTS.**

So!

Im Kapitel „Basics von A bis Z" kannst du nachlesen, wie das Schnee schlagen nicht zum Horror wird (siehe S. 26 f.).

2 Dotter mit restlichem Kristallzucker, Vanillezucker und Zitronenaroma bzw. Zitronenschale schaumig schlagen.

3 Dottermasse abwechselnd mit dem Mehl vorsichtig unter den Schnee heben.

Shit DER SCHNEE FÄLLT BEIM UNTERHEBEN ZUSAMMEN.

So!

Bewege den Schnee so wenig wie möglich. Wenn du die Dottermasse ordentlich unter den Schnee gerührt hast, ist das zwar recht brav, aber leider falsch. Hebe die Dottermasse nur schlampig unter den Schnee. Arbeitest du dann das gesiebte Mehl ein, wird beides gleichzeitig und gleichmäßig unter den Eischnee gehoben, ohne dass der Schnee zusammenfällt.

4 Masse gleichmäßig auf das mit Backpapier ausgelegte Blech streichen.

Shit DIE MASSE VERLIERT AN KONSISTENZ.

So!

Die Info „Bewege den Eischnee so wenig wie möglich" war ernst gemeint! Willst du die Biskuitmasse mit wenigen Streicheinheiten verteilen, leere die Masse vorerst in die Mitte des vorbereiteten Backpapiers. Streiche die Masse nun mit einer Palette in die vier Ecken und verbinde die Ecken mit wenigen Palettenstrichen.

5 10–12 Minuten bei 200 °C backen.

Während das Biskuit gebacken wird, Backpapier mit Brösel oder Mehl bestreuen.

Shit DER BISKUITFLECK WIRD BRÜCHIG.

So!

Entweder bist du mit dem Backblech und dem Teig vor dem kalten Rohr gestanden oder du hast den richtigen Zeitpunkt zum Herausnehmen übersehen.

Das Biskuit ist fertig, wenn du auf die Masse greifst und kein Fingerabdruck zurückbleibt. Die Masse wandert nach dem leichten Druck wieder in die Ausgangsposition zurück – etwa so, wie wenn du auf Schaumgummi drücken würdest.

6 Biskuitfleck sofort auf das vorbereitete Papier stürzen, Backpapier abziehen und wieder auf den Biskuitfleck legen.

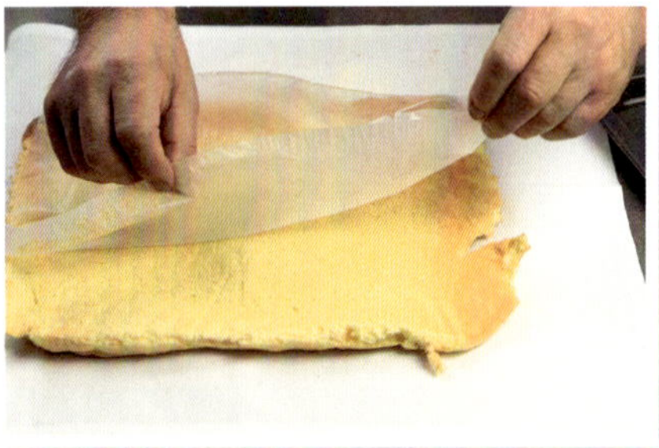

Shit DAS BISKUIT IST ZU TROCKEN.

So!

Verwende keine Umluft. Diese trocknet das Biskuit aus – stelle dir nur einmal den Wüstenwind in der Sahara vor.

7 Biskuitfleck sofort mit Marmelade bestreichen und noch heiß einrollen.

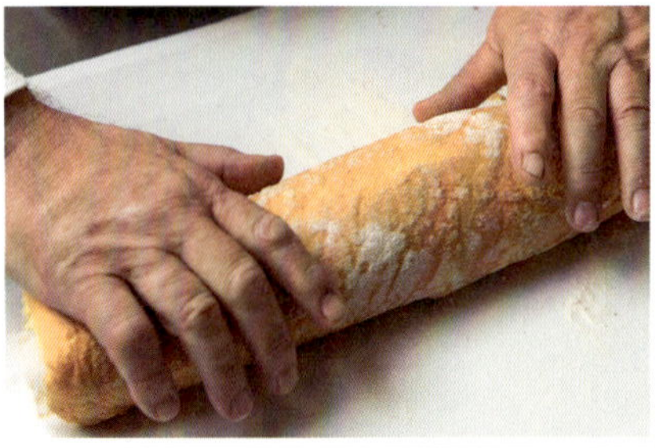

Shit DAS BISKUIT FÜR DIE ROULADE BRICHT BEIM EINROLLEN.

So!

Du hast entweder das Biskuit zu lange im Rohr gelassen, den Schnee niedergerührt oder zu lange mit dem Einrollen gewartet.

Zu lange gewartet?
Damit dir der Biskuitfleck nicht die lange Nase zeigt, muss er sofort, wenn er aus dem Rohr kommt, eingerollt werden. Wenn du ihn auskühlen lässt und erst dann mit der Creme einrollst, wird er zerbrechen, weil er zu spröde ist. Biskuit lässt sich nur unfallfrei einrollen, solange es noch heiß ist.

8 Sollte die Roulade mit Creme gefüllt werden, den Biskuitfleck sofort einrollen, auskühlen lassen, dann vorsichtig wieder ausrollen, mit der gewünschten Creme bestreichen und wieder einrollen.

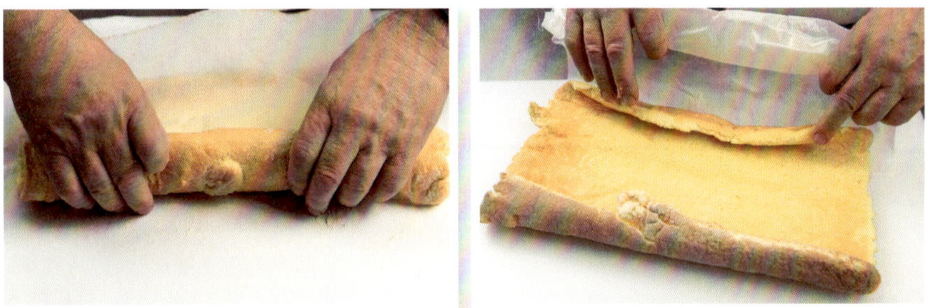

Ausgekühlten Biskuitfleck ausrollen

Mit Creme, in diesem Falle Schokolademousse, bestreichen und einrollen

LEICHTE SANDMASSE

Im Gegensatz zur Biskuitmasse wird bei der leichten Sandmasse zusätzlich flüssiges Fett wie zerlassene Butter oder erwärmtes Öl beigemengt. Durch den Fettanteil ist die leichte Sandmasse feinporiger und saftiger als die Biskuitmasse und bleibt länger frisch.

Zutaten für eine Torte mit 24 cm Durchmesser

- 50 g Butter
- 90 g glattes Mehl
- 30 g Vanillepuddingpulver
- 4 Eier
- 3 Dotter
- 150 g Kristallzucker
- 1 Prise Salz
- 1 Päckchen Vanillezucker
- Zitronenaroma oder geriebene Zitronenschale

- Griffiges Mehl zum Stürzen

Vorbereitung

1. Tortenreifen mit Backpapier auslegen oder Kuchenform mit weicher Butter ausstreichen. Der Tortenreifen wird auf Backpapier gestellt und dieses dann rund um den Ring eingeschlagen, damit keine Masse ausrinnen kann.

2. Butter schmelzen.

3. Mehl mit Puddingpulver versieben.

4. Backrohr rechtzeitig auf 170 °C Ober-/Unterhitze vorheizen.

Zubereitung

1. Eier und Dotter mit Kristallzucker, 1 Prise Salz, Vanillezucker und Zitronenschale (Zitronenaroma) sehr schaumig rühren.

Shit DIE MASSE IST SEHR FLÜSSIG.

So!

Das Aufschlagen der ganzen Eier mit Dottern, Zucker und Aromen dauert seine Zeit. Schlage so lange, bis die Masse deutlich heller und dickschaumig ist.

2 Mehl-Puddingpulver-Mischung vorsichtig unter den Teig heben.

Shit DAS MEHL LÄSST SICH NUR SCHWER EINARBEITEN.

So!

Der Schaum erlaubt keine Pause. Wenn er fertig ist, musst du sofort weiterarbeiten. Aus diesem Grund sollte schon alles bereitgelegt sein.

Das Sieben der Mehl-Puddingpulver-Mischung erleichtert nicht nur das Unterheben. Es werden damit auch zusätzlich Luftbläschen in den Teig eingearbeitet, welche die Torte noch lockerer machen.

3 Flüssige Butter unterheben.

4 In die Form füllen und zu den Rändern hin verstreichen.

5 Bei 170 °C Ober-/Unterhitze 40 Minuten backen.

6 Aus dem Backrohr nehmen und sofort auf mit griffigem Mehl bestreutes Backpapier stürzen. Nachdem das Backpapier abgezogen und die Torte ausgekühlt ist, kann man diese problemlos aus dem Tortenring schneiden.

Shit DIE TORTE HAT NACH DEM BACKEN IN DER MITTE EINEN RICHTIGEN BUCKEL.

So!

Stürze die Torte sofort nach dem Backen mit dem Papier nach oben auf ein mit griffigem Mehl bestaubtes Backpapier.

Übrigens: Mit einem Tortenreifen, der oben und unten offen ist, wird die Form der Torte am Ende exakter als bei einer Springform mit Metallboden. Der Buckel, also die Wölbung in der Mitte der Torte, verschwindet nach dem Stürzen, weil das Papier auf der Oberseite nachgibt.

Shit DIE TORTE IST TROCKEN ODER NICHT FLAUMIG GENUG.

So!

Beachte dazu auch die Shits beim Biskuit (siehe S. 326 ff.).

Shit DIE TORTE KÖNNTE SAFTIGER SEIN.

So!

Koche 50 g Zucker mit 50 ml Wasser auf **(Läuterzucker).** Wenn du die Torte zum Füllen aufgeschnitten hast, benetze die Tortenhälften mit dem Läuterzucker. Du kannst den Läuterzucker auch mit Rum, Cointreau oder anderen Likören aromatisieren. Mit diesem Trick wird die Biskuit- oder Sandmasse wesentlich saftiger.

SCHWERE SANDMASSE

SACHERMASSE

Sacherschnitte

Sachermasse, Sandmasse – ist dem Autor da etwas passiert? Aber nein, die Sachermasse ist im Grunde genommen eine Sandmasse.

Bei diesem Rezept weiche ich jedoch bewusst von der klassischen Zubereitungsart ab. Warum? Ganz einfach – weil es so besser wird. Die Idee dieser Variante ist aber – um ehrlich zu sein – nicht auf meinem Mist gewachsen. Ein Konditor hat mich knapp vor seiner Pensionierung in diese Technik eingeweiht. Das Ergebnis ist eine besonders flaumige Masse.

Zutaten für eine Torte oder Kastenform

- 8 Dotter
- 8 Eiweiß
- 180 g Kochschokolade
- 180 g Butter
- 1 Prise Salz
- 230 g Kristallzucker
- 180 g glattes Mehl

- Weiche Butter und Mehl für die Form
- Griffiges Mehl zum Stürzen

Vorbereitung

1. Form mit handwarmer Butter einstreichen und mit Mehl stauben oder den Boden des Tortenreifens mit Backpapier auslegen.
2. Mehl sieben. So kommt am Ende mehr Luft unter die Masse. Außerdem lässt sich das gesiebte Mehl leichter unter die Masse heben.
3. Eier trennen.
4. Backrohr rechtzeitig auf 170 °C Ober-/Unterhitze vorheizen.

Zubereitung

Beachte auch die möglichen Shits bei der Biskuitroulade (siehe S. 326 ff.).

1. Schokolade in einer Schüssel mit kochendem Wasser übergießen. Die Schokolade mindestens 10 Minuten so stehen lassen.

Shit **DIE KOCHSCHOKOLADE WIRD BEIM SCHMELZEN BRÖCKELIG UND NICHT WEICH.**

So!

Kochschokolade erweichst du am besten, indem du sie im Ganzen in eine Schüssel gibst und mit heißem Wasser übergießt. Lasse die Schokolade 10 Minuten stehen. Du kannst sicherheitshalber mit einer Nadel in die Schokolade stechen, um zu spüren, ob sie schon weich ist. Leere danach das Wasser ab, während du die Schokolade mit einer Teigspachtel zurückhältst.

Kochendes Wasser über die Schokolade gießen

So kann die Schokolade gut schmelzen

Achtung! Diese Technik funktioniert nicht mit Kuvertüre, aber diese lässt sich sowieso einfach über Wasserdampf schmelzen.

2 Butter zum Kochen bringen.

3 Wasser von der Schokolade ableeren.

4 Dotter auf die Schokolade geben.

5 Kochende Butter langsam unter die Schokolade-Dotter-Masse mixen. Diese Masse bekommt dadurch eine cremige Konsistenz.

Shit DIE SCHOKOLADEMASSE BEKOMMT KEINE CREMIGE KONSISTENZ.

So!

Wenn du die Schokolade und die Dotter in der Schüssel hast, schalte den Handmixer auf die höchste Stufe. Erst wenn der Mixer in der Dotterschokolade rührt, leere langsam die kochende Butter darüber.

Du siehst an dieser Stelle, wie wichtig es ist, dass du alle Werkzeuge griffbereit hast, bevor du mit den Zutaten hantierst.

6 Eiklar mit 1 Prise Salz und Zucker zu einem cremig-festen Schnee schlagen.

7 Schokolade-Dotter-Masse abwechselnd mit dem Mehl unter den Schnee heben.

8 Masse in die Form füllen und bei 170 °C Ober-/Unterhitze ca. 50 Minuten backen.

Sachermasse in den Tortenreifen füllen

An den Rändern nach oben streichen

Shit **DIE TORTE IST INNEN NICHT DURCH.**

So!

Leider sind die Temperaturen in den unterschiedlichen Backrohren nicht immer gleich. Du kannst auf drei Arten kontrollieren, ob die Torte schon durch ist.

» Bei einem leichten Druck auf die Oberfläche der Masse darf kein Abdruck bleiben und die Masse sollte wieder in die Ausgangsposition zurückwandern. Dafür brauchst du jedoch ein wenig Routine und hitzeempfindlich solltest du auch nicht sein.

» Stich mit einem Holzstäbchen in die Mitte der Torte. Wenn du das Stäbchen aus der Masse ziehst, sollten keine Tortenreste daran kleben. Das ist die gängigste Methode.

» Miss die Temperatur in der Mitte der Torte mit einem Bratenthermometer. Sind 80 °C erreicht, ist die Torte fertig. Das ist die sicherste Methode, wenn das Thermometer gut funktioniert.

9 Aus dem Backrohr nehmen und auf mit griffigem Mehl bestreutes Backpapier stürzen.

SCHWERE SANDMASSE FÜR GUGELHUPF UND KUCHEN

Zutaten für eine Gugelhupf- oder Kastenform

- 250 g Butter
- 120 g Staubzucker
- 1 Päckchen Vanillezucker
- 250 g glattes Mehl
- 5 Eier
- 2 Esslöffel Milch
- 1 Prise Salz
- 130 g Kristallzucker für Schnee
- Rosinen

- Handwarme Butter und Mehl für die Backform
- Evtl. griffiges Mehl zum Stürzen

Vorbereitung

1. Butter aus dem Kühlschrank nehmen und auf Zimmertemperatur bringen.
2. Gugelhupfform mit weicher Butter ausstreichen und mit Mehl stauben.
3. Staubzucker sieben.
4. Mehl sieben.
5. Backrohr rechtzeitig auf 160 °C Ober-/Unterhitze vorheizen.

Zubereitung

1. Zimmertemperierte Butter mit Staubzucker und Vanillezucker flaumig rühren.
2. Eier trennen, die Dotter mit Milch verrühren.
3. Dottermilch nach und nach in die flaumige Butter rühren.

Shit DIE BUTTER FLOCKT AUS, DER ABTRIEB WIRD NICHT GLATT.

So!

Die Butter muss handwarm und flaumig verrührt werden. Gib dann die Dottermilch in kleinen Mengen dazu. Warte nach jedem Mal Einrühren, bis die Masse wieder glatt und homogen ist, bevor du den nächsten Schub Dottermilch dazugibst.

4. Eiklar mit einer Prise Salz und dem Kristallzucker zu einem cremig-festen Schnee schlagen. Probleme beim Schnee schlagen? Wie es geht, erfährst du auf S. 26.

5. Ein Viertel vom Schnee in den Butterabtrieb rühren.

Shit DER SCHNEE LÄSST SICH NUR SCHWER UNTER DEN BUTTERABTRIEB HEBEN.

So!

Nachdem du die gesamte Dottermilch in die Butter eingearbeitet hast, rühre den Abtrieb weiter, bis er ganz hell ist. Das kann durchaus 10 Minuten dauern.

6. Dann den restlichen Schnee abwechselnd mit dem Mehl vorsichtig unter den Butterabtrieb heben.

7. Masse in die Form füllen und leicht Richtung Ränder streichen. Dabei die Rosinen hinzufügen.

Ich mag aber keine Rosinen!
Dann mache einfach einen Kaisergugelhupf, indem du die Rosinen weglässt und dafür 70 g grob gehackte Schokolade und 100 g grob gehackte Walnüsse verwendest.

Shit DIE ROSINEN WANDERN BEIM BACKEN IMMER RICHTUNG BODEN.

So!

Dieses Problem hat Lebensmittelphysikern schlaflose Nächte bereitet und zu vielen Versuchen geführt. Die Rosinen in Mehl zu wälzen, wie du vielleicht schon gehört und probiert hast, ist nicht des Rätsels Lösung.

Rosinen werden normalerweise als letzte Zutat unter die Masse gerührt. Sie sinken beim Backen aber nicht wie vermutet nach unten, sondern tummeln sich eher im oberen Bereich, sprich am Boden des fertigen Guglhupfes. Gib deshalb einen Teil der Masse in die Form, streue Rosinen darauf, setze den nächsten Teil der Masse darauf und streue anschließend wieder Rosinen ein.

8. 50 Minuten bei 160 °C Ober-/Unterhitze backen.

9. Noch heiß auf ein mit Mehl bestaubtes Backpapier oder ein Gitter stürzen.

Shit **DER GUGELHUPF BLEIBT BEIM STÜRZEN TEILWEISE AN DER FORM KLEBEN.**

So!

Das kenne ich. Der Grund ist, dass die Gugelhupfmasse beim Einfüllen die Butterschicht, die das Ankleben verhindern sollte, nach unten schiebt. Das kannst du verhindern, indem du die mit Butter ausgestrichene und mit Mehl gestaubte Form in den Kühlschrank stellst. Die fest gewordene Butter lässt sich nicht so leicht mit der Masse wegschieben.

Immer wieder bleibt Eiklar übrig – was mache ich damit?
In vielen Rezepten werden nur die Dotter verwendet. Das Eiklar wegzuwerfen, gibt mir jedoch einen Stich in mein goldenes Wiener Herz. Das muss aber nicht sein: Eiklar lässt sich sehr gut einfrieren. Bei Bedarf kannst du es auftauen und wie üblich zu Schnee schlagen.

Am besten nimmst du größere Eiswürfelbehälter aus Silikon, die es um wenig Geld zu kaufen gibt, und frierst das Eiklar so in kleinen Portionen ein. Umhülle alles geruchssicher mit Frischhaltefolie. So kannst du das Eiklar nach Bedarf im Kühlschrank auftauen lassen.

SCHOKOLADEMASSE OHNE EIDOTTER

Ein sensationelles Rezept für einen Schokokuchen, der nur mit Eiklar zubereitet wird, möchte ich dir an dieser Stelle nicht vorenthalten.

Zutaten für eine Kasten- oder Tortenform

- 240 g Eiklar
- 130 g glattes Mehl
- 30 g geriebene Nüsse oder Mandeln
- 160 g Butter
- 160 g Kochschokolade
- 160 g Kristallzucker
- 1 Prise Salz

- Handwarme Butter und Mehl für die Backform

Du hast das Eiklar eingefroren, aufgetaut und weißt natürlich nicht mehr, wie viele Eier du ursprünglich geklärt hast. Darum musst du das Eiklar abwiegen, was eh genauer ist.

Vorbereitung

1. Eiklar auftauen lassen.
2. Mehl und Nüsse (oder Mandeln) vermischen.
3. Butter und Schokolade schmelzen.

Shit DIE SCHOKOLADE BLEIBT BEIM SCHMELZEN HART UND WIRD BITTER.

So!

Schmilz die Butter gemeinsam mit der Schokolade im Rohr bei 50 °C. Es ist wichtig, dass du die Butter mit der Schokolade verrührst, bevor du diese unter den Schnee mischst.

4. Backform mit weicher Butter ausstreichen und mit Mehl stauben.
5. Die Form in den Kühlschrank stellen.
6. Backrohr rechtzeitig auf 170 °C Ober-/Unterhitze vorheizen.

Zubereitung

1. Eiklar mit Kristallzucker und 1 Prise Salz zu Schnee schlagen.
   Probleme beim Schnee schlagen? Wie es geht, kannst du auf S. 26 nachlesen.
2. Butter und Schokolade verrühren und abwechselnd mit der Mehl-Nuss-Mischung unter den Schnee heben.

Shit ICH HABE SCHNEEINSELN IN DER MASSE.

So!

Das aufgetaute Eiklar lässt sich komischerweise gut zu Schnee schlagen. Das verleitet dazu, den Schnee zu lange zu schlagen. Wenn du das Geschirr umdrehst und der Schnee haften bleibt, ist er fertig.

3. In die vorbereitete Form füllen.
4. Bei 170 °C Ober-/Unterhitze ca. 45 Minuten backen.

für die, DIE ES GENAU WISSEN WOLLEN

EIWEISSINSELN

Sehr oft wird Schnee zu lange geschlagen. Dann entstehen Eiweißinseln in der Masse und du kannst die restlichen Zutaten nicht mehr unterheben, ohne dass der Schnee in sich zusammenfällt. Das passiert, weil das Wasser im Eiklar sich vom Eiweiß trennt. Schon nach kurzer Zeit kannst du erkennen, wie sich beim Schnee ein flüssiger Teil von einem festeren Teil absetzt.

Der Schnee ist fertig, wenn du das Geschirr umdrehen kannst, ohne dass er herausfällt.

UND WIE IST DAS BEI EINEM SOUFFLÉ?

Für ein Soufflé muss der Schnee so fest sein, dass er ein Ei tragen kann.

Für Biskuit- und Sandmassen ist dieser Schnee allerdings zu fest. Die Flaumigkeit von Torten, Rouladen und Biskuitschnitten wäre hoffnungslos verloren.

Wenn der Schnee zu perlen anfängt, hast du ihn zu lange geschlagen und somit verloren.

DOTTERFLANKERL IM SCHNEE – DAS GEHT GAR NICHT!

Schwer bis unmöglich lässt sich der Schnee schlagen, wenn Dotterflankerl im Eiklar sind oder wenn du ein Geschirr verwendest, in dem Fett sehr leicht anhaftet, wie z. B. eine Plastikschüssel.

Fett hat keine wasseranziehenden (grenzflächenaktiven) Moleküle, die sich mit dem Eiklar anfreunden würden. Das Protein des Eiklars (das Wasser enthält) kann also nur sehr schwer ein Netzwerk bilden, weil sich die wasserabstoßenden Fette des Dotters (Cholesterin) so zieren. (Das Eiklar bleibt ja auch nicht an einer mit Fett bestrichenen Backform kleben.)

Die eingeschlagenen Luftbläschen werden durch grenzflächenaktive Moleküle und die Oberflächenspannung von Luft und Wasser in das Proteinnetzwerk eingekapselt. Je länger der Schnee geschlagen wird, umso kleiner sind die Luftbläschen und umso kompakter wird der Schnee. So entstehen die ungeliebten Schneeinseln.

Teige

Ein Teig? Kein Problem? Rezept her, abwiegen, alles zusammenschmeißen, backen ... – Und wieder ist ES nichts geworden. Nein – meine lieben Freunde der Kochkunst: In diesem Fall könnt ihr nicht die Schuld auf das böse „ES" schieben. Die Mehlstärke im Schmarrenteig braucht eine Chance zum Quellen. Der Germteig lechzt nach langen Rühreinheiten, damit sich ein Glutennetz bilden kann. Und der Mürbteig will von euren warmen Händen nicht erwürgt werden.

2

PALATSCHINKENTEIG

GRUNDREZEPT

Zutaten für 4 Palatschinken

- 150 ml Milch
- 1 Prise Salz
- 1 Ei
- 90 g glattes Mehl
- 1 Esslöffel Öl für den Teig

- Öl oder Butterschmalz zum Backen

Zubereitung

1. Milch, 1 Prise Salz und Ei verrühren.
2. Mehl und Öl einrühren.
3. 30 Minuten rasten lassen.

Shit DIE ERSTE PALATSCHINKE IST IMMER EIN PROBLEMFALL.

So!

Du musst den Teig 30 Minuten rasten lassen und die Pfanne gut erhitzen – dann wird auch die erste Palatschinke perfekt.

4. Pfanne erhitzen und Öl in die Pfanne gießen.

Shit DIE PALATSCHINKEN WERDEN SEHR FETTIG.

So!

Gib etwas Öl in den Teig, dann musst du nicht vor jeder Palatschinke neues Öl in die Pfanne leeren.

5. Teig dünn in die Pfanne gießen, durch Drehen der Pfanne gleichmäßig verteilen und goldgelb backen.

6 Palatschinke mit der Palette an den Rändern lockern, umdrehen und ebenfalls goldgelb backen.

Shit **DIE PALATSCHINKEN KLEBEN AN DER PFANNE FEST UND ZERREISSEN BEIM WENDEN.**

So!

Lockere sie zuerst an den Rändern, danach kannst du vorsichtig mit der Palette oder mit der Bratschaufel eventuelle Klebestellen von der Unterseite lösen. Meist hat sich das Problem allerdings schon nach dem Lösen an den Rändern erledigt.

Für die, DIE ES GENAU WISSEN WOLLEN

Lebensmittelphysiker empfehlen, Palatschinkenteig (aber auch Crêpe- und Pfannkuchenteig) zwei Stunden rasten zu lassen. Nur mit genügend Ruhezeit können die Stärkekörner des Mehles ausreichend quellen und sich gleichmäßig in der Flüssigkeit verteilen. Sie setzen Moleküle frei, die den Teig verkleistern lassen, was die Voraussetzung für ein gelungenes Backergebnis ist. Das gilt auch für Schmarren- und Backteige.

Übrigens: Bei einer Testung ist bereits nach einer Rastzeit von 30 Minuten die erste Palatschinke selbst in einer zerkratzten Pfanne ohne Beschichtung gelungen.

KAISERSCHMARREN

Zutaten für 4 Desserts

- 4 Eier
- 20 g Rosinen
- Etwas Rum
- 250 ml Milch
- 150 g glattes Mehl
- 1 Päckchen Vanillezucker
- 3 Esslöffel Sauerrahm
- 1 Prise Salz
- 50 g Kristallzucker
- 50 g Butter
- 30 g Kristallzucker zum Backen

Vorbereitung

1. Eier trennen.
2. Rosinen in Rum einweichen.
3. Backrohr rechtzeitig auf 180 °C Umluft vorheizen.

Zubereitung

1. Milch mit Mehl und Vanillezucker glatt rühren, Dotter und Sauerrahm einrühren, 30 Minuten rasten lassen.

Shit **PETERS KAISERSCHMARREN SCHMECKT BESSER ALS MEINER.**

So!

Ich füge immer etwas Sauerrahm hinzu. Die nahezu unmerkbare Säurekomponente macht nicht nur geschmacklich etwas her. Auch von der Flaumigkeit wirst du überrascht sein.

2. Eiklar mit 1 Prise Salz und Kristallzucker zu einem festen Schnee schlagen und unter den Teig heben.
3. Butter in der Pfanne erhitzen und den Teig in die Pfanne leeren. Rosinen darüberstreuen und bei geringer Hitze leicht anbacken.

Shit **DER KAISERSCHMARREN VERBRENNT LEICHT, WIRD ABER NICHT DURCH.**

So!

Wenn du den Schmarren langsam auf kleiner Flamme anbäckst und danach im Backrohr fertig bäckst, hast du dieses Problem gelöst.

4. Pfanne mit dem Schmarren ins Backrohr stellen und ca. 10 Minuten backen.
5. Schmarren mit einer Teigspachtel vierteln und mit einer Winkelpalette wenden.

so!

Shit

ENDLICH HABE ICH EINEN FLAUMIGEN SCHMARREN, ABER DIE KONSISTENZ IST TROTZDEM LANGWEILIG.

Bevor du den Schmarren in der Pfanne wendest, bestreue den Teig mit Kristallzucker. Wenn dieser dann karamellisiert, hast du nicht nur den zusätzlichen Karamellgeschmack, sondern auch Knusperteile im Schmarren.

6. Mit Kristallzucker bestreuen und weitere 10 Minuten im Backrohr backen.

7. Mit 2 Gabeln in ungleichmäßige Stücke reißen und noch einmal durchschwenken.

BACKTEIG

GRUNDREZEPT

Zutaten für 4 Dessertportionen (z. B. 4 Äpfel oder 8 kleine Marillen)

- 350 ml Milch
- 2 Esslöffel Öl
- 4 Eier
- 145 g glattes Mehl
- 1 Päckchen Vanillezucker
- 2 Esslöffel Rum (für Kinder einfach weglassen)
- 1 Prise Salz
- 30 g Kristallzucker

- Evtl. 100 Stärkemehl (Kartoffel-, Reis- oder Maisstärke) zum Wenden des Frittiergutes
- Öl zum Frittieren

Vorbereitung

Eier trennen.

Zubereitung

1. Milch, Öl, Dotter, Mehl, Vanillezucker und Rum mit einem Schneebesen verrühren, 30 Minuten rasten lassen.

2. Öl erhitzen.

3. Obst in Stärkemehl wenden.

Shit **DER BACKTEIG HÄLT NICHT AM BACKGUT.**

So!

Wende das Backgut vor dem Eintauchen in den Backteig in Mehl oder Stärkemehl. So hält der Teig besser.

4. Kurz vor dem Frittieren Eiklar mit 1 Prise Salz und Kristallzucker zu Schnee schlagen, die Hälfte davon unterheben.

Shit **BEI DEN ERSTEN PARTIEN WIRD DAS BACKGUT WUNDERSCHÖN. BEI DEN NACHFOLGENDEN PARTIEN WIRD DER TEIG DANN IMMER FLÜSSIGER UND HAFTET NICHT MEHR AM OBST.**

So!

Wenn du größere Mengen zubereitest, gib nicht den ganzen Schnee auf einmal in den Teig. Teile den Schnee so ein, dass du nach jedem zweiten Mal Frittieren wieder Schnee unter den Teig heben kannst.

Hebe zu Beginn nur einen Teil des Schnees unter den Backteig!

Shit **DER BACKTEIG NIMMT ZU VIEL FETT AUF.**

So!

Ich empfehle, einen Großteil des Mehles durch Stärkemehl zu ersetzen, dadurch nimmt der Backteig weniger Fett auf. Natürlich darfst du dein Backgut nur in heißes Fett legen, da sich sonst der Teig mit Fett vollsaugt, bevor er verkrustet.

Angeblich soll auch Alkohol im Teig fettabstoßend wirken. Ich habe in wissenschaftlichen Werken weder eine Bestätigung noch eine Widerlegung gefunden. Aber: „Nützt´s nix, schadet´s nix!"

SCHLOSSERBUBEN

Zutaten für 4 Personen

- Backteig (siehe Grundrezept auf S. 345) oder Weinbackteig (die Milch durch Weißwein ersetzen)
- 400 g Dörrpflaumen
- 1/8 l Wasser
- 100 g Zucker
- 2 Esslöffel Rum oder Sliwowitz
- 50 g geschälte Mandeln
- Öl oder Butterschmalz zum Frittieren
- 80 g Schokoladeraspel
- 40 g Zucker

Zubereitung

1. Dörrpflaumen entkernen, in mit Rum oder Sliwowitz aromatisiertem Läuterzucker (siehe S. 332) oder Apfelsaft einweichen und den Kern durch eine geschälte Mandel ersetzen.

Geschälte Mandeln in die marinierten Dörrpflaumen stecken

2. Pflaumen durch den Backteig ziehen und in heißem Fett goldgelb frittieren.

Shit DER BACKTEIG IST SCHON GOLDGELB, ABER DIE SCHLOSSERBUBEN SIND NICHT DURCH.

So!

Nachdem du die Buben in das heiße Fett gelegt hast, reduziere die Hitze. Wenn du mit einem Holzstäbchen in die Dörrpflaumen stichst, wirst du am Widerstand merken, ob du noch länger frittieren musst.

Shit DER VEGANE BACKTEIG OHNE EIER HAFTET NICHT GUT AM BACKGUT.

So!

Solltest du ein veganes Backteigrezept ohne Eier verwenden, achte darauf, dass alle Zutaten eiskalt verarbeitet werden. Backteig, der ohne Eier zubereitet wird, muss sofort verarbeitet werden. Ansonsten gehen die Luftbläschen verloren, die den Teig luftig und knusprig machen.

3 Auf Küchenrolle abtropfen lassen und noch heiß in einer Mischung aus Schokoladeraspeln und Zucker wälzen.

Shit DIE SCHOKOLADERASPEL SCHMELZEN NACH DEM ZWEITEN WÄLZDURCHGANG.

So!

Wichtig ist, dass du die Schlosserbuben auf der Küchenrolle gut vom Fett befreist. Wenn du größere Mengen bäckst, verwende immer nur kleinere Mengen Schokoraspel.

Für die, DIE ES GENAU WISSEN WOLLEN

Ich empfehle ein Backteigrezept mit Eiern. Durch die Proteine im Ei haftet der Teig besser am Backgut. Für gute Haftbedingungen sorgt übrigens auch das Gluteneiweiß im Weizenmehl. Allerdings bilden Gluten Weizenkleber, der Fett und Wasser ansaugt. Dadurch wird die Kruste zäh und fettig.

Mehlsorten mit weniger Gluten sind für Backteige ideal. Reismehl beinhaltet keine Gluten und saugt somit weniger Wasser an. Deshalb wirst du mit einem Backteig, der einen großen Anteil an Reismehl enthält, besonders knusprige Ergebnisse erhalten. Vermischst du Weizenmehl mit Maisstärke, tut sich der Teig ebenfalls sehr schwer, sich mit Fett oder Wasser vollzusaugen.

Lange Rede, kurzer Sinn: je weniger Gluten, desto knuspriger und fettärmer die Teigkruste.

STRUDELTEIG

Zutaten für 2 Strudel

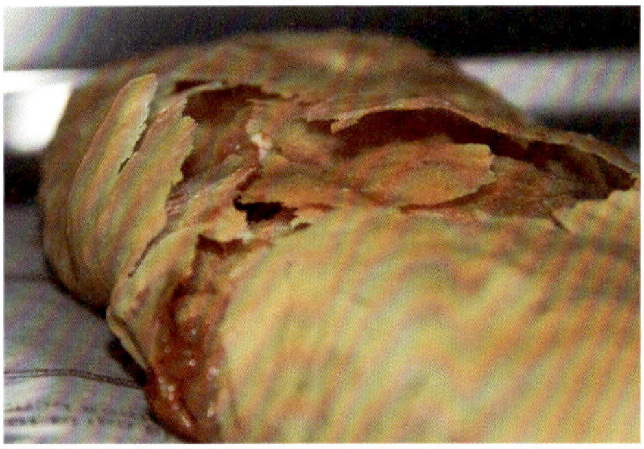

- 300 g glattes Mehl
- 150 ml lauwarmes Wasser
- 2 Esslöffel Öl
- 1 Prise Salz
- 1 Ei
- Einige Tropfen Essig

- Öl zum Bestreichen
- Mehl zum Ausziehen

Zubereitung

1. Alle Zutaten zu einem glatten Teig verkneten.
2. Dann dünn mit Öl bestreichen und zugedeckt ca. eine halbe Stunde rasten lassen.
3. Strudelteig in Mehl wenden und auf einem bemehlten Tuch mit einem Rollholz so dünn wie möglich ausrollen.

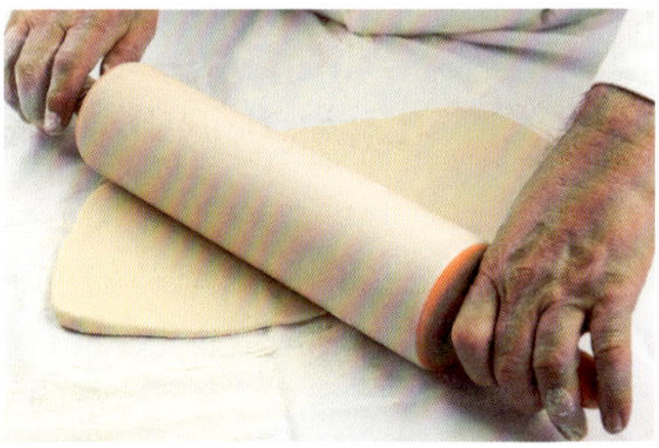

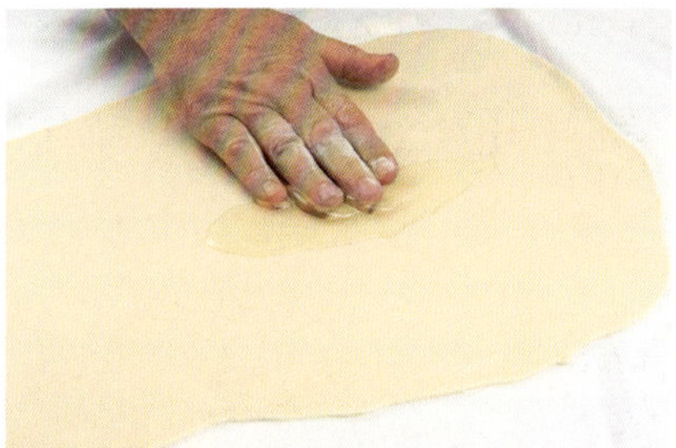

Shit DER STRUDELTEIG BLEIBT BEIM AUSROLLEN AM TUCH KLEBEN.

So!

Drücke den Strudelteig ein wenig flach und wende ihn in Mehl. Staube auch das Strudeltuch und das Rollholz mit Mehl. Wenn du den Teig zur Hälfte ausgerollt hast, hebe ihn hoch und staube das Tuch unter dem Teig noch einmal mit Mehl.

4 Danach wieder mit Öl bestreichen und etwa 5 Minuten rasten lassen.

Shit DER STRUDELTEIG LÄSST SICH SCHWER AUSZIEHEN.

So!

Wenn du den Teig ausgerollt hast, bestreiche ihn dünn mit Öl und mache eine Pause von etwa 5 Minuten. Du und der Teig seid danach gleichermaßen entspannt und der Teig lässt sich leichter ausziehen.

Ein kurzer Powernap wirkt oft Wunder!

5 Teig rechteckig und hauchdünn ausziehen.

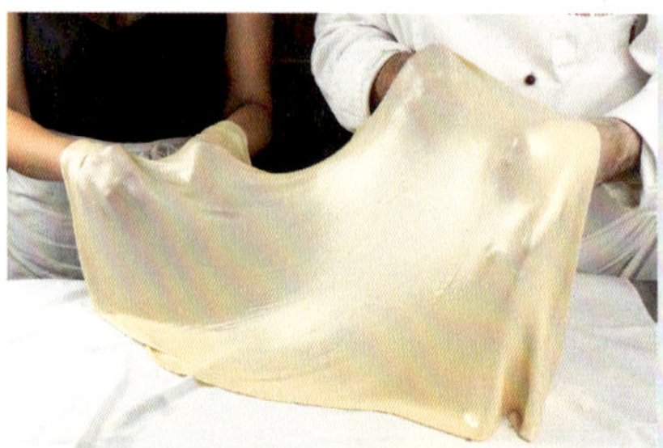

Manchmal ist es leichter, zu zweit am Strudelteig zu ziehen

Shit BEIM AUSZIEHEN BEKOMMT DER STRUDELTEIG IMMER LÖCHER.

So!

Lege Ring und Uhr ab. Beginne, den Teig mit den Handrücken von der Mitte aus auszuziehen. Bewege dich mit den Händen immer mehr zu den Rändern hin. Abschließend kannst du die dicken Ränder mit den Fingern noch ein wenig in Form ziehen.

APFELSTRUDEL

Zutaten für 2 Strudel

Teig: siehe S. 349

Fülle

- 1,5 kg säuerliche Äpfel
- 100 g Butter
- 100 g Brösel
- 100 g Kristallzucker
- 1 Kaffeelöffel Zimt
- 50 g Rosinen
- Butter zum Bestreichen
- Butter für das Blech
- Staubzucker zum Bestreuen

Vorbereitung

1. Strudelteig zubereiten.
2. Äpfel schälen und dünnblättrig schneiden.

Shit DIE ÄPFEL SCHMECKEN NICHT PIKANT.

So!

Säure sollten die Äpfel unbedingt haben. Wenn nicht, dann mische etwas Zitronensaft unter die Äpfel.

3. Butter in einer Pfanne erhitzen und die Brösel darin goldgelb rösten.
4. Kristallzucker mit Zimt vermischen.
5. Butter zum Bestreichen schmelzen.

Zubereitung

1. Die ganze Teigfläche mit den gerösteten Bröseln bestreuen und mit Butter beträufeln.

Shit DIE BRÖSEL SCHMECKEN IM FERTIGEN STRUDEL PAMPIG.

So!

Auch sehr gute Köchinnen und Köche marinieren die Äpfel mit Zimtzucker und mischen die Brösel unter die Apfelmasse. Du kannst natürlich die Äpfel mit Zimtzucker und den Rosinen vermischen. Aber gib um Himmels Willen nicht die Brösel dazu!

2. Im unteren Drittel des Teiges die Äpfel verteilen.

3. Mit Zimtzucker kräftig bestreuen.

4. Rosinen darübergeben.

Rosinen müssen sein! Wenn der Hausfrieden dadurch aber schief hängen sollte, lass es lieber sein …

5. Den Strudel, beginnend von der mit der Fülle belegten Seite, einrollen.

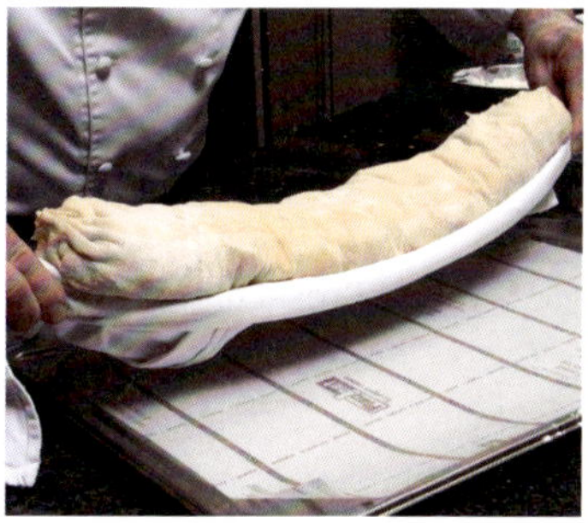

6 Strudel auf ein befettetes oder ein mit Backpapier belegtes Blech legen.

7 Strudel mit zerlassener Butter bestreichen.

8 Im vorgeheizten Backrohr bei 180 °C ca. 50 Minuten backen.

Shit DER TEIG IST NACH DEM BACKEN NICHT BLÄTTRIG.

So!

Verteile die Brösel über die ganze Teigfläche – Äpfel, Zimtzucker und Rosinen allerdings nur im unteren Drittel.

Shit DER STRUDEL IST NICHT BESONDERS KNUSPRIG.

So!

Die meisten nehmen den Strudel viel zu früh aus dem Backrohr. Der Strudel ist fertig, wenn auch die Seiten eine schöne goldgelbe Farbe haben.

Für die, DIE ES GENAU WISSEN WOLLEN

Damit du den Strudelteig ausziehen kannst, muss er zäh und vor allem elastisch sein. Durch die Flüssigkeitszugabe quellen die Stärkekörner des Mehles auf und das Gluteneiweiß kann mit der Vernetzung beginnen. Es bildet ein stabiles Netz, das mit der Zeit an Elastizität zunimmt. Lasse den Teig also rasten. Dann walke ihn auf einem bemehlten Tuch aus und lasse ihm nochmals 5-10 Minuten Ruhe. Der Teig ist dann so elastisch, dass du ihn spielend von Wien bis Honolulu ausziehen könntest.

Knete den Teig aber nur so lange, bis er glatt ist. Durch zu langes Kneten beleidigst du das Gluteneiweiß und der Teig wird sehr schnell reißen.

GERMTEIG

BUCHTELN

Powidl steht natürlich nicht im Katechismus der strenggläubigen Buchtelfans. Nimm einfach die Marmelade, die der ganzen Familie schmeckt.

Zutaten für 18 Buchteln

- 400 g Mehl
- 30 g frischer Germ (Hefe)
- 200 ml Milch
- 1 Ei
- Salz
- 50 g Zucker
- 1 Päckchen Vanillezucker
- 50 g Butter
- Geriebene Zitronenschale
- 2 Esslöffel Rum

Fülle

- Powidl (für unsere Freunde aus dem Nachbarland: passierte Zwetschkenmarmelade)
- 1 Messerspitze Zimt
- Etwas Rum (wenn keine kleinen Kinder mitnaschen)

- 100 g Butter zum Bestreichen
- Staubzucker zum Bestreuen

Vorbereitung

1. Dampfl zubereiten: Die Zutaten für das Dampfl werden von der Grundmenge entnommen.

Shit DAS DAMPFL GEHT NICHT AUF.

So!

Du willst sicherlich nicht zu heiß gebadet werden – die Hefepilze ebenfalls nicht. Erhitze deshalb die Milch auf maximal 35 °C. Etwas kälter ist weniger problematisch, die Gärzeit dauert dann eben etwas länger.

5 Esslöffel Mehl, etwas Zucker und Germ (Hefe) vermischen

Ca. 50 ml lauwarme Milch dazugeben und verrühren. Es soll eine palatschinkenteigähnliche Konsistenz entstehen.

Oberfläche mit Mehl stauben

Dampfl, mit einer Serviette abgedeckt, gehen lassen, bis die Mehloberfläche grobe Risse zeigt

2 Butter schmelzen.

3 Alle Zutaten auf Zimmertemperatur bringen.

Dampfl

Das Dampfl ist ein Vorteig und wird aus 1 Würfel Germ (Hefe), 50 ml lauwarmer Milch, 5 Esslöffel Mehl und ein wenig Zucker, der als Nahrung für die Hefepilze dient, zubereitet. Früher wurde das Dampfl eingesetzt, um die Treibkraft des Germs zu überprüfen. Heute haben wir immer Zugriff auf frischen Germ, daher ist bei Germteiggebäck wie Brioche, Striezel und Pizza ein Dampfl nicht mehr notwendig. Das Dampfl sorgt aber auch für zusätzliches Volumen und Feinporigkeit. Deshalb kommt es bei Germteiggebäck mit Obst und Cremen immer noch zum Einsatz.

Und was ist mit Trockengerm (Trockenhefe)?

Trockengerm ist besser als sein Ruf. Er wird bei der Zubereitung einfach mit dem Mehl vermischt. Ein Dampfl ist dann nicht mehr notwendig.

Zubereitung

1 Mehl, Milch, Ei, Salz, Zucker, Vanillezucker, zerlassene Butter, geriebene Zitronenschale, Rum und das Dampfl in einen Rührkessel geben und gut verkneten.

Shit DAS GEBÄCK SCHMECKT FAD.

So!

Dann verwende mehr Salz. Auch für Süßspeisen muss der Teig gesalzen werden, damit keine Langeweile am Gaumen aufkommt.

2 So lange mit dem Knethaken rühren, bis sich der Teig seidig glänzend und glatt vom Geschirr löst.

Shit DER TEIG IST NICHT GESCHMEIDIG, DAS GEBÄCK ZU WENIG FLAUMIG.

So!

Der Teig will intensiv geknetet werden – also mindestens 5 Minuten in der Rührmaschine oder zumindest so lange, bis sich der Teig vom Geschirr löst.

Der Teig wird durch das lange Kneten elastischer und das Volumen des Gebäcks wird größer.

3 Den Teig im Geschirr mit einem Tuch zudecken und 30 Minuten gehen lassen (normalerweise reicht Raumtemperatur, es sollte aber auf keinen Fall ziehen).

4 Den Teig in gleich große Stücke teilen und flach drücken.

5 Powidlmarmelade mithilfe eines Dressiersackes auf die Mitte der Teigstücke spritzen.

6 Teigstücke verschließen.

7 In flüssige Butter tauchen und mit der zusammengedrückten Seite nach unten eng aneinander in die Form oder Kasserolle schlichten.

8 An einem warmen Ort 20 Minuten gehen lassen.

9 Im vorgeheizten Backrohr bei 180 °C Ober-/Unterhitze 30 Minuten backen.

10 Die Buchteln noch warm stürzen. Nachdem sie abgekühlt sind, voneinander lösen.

Shit DIE BUCHTELN WEICHEN AN DER UNTERSEITE AUF.

So!

Stürze die Buchteln nach dem Backen aus der Form. Backst du am Blech, lasse dein Gebäck auf einem Gitter auskühlen, damit sich an der Unterseite kein Dampf bilden kann, der es aufweicht.

Für die, DIE ES GENAU WISSEN WOLLEN

Das Kneten des Teiges beginnt eigentlich erst, wenn sich die Zutaten zu einem Teig zusammengefunden haben. Der bekannte Physiker Harold McGee beschreibt dies als physische Manipulation, die das Glutennetzwerk stärkt. Dafür muss der Teig, am besten maschinell, so lange geknetet werden, bis er allmählich ganz glatt wird und seinen seidigen Glanz erhält. Durch das andauernde Kneten werden auch Luftkammern in den Teig eingearbeitet, die beim weiteren Kneten in kleine Luftbläschen geteilt werden. Je mehr Luftbläschen in den Teig eingearbeitet werden, umso feiner wird die Krume des fertigen Gebäcks.

Während der Fermentation (das ist die Zeit, in der der Teig in Ruhe aufgehen kann) bilden die Hefepilze Kohlendioxid, das die Luftbläschen füllt und anschwellen lässt. Der Teig dehnt sich aus.

Bei einer Temperatur von 35 °C erzeugen die Hefen besonders schnell Kohlendioxid. Allerdings entstehen bei dieser Temperatur auch Nebenprodukte mit einem unangenehmen säuerlichen Geruch. Damit der Teig gut aufgeht, wird für die Fermentation eine Temperatur von 27 °C empfohlen. Danach wird der Teig noch einmal zusammengeknetet. Er lässt sich nun leichter verarbeiten als der frisch geknetete Teig.

Man kann den Teig zum Aufgehen auch über Nacht in den Kühlschrank stellen. Die Aktivität der Hefen und Bakterien verlangsamt sich dadurch. Sie haben jedoch mehr Zeit, um neue Aromenverbindungen zu entwickeln. Da der kalte Teig steifer ist als der warme, gehen weniger Luftbläschen verloren, die schlussendlich für eine lockerere Konsistenz sorgen.

MÜRBTEIG

Das Basisrezept für den Mürbteig ist 1, 2, 3 – also 1 Tonne Zucker, 2 Tonnen Butter und 3 Tonnen Mehl – Scherz beiseite: Das folgende Rezept eignet sich ausgezeichnet für Kekse oder Kleingebäck. Wenn ich Mürbteig für einen Tortenboden mache, füge ich noch einen Löffel Sauerrahm hinzu. Mit dieser Hilfszutat lässt sich der Teig besser bearbeiten. Oft wird das Rezept 1, 2, 3 auch mit Erfolg abgewandelt. So wird z. B. ein Teil des Mehles durch geriebene Nüsse, Mandeln oder Mohn ersetzt, während beim Salzmürbteig ganz auf den Zucker verzichtet wird und Sauerrahm ins Spiel kommt.

Egal, welches Rezept gerade dran ist – die Stolperfallen bleiben immer die gleichen.

GRUNDREZEPT

Wenn du den Mürbteig als Auslegeteig verwendest, dann knete zusätzlich noch einen Esslöffel Sauerrahm oder 1 Dotter in den Teig, nachdem du die Butter mit dem Mehl vermischt hast. So wird der Mürbteig ein wenig geschmeidiger und bricht beim Auslegen der Backform nicht so leicht.

Zutaten für 1 Mürbteigboden oder viele Kekse

- 100 g Staubzucker
- 200 g Butter
- 300 g glattes Mehl
- 1 Dotter
- Salz
- 1 Päckchen Vanillezucker
- Geriebene Zitronenschale

Zubereitung

1. Alle Zutaten rasch zu einem Teig verkneten.

Shit **DER MÜRBTEIG WIRD BRÖSELIG UND LÄSST SICH NICHT VERARBEITEN.**

So! Mürbteig verträgt kein zu langes Kneten und keine Handwärme. Aus diesem Grund knete ich den Teig in der Küchenmaschine nur so lange, bis sich alle Zutaten vermischt haben.

2. In Frischhaltefolie einwickeln und im Kühlschrank rasten lassen.

Shit **DER MÜRBTEIG AUS DEM KÜHLSCHRANK IST SO HART, DASS ICH IHN NUR MÜHSAM AUSROLLEN KANN.**

So! Du kannst den Teig auch gleich nach dem Zusammenmischen ausrollen und danach zum Rasten in den Kühlschrank stellen.

APFELSCHNITTEN

Zutaten

- Grundrezept Mürbteig (siehe S. 358)

Fülle

- 500 g Äpfel
- Saft von einer Zitrone
- 50 g Butter
- 100 g Semmelbrösel
- 30 g Kristallzucker
- 1 Kaffeelöffel Zimt
- 1 Esslöffel Vanillepuddingpulver
- 30 g Rosinen

- Griffiges Mehl zum Ausrollen des Teiges
- Butter und Mehl für die Backform
- 1 Ei zum Bestreichen
- Staubzucker zum Bestreuen

Noch etwas ...
Du brauchst beim Ausrollen nicht kiloweise Mehl vergeuden, damit der Teig nicht am Rollholz kleben bleibt. Verwende zum Ausrollen ein Silikonrollholz. Wenn du ein Rollholz aus Holz hast, umhülle es mit einem abgeschnittenen (sauberen) Nylonstrumpf.

Teig auf das Rollholz rollen, auf das Blech bzw. in den Tortenreifen heben und abrollen

Vorbereitung

1. Äpfel schälen und dünnblättrig schneiden.
2. Butter schmelzen und die Brösel darin goldgelb rösten.
3. Kristallzucker mit Zimt und Puddingpulver vermischen.
4. Backform mit Butter ausstreichen und mit Mehl stauben.
5. Backrohr bei 170 °C Ober-/Unterhitze vorheizen.

Zubereitung

1. Mürbteig zubereiten (siehe S. 358).
2. Teig 4–5 mm dick ausrollen und mit der Hälfte des Teiges die Backform auslegen. Die Backform kann eine Tortenform, aber auch ein Backblech mit einem Kapselrahmen sein.

Shit **DER MÜRBTEIG LÄSST SICH NACH DEM AUSROLLEN NICHT UNFALLFREI IN DIE BACKFORM LEGEN.**

So!

Wenn du den Teig ausgerollt hast, hebe ihn mithilfe eines Rollholzes in die Backform.

3 Torten- oder Kuchenboden im vorgeheizten Backrohr bei 170 °C Ober-/Unterhitze 15 Minuten vorbacken.

Shit **DER MÜRBTEIGBODEN IST NACH DEM BACKEN SPECKIG.**

So!

Um das zu verhindern, musst du den Teig vorbacken, bevor du die Fülle darauf verteilst.

4 Äpfel mit Zitronensaft in einer Kasserolle dünsten, dann in ein Durchschlagsieb geben, damit der überschüssige Saft abrinnen kann.

5 Zucker-Zimt-Pudding-Mischung und die Rosinen unter die ausgekühlten Äpfel mischen.

6 Den vorgebackenen Mürbteigboden mit den gerösteten Bröseln bestreuen und die Apfelfülle darauf verteilen.

Shit **DIE ÄPFEL WEICHEN BEIM BACKEN DEN MÜRBTEIGBODEN AUF.**

So!

Um die Flüssigkeit ein wenig zu binden, mische ein wenig Vanillepuddingpulver unter die Apfelfülle. Auch die Brösel am Mürbteigboden saugen etwas von der Flüssigkeit auf.

7 Mit der zweiten ausgerollten Teighälfte abdecken und mit Ei bestreichen.

8 Bei 190 °C Ober-/Unterhitze 40 Minuten fertig backen.

Für die,

DIE ES GENAU WISSEN WOLLEN

Wenn du das Mehl mit der Butter verknetest, werden die Stärkekörner des Mehles mit Fett umhüllt. Zu langes Kneten ermöglicht es manchen Molekülen aber, sich aus den Stärkekörnern zu verabschieden. Keinesfalls sollte die Stärke im Mehl verkleistern, wodurch sich ein Glutennetz bilden könnte, das den Teig zäh macht.

Wenn für den Auslegeteig Dotter, Sauerrahm oder Weißwein in den Teig kommen, dann erst nachdem sich das Mehl mit der Butter vereinigt hat.

BRANDTEIG

GRUNDREZEPT ZUM BACKEN IM ROHR

Zutaten

- 150 ml Wasser (für in Fett gebackenen Brandteig Milch, für im Rohr gebackenen Brandteig Wasser)
- 50 g Butter
- 1 Prise Salz
- 100 g glattes Mehl
- 3 Eier

Vollkorn-Brandteig

- 125 ml Wasser
- 40 g Butter
- 1 Prise Salz
- 80 g Weizenvollkornmehl
- 2 Eier

Zubereitung

1. Eier versprudeln.
2. Wasser, Butter und Salz aufkochen.
3. Mehl dazugeben und mit dem Schneebesen einrühren.

Shit IM BRANDTEIG SIND MEHLBRÖCKERL.

So!

Die verhinderst du, indem du das Mehl mit einem Schwung in das kochende Butter-Salz-Wasser schüttest und es sofort kräftig mit dem Schneebesen einrührst.

4. Unter ständigem Rühren weiter kochen, bis sich die Masse vom Gefäß löst und sich am Geschirrboden ein weißer Belag bildet.

Shit DER BRANDTEIG VERKLEBT DEN SCHNEEBESEN.

So!

Nachdem du das Mehl eingerührt hast, tausche den Schneebesen gegen einen Kochlöffel aus und rühre kräftig weiter, bis sich die Masse vom Geschirr löst. Das nennt man Abbrennen.

5 Den abgebrannten Teig in eine Schüssel geben und mit dem Handmixer nach und nach die versprudelten Eier in den heißen Teig einarbeiten, bis er eine „schmierige", aber gerade noch dressierfähige Konsistenz hat.

BRANDTEIGKRAPFERL

Zutaten

- Grundrezept Brandteig (siehe S. 361)

- Butter und Mehl für das Blech
- Vanillecreme (siehe S. 371)
- Staubzucker zum Bestreuen

Vorbereitung

Backrohr auf 200 °C Ober-/Unterhitze vorheizen.

Zubereitung

1. Backblech mit weicher Butter bestreichen und mit Mehl stauben.

2. Brandteig in einen Dressiersack mit Sterntülle füllen und Rosetten auf das Blech dressieren.

Shit DER BRANDTEIG ZERRINNT BEIM DRESSIEREN.

So!

Zu viele Eier! Die Menge der Eier kann nicht exakt angegeben werden. Sie ist abhängig von der Aufnahmefähigkeit des Mehles, von der Größe der Eier und vor allem auch davon, wie lang du den Teig abgebrannt hast.

3. Im vorgeheizten Backrohr bei 200 °C 25 Minuten backen.

Shit DER BRANDTEIG GEHT BEIM BACKEN NICHT GUT AUF.

So!

Zu wenig Eier! Es braucht ein wenig Übung, um die richtige Konsistenz zu bekommen.

Shit DER BRANDTEIG FÄLLT BEIM BACKEN ZUSAMMEN.

So!

Dressiertes Brandteiggebäck musst du sofort im vorgeheizten Backrohr backen. Öffne in den ersten Minuten auf keinen Fall das Backrohr, da sich zuerst eine feste Kruste bilden muss. Ansonsten fällt die ganze Pracht in sich zusammen. Die Krapferl sind fertig, wenn sie sich vom Blech lösen und beim Anklopfen hohl klingen.

Für die, DIE ES GENAU WISSEN WOLLEN

Das Mehl muss mit einem Schwung in das kochende Butter-Salz-Wasser geschüttet werden. Gibst du hingegen das Mehl nach und nach ins Wasser, wird der Teil, der zuerst ins Wasser kommt, stark aufquellen und die ganze Flüssigkeit aufsaugen. Das Mehl, welches zuletzt im Topf landet, hat dann das Nachsehen.

Auch die Eier sollten auf einmal in den Teig gerührt werden. Deshalb musst du den Teig viel kräftiger rühren. Je stärker du ihn bearbeitest, umso mehr Luftbläschen kommen in den Teig. Wasser, das beim Backen verdunstet, dehnt diese Bläschen aus. Je mehr Luftbläschen im Teig sind, umso besser geht der Teig beim Backen auf.

CRÈME CARAMEL/ CRÈME BRULÉE

» Die Dotter flocken aus.
» Die Crème hat Luftlöcher und wirkt schwammig.

VANILLE-PUDDING

» Das Puddingpulver löst sich nicht auf.
» Der Pudding hat zu wenig Bindung.
» Eigentlich schaut alles gut aus, aber nach kurzer Zeit habe ich braune Bröckerl im Pudding.
» Ich mag keine Haut auf dem Pudding.

VANILLECREME

» Die Gelatine löst sich im warmen Pudding nicht auf.
» Das Schlagobers flockt nach dem Einrühren aus.

SCHOKOLADE-MOUSSE

» Der Eierschaum bleibt teilweise flüssig.
» Die Eiermasse wird nicht dickschaumig.
» Das Schlagobers lässt sich nicht schlagen, es wird zu Butter, bevor es fest wird.
» Das Schlagobers flockt aus.
» Wenn ich Schokolademousse mit weißer Schokolade zubereite, wird die Mousse zu weich und behält nicht die Form.

Cremen

UND SCHÄUME

BAYERISCHE CREME

» Die Eier flocken beim Erhitzen aus.
» Die Gelatine löst sich nicht auf.
» Die Masse ist zu fest, ich kann das Schlagobers nicht mehr glatt unter die Masse heben.

DEUTSCHE BUTTERCREME

» Die Creme gerinnt, der Pudding nimmt keine Butter mehr auf.

PARISER CREME

» Die Creme lässt sich nicht gut aufschlagen.
» Ich habe die Pariser Creme über Nacht im Kühlschrank gelagert. Jetzt ist sie zu fest, um sie verarbeiten zu können.

SCHOKOLADE-ESPUMA

» Die Schlagobersflasche ist verstopft.
» Der Schokoladeschaum ist zu wenig fluffig.
» Der Inhalt der Flasche beginnt zu stocken.

SABAYON (WEIN-CHADEAU)

» Die Eier lassen sich nicht schaumig schlagen.
» Die Ei-Zucker-Wein-Masse stockt zu schnell, ich bekomme süße Weinrühreier.

1

Cremiges zum Dessert

Ob das allseits beliebte Schokolademousse oder die zart schmelzende Crème brulée – bei allen ist perfektes Timing das Um und Auf. Werden kalte und heiße Zutaten nicht zum richtigen Zeitpunkt vermengt, ist es mit der typischen Luftigkeit aus und vorbei.

Die gängige Pampe, die eine Beleidigung für das Wort Creme ist, sollte dir nach diesem Kapitel nicht mehr passieren.

CRÈME CARAMEL

Zutaten für 4 Portionen

Karamellboden

- 200 g Kristallzucker
- 80 ml Wasser

Crème

- 1 Vanilleschote (oder 1 Päckchen Vanillezucker)
- 350 ml Milch
- 50 g Kristallzucker
- 3 Dotter
- Schlagobers zum Garnieren

Vorbereitung des Karamellbodens

1. Zucker in einem flachen Topf karamellisieren.

Der Zucker beginnt zu schmelzen und verfärbt sich schon an manchen Stellen

2. Karamellisierten Zucker mit Wasser ablöschen. (Vorsicht: Das kann ziemlich spritzen.)

3. Karamellisierten Zucker verkochen lassen, bis sich alle Zuckerbröckerl aufgelöst haben und der Zucker eine sirupartige Konsistenz hat.

4. Karamellzucker ca. 2 cm hoch in hitzefeste Förmchen füllen. Du kannst auch kleine Kaffeetassen dafür verwenden.

Vanillemark herauskratzen

Vorbereitung für die Crème

1. Vanilleschote mit einem kleinen Messer der Länge nach halbieren und das Vanillemark herauskratzen.

2. Backrohr auf 120 °C Ober-/Unterhitze vorheizen.

Dottermilch durch ein feines Sieb seihen

Zubereitung

1. Milch, Kristallzucker, Vanillemark (oder Vanillezucker) unter ständigem Rühren aufkochen.

2. Die Dotter glatt rühren und die Milch einrühren, keinesfalls Luftbläschen einschlagen.

Shit DIE DOTTER FLOCKEN AUS.

So!

Gieße die kochende Milchmischung in einem dünnen Strahl unter ständigem Rühren über die versprudelten Dotter. Wenn du unsicher bist, lasse die Milchmischung ein wenig abkühlen.

Dottermilch über die erkalteten Karamellböden leeren

3. Dottermilch durch ein feines Sieb seihen.

4. Anschließend über den erkalteten Karamellzucker in die Förmchen gießen.

5. Eine Pfanne 2 cm hoch mit kochendem Wasser befüllen, die Förmchen hineinsetzen und bei 120 °C Ober-/Unterhitze 90 Minuten im Backrohr stocken lassen.

Shit **DIE CRÈME HAT LUFTLÖCHER UND WIRKT SCHWAMMIG.**

So!

Das darf dir auf keinen Fall passieren! Wenn du Luftbläschen in der Crème hast, wird sie nicht glatt. Achte darauf, dass die Crème im Backrohr nur zum Stocken gebracht wird und nie und nimmer aufkocht!

6. Gut auskühlen lassen (am besten über Nacht).

7. Die Crème mit einem kleinen Messer von den Rändern der Förmchen lösen, mit dem auslaufenden Karamell auf die vorbereiteten Teller stürzen und mit Schlagobers garnieren.

Mit dem Flambierbrenner karamellisieren

CRÈME BRÛLÉE

Zutaten für 4 Portionen

- 300 ml Schlagobers
- 125 ml Milch
- 50 g Kristallzucker
- 1/2 Vanilleschote (oder 1 Päckchen Vanillezucker)
- 5 Dotter
- 40 g Feinkristallzucker oder brauner Zucker zum Flämmen

Zubereitung siehe Crème Caramel (siehe S. 368 f.)

Flämmen der Crème

1. Auf jede Crème 10 g (1 Esslöffel) Kristallzucker verteilen.

2. Den Zucker auf oberster Schiene im Backrohr bei maximaler Oberhitze oder mit dem Flambierbrenner karamellisieren.

VANILLEPUDDING

Zutaten für 4 Portionen

- 25 g Vanillepuddingpulver
- 250 ml Milch
- 30 g Staubzucker

Pudding aus der Mikrowelle
Verrühre das Puddingpulver mit Zucker und Milch in einer Glas- oder Plastikschüssel und decke es mit einem Glas- oder Plastikdeckel ab. Anschließend 1 Minute bei voller Hitze in der Mikrowelle kochen lassen, danach umrühren und noch einmal 1 Minute kochen lassen.

Zubereitung

1. Puddingpulver mit etwas kalter Milch glatt rühren.

Shit DAS PUDDINGPULVER LÖST SICH NICHT AUF.

So!

Streust du Puddingpulver einfach in die kochende Milch, erhältst du eine halbflüssige Bröckerlorgie im Kochtopf. Du musst zuerst etwas von der kalten Milch mit dem Puddingpulver verrühren. Versuchst du, das ganze Puddingpulver in die kalte Milch zu rühren und dann aufzukochen, erhältst du einen Pudding für „angebrannte Kunst"!

2. Die restliche Milch aufkochen lassen und das angerührte Puddingpulver mit dem Schneebesen zügig einrühren.

3. Eine Minute unter laufendem Rühren verkochen lassen, dann den Zucker einrühren.

Shit DER PUDDING HAT ZU WENIG BINDUNG.

So!

Damit du die volle Bindung erhältst, muss die Stärke kurz kochen. Aber Achtung! Die Gefahr des Anbrennens ist groß, also immer mit dem Schneebesen umrühren.

4. Sofort in Förmchen oder in ein kaltes Geschirr zum Weiterverarbeiten umleeren.

Shit EIGENTLICH SCHAUT ALLES GUT AUS, ABER NACH KURZER ZEIT HABE ICH BRAUNE BRÖCKERL IM PUDDING.

So!

Der Boden des Geschirrs ist immer noch kochend heiß und tut dem Pudding nichts Gutes. Nachdem der Pudding fertig ist, muss er geradewegs raus aus dem Kochgeschirr.

Shit ICH MAG KEINE HAUT AUF DEM PUDDING.

So!

Lege mit Butter bestrichenes Backpapier direkt auf den Pudding. Achte darauf, dass die ganze Oberfläche abgedeckt ist. Der Pudding soll das Gefühl haben, er habe schon eine Haut und bräuchte keine mehr zu bilden.

VANILLECREME

Zutaten für 0,5 l Creme

- 3 Blätter Gelatine
- Vanillepudding (siehe S. 370)
- 250 ml Schlagobers
- Vanillezucker

Vorbereitung

1. Gelatineblätter in kaltem Wasser einweichen.
2. Pudding zubereiten.

Zubereitung

1. Gelatine aus dem Wasser nehmen, ausdrücken und unter die heiße Puddingmasse rühren.

Shit DIE GELATINE LÖST SICH IM WARMEN PUDDING NICHT AUF.

So!

Der Pudding ist zu stark abgekühlt. Ich gebe die Gelatine dazu, wenn der Pudding noch heiß ist.

2. Pudding mit befettetem Backpapier abdecken, gut auskühlen lassen, dann glatt rühren und wenn nötig durch ein feines Sieb passieren.
3. Schlagobers schlagen und unter den Pudding rühren. Die Creme 3–4 Stunden in den Kühlschrank geben, bis sie fest ist.

SCHOKOLADEMOUSSE

Bei keiner Speise ist die Qualität so vom Spiel mit der Temperatur abhängig wie beim Schokolademousse

Zutaten für 4 Personen

- 120 g zartbittere Kuvertüre
- 2 Eier
- 2 Dotter
- 50 g Staubzucker
- 2 Esslöffel Kaffee oder Orangensaft oder Wasser
- 250 ml Schlagobers

Vorbereitung

Kuvertüre über Wasserdampf schmelzen.

Zubereitung

1. Eier, Dotter, Staubzucker und Kaffee (oder Orangensaft oder Wasser) über Dampf schaumig schlagen.

Shit DER EIERSCHAUM BLEIBT TEILWEISE FLÜSSIG.

So!

Der Fehler ist beim Aufschlagen über Dampf passiert. Die Eier müssen kräftig mit dem Schneebesen geschlagen werden, bis die Masse durchgängig schaumig ist und eine Temperatur von 55 °C erreicht hat. Mit dem Handmixer schaffst du das nicht, weil du damit nicht alle Ränder in der Schüssel erreichst.

2. Die heiße Eiermasse kalt schlagen, bis eine dickschaumige Masse entsteht.

Shit DIE EIERMASSE WIRD NICHT DICKSCHAUMIG.

So!

Um die Masse kalt zu schlagen, solltest du einen Handmixer verwenden. Es braucht seine Zeit, bis die Eiermasse kalt und dickschaumig ist. Mit der Hand die Eiermasse kalt zu schlagen, fällt unter Strafarbeit.

3. Kuvertüre unter die Eiermasse rühren.

4 Schlagobers schlagen.

Shit **DAS SCHLAGOBERS LÄSST SICH NICHT SCHLAGEN, ES WIRD ZU BUTTER, BEVOR ES FEST WIRD.**

So!

Wichtig ist, dass sowohl das Schlagobers als auch das Geschirr kalt ist. Deshalb gebe ich auch die Schüssel kurz in den Kühlschrank, bevor ich das Schlagobers schlage.

5 Schokolademasse unter das geschlagene Obers rühren.

Shit **DAS SCHLAGOBERS FLOCKT AUS.**

So!

Die Schokolademasse war noch nicht kalt genug. Ich empfehle dabei immer Richtung kälterem Geschirr zu arbeiten – in diesem Fall also die Schokolademasse zum Schlagobers zu geben.

6 In Schüsseln oder Gläser füllen, geruchssicher verschließen und einige Stunden kühlen.

Shit **WENN ICH SCHOKOLADEMOUSSE MIT WEISSER SCHOKOLADE ZUBEREITE, WIRD DIE MOUSSE ZU WEICH UND BEHÄLT NICHT DIE FORM.**

So!

Wenn du Schokolademousse mit weißer Schokolade zubereitest, festige deine Mousse mit zwei Blättern Gelatine, die du nach dem Einweichen in warmem Schlagobers zergehen lässt. Rühre dann die aufgelöste Gelatine unter die Eier-Schokolade-Masse. Es funktioniert aber auch, wenn du die flüssige Gelatine erst zum Schluss in die Mousse rührst.

Raffinesse durch Aromenvielfalt

Ich bevorzuge Kaffee zum Aromatisieren der Schokolademousse. Es gibt jedoch so viel mehr Möglichkeiten, mit pfiffigen Geschmackskomponenten zu punkten. Kardamom, Pfefferkörner, Zimtrinde, Vanillemark, Lebkuchengewürz, geriebene Orangenschalen etc. sind nur einige Beispiele für Aromavarianten, die mit Sicherheit für Raffinesse sorgen.

Du kannst aber auch die Schokolade aromatisieren. Da Schokolade hauptsächlich aus Fett besteht, kann sie fettlösliche Aromen sehr gut aufnehmen. Vermische dazu deine Gewürzreduktion mit Dottern und rühre langsam tropfenweise die Schokolade ein – eine neue Emulsion entsteht. Wenn diese Schokoladeemulsion abgekühlt ist, kannst du das geschlagene Obers einrühren oder sie für andere Süßspeisen, wie etwa einen Schokoladekuchen mit flüssigem Kern, verwenden.

BAYERISCHE CREME

Ob diese Creme, die in Russland Moscovite heißt, aber auch unter dem Namen Bavaroise bekannt ist, wirklich einen blau-weißen Ursprung hat, wissen nicht einmal die Bayern selbst

Die Bayerische Creme ist DIE Grundcreme, die sich z. B. mit Zimt, Mohn, Nougat, Grand Marnier, Schokolade etc. in unterschiedlichen Geschmacksrichtungen zeigt.

Zutaten für 4 Personen

- 6 Blätter Gelatine
- 500 ml Milch
- 120 g Kristallzucker
- 1 Kaffeelöffel Vanillezucker
- 5 Dotter
- 200 ml Schlagobers

Vorbereitung

Gelatine in kaltem Wasser einweichen.

Zubereitung

1. Milch, Zucker, Vanillezucker und Dotter unter ständigem Rühren im Wasserbad erhitzen, bis die Masse dickflüssig ist.

Shit DIE EIER FLOCKEN BEIM ERHITZEN AUS.

So!

Die Masse soll zwar dickflüssig werden, wenn sie jedoch aufkocht, hast du bereits verloren.

2. Eingeweichte Gelatine gut ausdrücken, in der warmen Eier-Milch-Masse auflösen und auskühlen lassen.

3. Schlagobers schlagen, unter die abgekühlte Masse heben, in Förmchen füllen und einige Stunden kühlen.

Shit DIE MASSE IST ZU FEST, ICH KANN DAS SCHLAGOBERS NICHT MEHR GLATT UNTER DIE MASSE HEBEN.

So!

Das Stadium, in dem die Gelatine die Masse noch nicht zum Erstarren gebracht hat, ist der Moment, in dem du die Eiermasse unter das Schlagobers rühren sollst. Wie bei der Schokolademousse gilt auch hier: immer Richtung kälterem Geschirr arbeiten, also die Eiermasse unter das Schlagobers heben.

Cremiges zum füllen

Eine prachtvolle Torte beginnt mit dem Tortenboden und wird durch eine perfekt dazu passende Creme vollendet.

2

DEUTSCHE BUTTERCREME

Diese Buttercreme ist eigentlich die klassische Tortenfüllcreme. Eine Zeit lang aus der Mode gekommen, feiert sie nun wieder ein Comeback. Natürlich handelt es sich dabei nicht um eine Diätcreme, aber ob die Kalorien von der Butter oder vom Schlagobers kommen, wird deiner Hüfte egal sein.

Zutaten für die Füllung einer Torte

- Vanillepudding (siehe S. 370)
- 250 g Butter
- Geschmackszutaten wie Haselnüsse, Nougat, starker Kaffee, Schokolade
- Staubzucker nach Bedarf

Vorbereitung

1. Butter auf Zimmertemperatur bringen.
2. Pudding zubereiten (siehe S. 370 f.).

Zubereitung

1. Butter sehr flaumig rühren.

Shit DIE CREME GERINNT, DER PUDDING NIMMT KEINE BUTTER MEHR AUF.

So!

Du darfst den Pudding nur nach und nach in kleinen Mengen unter die Butter rühren. Erst wenn der Pudding mit der Butter zu einer glatten, cremigen Masse verrührt ist, kannst du den restlichen Pudding einrühren.

2. Vanillepudding und Geschmackszutaten nach und nach einrühren.

PARISER CREME

Die Pariser ist die klassische Creme für den Pariser Spitz und die Pariser Torte.

Zutaten für die Füllung einer Torte

- 400 g Schlagobers
- 400 g Schokolade

Vorbereitung

Schokolade zerkleinern.

Zubereitung

1. Schlagobers aufkochen.
2. Schokolade darin auflösen und abkühlen lassen.
3. Knapp bevor die Schokolade fest zu werden beginnt, mit dem Handmixer schaumig aufschlagen.

Shit DIE CREME LÄSST SICH NICHT GUT AUFSCHLAGEN.

So!

In den meisten Fällen wird nicht gewartet, bis die Creme kalt, aber noch nicht fest ist. Es gelingt besser, wenn die Creme eher zu kalt ist.

Shit ICH HABE DIE PARISER CREME ÜBER NACHT IM KÜHLSCHRANK GELAGERT. JETZT IST SIE ZU FEST, UM SIE VERARBEITEN ZU KÖNNEN.

So!

Pariser Creme lässt sich gut im Kühlschrank aufbewahren. Beachte dabei aber, dass du sie geruchssicher verschlossen hältst. Zum Verarbeiten erwärme die Creme leicht über einem Wasserbad und schlage sie danach wieder schaumig auf.

Luftig-Feines

Schäume bzw. Espumas haben eine luftig-leichte, schmelzende Textur, nach der man süchtig werden kann. Für manche ist es das kulinarische Himmelreich auf Erden.

3

HEISSER SCHOKOLADE-ESPUMA (HEISSER SCHOKOLADESCHAUM)

Schäume aus der Schlagobersflasche (dem Sahnespender) sind das Muss, wenn es darum geht, locker-schaumige Wow-Effekte zu schaffen. Bevor du allerdings mit deinen Experimenten beginnst, lies am besten nochmals auf S. 15 nach, wie du mit der Schlagobersflasche richtig umgehst.

Zutaten für eine 0,5-l-Schlagobersflasche (Sahnespender) = 8 Portionen

- 200 ml Schlagobers
- 250 g zartbittere Kuvertüre
- 200 g Eiklar

Zubereitung

1. Schlagobers zum Kochen bringen, zerkleinerte Schokolade dazugeben und rühren, bis die Schokolade vollständig aufgelöst ist.
2. Etwas abkühlen lassen und das Eiweiß mit dem Schneebesen flott einrühren.
3. Durch ein feines Sieb seihen.

Shit DIE SCHLAGOBERSFLASCHE IST VERSTOPFT.

So!

Die Schokolademasse muss ganz glatt sein. Der Tipp, sie durch ein Sieb zu seihen, ist ernst gemeint.

4. Schlagobersflasche befüllen, verschließen und mit einer Kapsel begasen.

Shit DER SCHOKOLADESCHAUM IST ZU WENIG FLUFFIG.

So!

Während du die Flasche mit der Sahnekapsel begast, schüttle sie kräftig. Halte die Flasche dabei verkehrt, sodass das Gas in der Flasche den ganzen Inhalt gut durchdringen kann.

5 Im Backrohr oder im Wasserbad bei 60 °C warm stellen, Flasche öfters schütteln.

Shit DER INHALT DER FLASCHE BEGINNT ZU STOCKEN.

So!

Achte darauf, dass die Warmhaltetemperatur 60 °C nicht überschreitet. Schüttle die Flasche alle 30 Minuten kräftig durch.

SABAYON (WEIN-CHADEAU)

Zutaten für 4 Portionen

- 1 Ei
- 3 Dotter
- 100 g Kristallzucker
- 250 ml Weißwein (oder Orangensaft, dann ist es jedoch kein Wein-Chadeau mehr)

Zubereitung

1 Ei, Dotter, Kristallzucker und Wein verrühren.

Shit DIE EIER LASSEN SICH NICHT SCHAUMIG SCHLAGEN.

So!

Nachdem du den Zucker zu den Eiern gefügt hast, musst du sofort mit dem Aufschlagen beginnen. Zucker entzieht den Dottern Flüssigkeit. Dadurch wird das Ganze nicht mehr schaumig.

2 Über einem Wasserbad mit einem Schneebesen aufschlagen, bis das doppelte Volumen erreicht ist.

So!

Shit **DIE EI-ZUCKER-WEIN-MASSE STOCKT ZU SCHNELL, ICH BEKOMME SÜSSE WEINRÜHREIER.**

Das Geschirr sollte nicht direkt im heißen Wasser stehen. Achte darauf, dass du die Masse tatsächlich nur über dem Wasserdampf aufschlägst und das Wasser zwar sehr heiß ist, aber nicht kocht.

Für die, **DIE ES GENAU WISSEN WOLLEN**

VON SCHAUMSCHLÄGERN UND TOTSCHLÄGERN

Dotter alleine kannst du nicht schaumig schlagen. Du kannst Dotter schlagen, so lange du willst – das Volumen wird sich deshalb trotzdem nicht verdoppeln! Erst wenn du etwas Flüssigkeit zu den Dottern gibst, kannst du diese schaumig schlagen. Allerdings platzen die Luftbläschen im Dotterschaum rasch und dann ist der Schaum Geschichte.

Die Proteine im Dotter wehren sich gegen das Denaturieren (Gerinnen) und verhindern erfolgreich, dass sich ein stabiles Netzwerk bildet. Du weißt jedoch sicher, dass man Proteine durch Hitze zum Denaturieren zwingen kann. Genau nach diesem Prinzip funktionieren auch Schäume. Schummelst du dann noch etwas Eiklar hinzu, indem du ein ganzes Ei unter die Dotter mengst, bist du in Sachen Schaumstabilität auf der Siegerstraße. Jetzt brauchst du nur noch den richtigen Augenblick zum Beenden des Schlagens erwischen. Denn schlägst du das Sabayon zu lange, rächt es sich nicht nur in Form eines Muskelkaters, sondern auch mit einer grauslich-grieseligen Konsistenz.

WAS FÜR ALLE GLASUREN GILT

- » Selbst mit Glasur schaut meine Torte nicht schön aus.
- » Durch das Verstreichen der Glasur entstehen Schatten.
- » Die Glasur rinnt am Rand von der Torte oder bedeckt den Rand nicht exakt.
- » Die Glasur beginnt zu schwitzen.
- » Die Glasur verliert ihren Glanz.
- » Die Glasur zersplittert beim Transportieren.
- » Die Glasur zerspringt beim Aufschneiden.

GLASIEREN MIT ERWÄRMTEM FONDANT

- » Die Glasur verliert ihren Glanz und ist spröde.
- » Die Glasur ist zu zähflüssig zum Glasieren.
- » Die Glasur ist feucht und klebrig.

SACHERGLASUR

- » Die Glasur wird grobkörnig.
- » Bis ich die Torte fertig habe, kristallisiert die Glasur schon wieder.

EINFACHE SCHOKOLADE-GLASUR

- » Die Glasur rinnt am Tortenrand hinunter.

Glasuren UND DEKOR

ZITRONEN-GLASUR

» Die Glasur wird nicht fest.
» Ich möchte die Glasur mit einem Pinsel auf das Gebäck auftragen, sie ist aber zu zähflüssig.

PUNSCHGLASUR

» Die Glasur wird zu dünnflüssig.
» Die Glasur wird zu dunkel.

SPRITZGLASUR

» Die Marzipanfiguren halten nicht auf der Torte.
» Die Tülle im Dressiersack ist ständig verstopft.

SCHOKOLADE ZUM SCHREIBEN

» Die Schokolade läuft beim Schreiben auseinander.
» Füge ich Wasser oder Rum hinzu, wird sie für die Weiterverarbeitung zu fest.

DEKOR AUS SCHOKOLADE

» Die Schokolade wird bröckelig, nachdem ich sie im Wasserbad erhitzt habe.
» Die Garnituren sind zu weich und haben keinen Glanz.

Glasuren

1

Torten perfekt zu glasieren, ist eine Meisterleistung. Glasuren sollten aber nicht nur auf die Funktion einer behübschenden Verkleidung von Torten und Kuchen reduziert werden. Eine gelungene Glasur schützt das Gebäck auch vor dem Austrocknen und manch anderem Übel. Oder wusstest du, dass die konservierende Wirkung der Sacherglasur die Torte vor allzu raschem Verderben bewahrt?

WAS FÜR ALLE GLASUREN GILT

Du schaffst es nicht, dass deine Glasur glatt über die Ränder der Torte rinnt? Du kämpfst jedes Mal aufs Neue gegen den einen oder anderen Schatten auf der Tortenoberfläche? Keine Sorge – das Gefühl für die richtige Temperatur und die optimale Konsistenz der Glasur bekommst du nur durch oftmaliges Üben und einige Tipps aus diesem Kapitel.

Zuerst die frohe Botschaft: Viele Glasuren, selbst bei unterschiedlichen Zubereitungstechniken, leiden unter den gleichen Shits.

Shit **SELBST MIT GLASUR SCHAUT MEINE TORTE NICHT SCHÖN AUS.**

So!

Wenn du glasierst, muss der Untergrund, also die Torte, exakt in Form sein.

BRÖSELMARMELADE

Kleine Fehler kannst du mit Bröselmarmelade korrigieren.

1. Beim Auf- bzw. Zuschneiden der gebackenen Torten gibt es immer Brösel oder andere Anschnitte.
2. Vermische die Brösel mit etwas Marillenmarmelade, sodass eine Paste entsteht.
3. Gleiche mit dieser Bröselmarmelade die Unebenheiten der Torte aus.

Shit **DURCH DAS VERSTREICHEN DER GLASUR ENTSTEHEN SCHATTEN.**

So!

Die Glasur ist zu kalt oder du verstreichst sie zu lange. Die Temperatur für Schokoladeglasuren sollte genau 35 °C haben. Übrigens habe ich in meiner Lehrzeit bei solchen Fehlern schon mal mit dem Haarföhn die Schokoladeglasur auf der Torte zum Schmelzen gebracht, um die Schatten zu korrigieren, aber sage das bitte nicht weiter!

Shit DIE GLASUR RINNT AM RAND VON DER TORTE ODER BEDECKT DEN RAND NICHT EXAKT.

So!

Die Glasur ist zu heiß. Auch fette Cremen, die nicht gut mit Marmelade überzogen sind, lassen die Glasur abrutschen. Lasse die Glasur über den Rücken eines Löffels rinnen, damit du eine Ahnung bekommst, wie sie am Tortenrand haften könnte.

Shit DIE GLASUR VERLIERT IHREN GLANZ.

So!

Die Glasur verliert vor allem dann an Glanz, wenn ihr der Teig Flüssigkeit entzieht. Das Bestreichen mit Marmelade vor dem Glasieren ist daher unerlässlich. Manche Konditoren geben etwas Öl zur Glasur, das erhöht den Glanz.

Shit DIE GLASUR BEGINNT ZU SCHWITZEN.

So!

Lasse die Glasur gut antrocknen, bevor du die Torte in den Kühlschrank stellst. Gib glasierte Torten nur dann in den Kühlschrank, wenn es unbedingt notwendig ist.

Shit DIE GLASUR ZERSPLITTERT BEIM TRANSPORTIEREN.

So!

Gib der Torte einen kompakten Untergrund. Runde, vorgeschnittene Pappkartons sind dafür sehr hilfreich. Platziere dann die Torte auf eine passende Tortenplatte, solange die Glasur noch nicht ganz angetrocknet ist.

Shit DIE GLASUR ZERSPRINGT BEIM AUFSCHNEIDEN.

So!

Das passiert vor allem bei sehr spröden und knackigen Schokoladeglasuren. Torten mit solchen Glasuren unfallfrei zu portionieren, ist zugegebenermaßen eine Herausforderung. Am besten ritzt du die Glasur mit einem heißen Messer ein, bevor du die Stücke schneidest. Tauche das Messer vor jedem Schnitt in heißes Wasser und wische es mit Küchenrolle ab.

GLASIEREN MIT ERWÄRMTEM FONDANT

Ich gehe hier von einem Fertigprodukt aus.

1. Fondant über Wasserdampf unter ständigem Rühren auf 38 °C bringen.

Shit DIE GLASUR VERLIERT IHREN GLANZ UND IST SPRÖDE.

So!

Der Fondant sollte nur ganz kurz erwärmt werden. Du darfst ihn, obwohl der Vorgang des Erwärmens rasch gehen soll, nicht bei voller Hitze zum Schmelzen bringen.

2. Fondant auf die mit Marmelade überzogene Torte gießen und mit wenigen Palettenstrichen verteilen.

Shit DIE GLASUR IST ZU ZÄHFLÜSSIG ZUM GLASIEREN.

So!

Die Glasur kann mit etwas Läuterzucker (siehe S. 332) verdünnt werden. Du kannst aber auch etwas Milch oder Öl verwenden. Damit bleibt die Glasur länger geschmeidig und bekommt einen schöneren Glanz.

Shit DIE GLASUR IST FEUCHT UND KLEBRIG.

So!

Du hast die Glasur zu stark verdünnt. (Das ist mir schon 100 Mal passiert. Ab beim 101. Mal war ich schlauer.)

3. Tortenrand überprüfen, evtl. mit der Palette ein wenig nachhelfen.

für die, DIE ES GENAU WISSEN WOLLEN

Der feine Schmelz von Zuckerglasuren entsteht dadurch, dass die Kristallisation des Zuckers minimiert wird. Wenn sich große Zuckerkristalle bilden, bekommt die Glasur eine sandige Konsistenz und verliert den feinen Schmelz.

SACHERGLASUR

Zutaten für eine Torte (24 cm Durchmesser)

- 250 g dunkle Kuvertüre
- 300 g Kristallzucker
- 1/8 l Wasser

Die Sacherglasur (Konserveglasur) ist die Königsdisziplin der Schokoladeglasuren.

Vorbereitung

Kuvertüre grob reiben.

Zubereitung

1. Wasser mit Kristallzucker aufkochen. Am Rand der Kasserolle bildet sich kristalliner Zucker. Diesen solltest du mit einem Pinsel wegwischen.
2. Kuvertüre einrühren und bis zu einem starken Faden kochen lassen. Was mit einem starken Faden gemeint ist, kannst du auf S. 389 nachlesen.
3. Glasur durch ein Sieb in eine Schüssel gießen.
4. Die Glasur am Rand der Schüssel tablieren, bis sie eine Temperatur von 60 °C erreicht hat.

Shit **DIE GLASUR WIRD GROBKÖRNIG.**

So!

Du darfst die Glasur ab jetzt bis zu dem Augenblick, von dem an sie die Torte ziert, nicht mehr in Ruhe lassen. Der Überguss muss ständig nach der vorgeschriebenen Technik (siehe Tablieren, S. 389) bewegt werden.

5. Die Glasur über die Torte leeren und diese mit der Palette mit wenigen Strichen überziehen.

Shit BIS ICH DIE TORTE FERTIG HABE, KRISTALLISIERT DIE GLASUR SCHON WIEDER.

So!

Die Torte muss fix und fertig sein, bevor du mit dem Glasieren beginnst.

Starker (langer) Faden

Wenn du Zucker kochst, kannst du die Temperatur mit einem Zuckerthermometer messen. Das ist die exakteste Methode, um die 108 °C zu erreichen, die du für die Sacherglasur brauchst. Hast du kein Zuckerthermometer bei der Hand, kannst du mit folgender Methode erkennen, ob der Zucker (oder die Glasur) schon zum Verarbeiten bereit ist.

» Gib etwas Glasur auf einen Kochlöffel und nimm davon etwas zwischen angefeuchteten Daumen und Zeigefinger. Aber verbrenne dir bitte nicht die Finger!

» Wenn du Daumen und Zeigefinger schnell öffnest, sollte ein langer Faden entstehen. Reißt der Faden schon, wenn er noch kurz ist, musst du die Glasur noch etwas länger kochen.

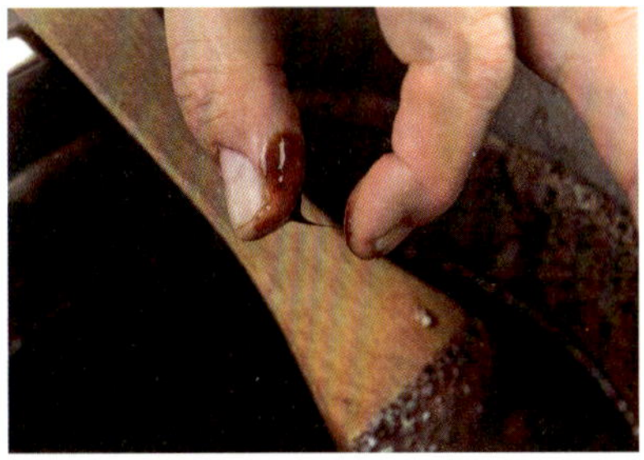

Kurzer Faden – die Glasur muss noch heißer werden

TABLIEREN DER GLASUR

Damit der Zucker keine groben Kristalle bildet, welche die Glasur körnig erscheinen lassen, muss diese tabliert werden. Profis verwenden zum Tablieren eine Marmorplatte. Ich zeige dir eine Technik, die ohne diese funktioniert! Eine Marmorplatte hat zwar den Vorteil, dass sie keine Wärme speichert und deshalb kühl bleibt, aber – wie gesagt – es geht auch anders.

1. Du hast die heiße Glasur in eine Schüssel geleert, nun muss sie unter allen Umständen bewegt werden. Nimm einen Kochlöffel, rühre die Glasur an den Schüsselrand und wieder zurück.

2. Drehe die Schüssel etwas gegen die Rührrichtung, rühre die Glasur wieder an den Schüsselrand und bewege sie vom Rand der Schüssel wieder zurück.

3. Nach jeder zweiten Runde rühre einige Male kräftig in der Schüssel um.

4. Wenn du das Gefühl hast, dass dir gleich der Arm abfällt, hat die Glasur Lippentemperatur (35 °C) erreicht und ist bereit zum sofortigen Glasieren. Hoffentlich steht die Torte schon bereit.

EINFACHE SCHOKOLADEGLASUR

Falls dir die Sacherglasur in der Verarbeitung zu aufwendig erscheint, versuche es mit einer einfachen Schokoladeglasur.

Der Vorteil: Diese Glasur verzeiht kleine Fehler.
Der Nachteil: Die Glasur hat nicht den feinen Schmelz der Sacherglasur und zeigt sich ein wenig spröde beim Aufschneiden.

Zutaten für 1 Torte oder 1 Kuchen

- 180 g Kochschokolade
- 125 g Butter

Vorbereitung

Schokolade hacken oder grob reiben.

Zubereitung

1. Schokolade mit der Butter über Wasserdampf schmelzen.
2. Schokoladeglasur zum Glasieren auf 35 °C abkühlen lassen.

Shit DIE GLASUR RINNT AM TORTENRAND HINUNTER.

So!

- Achte darauf, dass du die Glasur nicht zu heiß über die Torte oder den Kuchen gießt.
- Glasiere nicht über Cremen, die durch die Wärme schmelzen könnten.
- Mit Cremen gefüllte Torten sollten beim Glasieren Kühlschranktemperatur haben. Die Torten sollten mit Marmelade überzogen sein.

GESCHMEIDIGE SCHOKOLADEGLASUR

Diese Glasur bleibt lange geschmeidig. Du hast also Zeit, dein Gebäck dort zu platzieren, wo du es schlussendlich brauchst.

Zutaten für 1 Torte oder 1 Kuchen

- 300 g Kochschokolade
- 280 ml Schlagobers
- 60 g Honig

Vorbereitung

Schokolade grob reiben oder hacken.

Zubereitung

1. Schokolade im warmen Wasserbad schmelzen lassen.
2. Schlagobers auf 30 °C erwärmen.
3. Honig in die Schokolade einrühren.
4. Schlagobers langsam mit einem Schneebesen einrühren.
5. Abkühlen lassen, bis die Konsistenz der Glasur zähflüssig ist.

ZITRONENGLASUR

Zutaten

- 200 g Staubzucker
- 3 Esslöffel Zitronensaft

Zubereitung

1. Staubzucker in eine Schüssel sieben und mit Zitronensaft dickflüssig anrühren.
2. Glasur auf 40 °C erhitzen.

Shit DIE GLASUR WIRD NICHT FEST.

So!

Die Glasur muss leicht erhitzt werden, dann wird sie auch fest.

Shit ICH MÖCHTE DIE GLASUR MIT EINEM PINSEL AUF DAS GEBÄCK AUFTRAGEN, SIE IST ABER ZU ZÄHFLÜSSIG.

So!

Das angegebene Rezept ist für das Verstreichen mit der Palette konzipiert. Wenn du die Glasur mit einem Pinsel auftragen möchtest, gib etwas mehr Zitronensaft dazu. Die Glasur wird auch in diesem Fall fest.

PUNSCHGLASUR

Zutaten

- 300 g Staubzucker
- 3 Esslöffel Wasser
- 2 Esslöffel Rum
- 1 Esslöffel Beerensirup oder etwas Lebensmittelfarbe

Vorbereitung

Staubzucker sieben.

Zubereitung

1. Wasser zum Kochen bringen.

2. Rum und heißes Wasser mit dem Staubzucker verrühren.

Shit DIE GLASUR WIRD ZU DÜNNFLÜSSIG.

So!

Die Menge des Staubzuckers ist eher zum Eintauchen von Punschkrapferln berechnet. Für Schnitten oder Torten gib einfach etwas mehr Staubzucker dazu.

3. Sirup oder Lebensmittelfarbe langsam bis zur gewünschten Färbung einrühren.

Shit DIE GLASUR WIRD ZU DUNKEL.

So!

Das passiert, wenn du zu viel vom roten Sirup zum Einfärben erwischt hast. Nimm einfach mehr Staubzucker. Diese Glasur eignet sich zum Bestreichen von Schnitten und Tortenoberflächen.

Zum Garnieren und Verzieren

Worauf muss ich bei Kuvertüre achten, damit ich mit ihr „schreiben“ kann? Warum ist die Tülle immer verstopft, wenn ich mit Eiweißspritzglasur arbeite? Und kann mir bitte jemand erklären, wie ein Stanitzel aus Papier gefaltet wird? Mit folgenden Anleitungen steht kunstvoll verzierten Kuchen und Torten nichts mehr im Weg, außer vielleicht mangelnde Übung.

2

SPRITZGLASUR

Shit DIE MARZIPANFIGUREN HALTEN NICHT AUF DER TORTE.

So!

Der Kleber für Süßes ist die Spritzglasur. Du kannst damit aber auch die schönsten Zuckerarabesken oder Zuckerringe zur Verzierung von Torten herstellen. Dressiere dafür einfach mit einer dünnen, glatten Tülle im Dressiersack die Spritzglasur auf eine Folie und lasse das Ganze trocknen.

Zutaten

- 300 g Staubzucker
- 1 Eiklar
- 1 Esslöffel Zitronensaft

Zubereitung

1. Staubzucker in eine Schüssel sieben.

Shit DIE TÜLLE IM DRESSIERSACK IST STÄNDIG VERSTOPFT.

So!

Regel Nr. 1 lautet: Den Staubzucker immer sieben!

Hast du die Glasur sofort verarbeitet? Wenn du die Zuckerglasur stehen lässt, bildet sich auf der Oberfläche eine Kruste. Willst du feine Arabesken oder Garnituren spritzen, musst du die Glasur durch ein Sieb streichen.

2. Mit etwas Zitronensaft und Eiklar auf eine dressierfähige Konsistenz bringen.

SCHOKOLADE ZUM SCHREIBEN

Zutaten

- 200 g Kuvertüre
- Einige Tropfen Wasser oder Rum

Vorbereitung des Papierstanitzels

Zubereitung

1. Kuvertüre grob hacken und schmelzen.

2. Mit einigen Tropfen Wasser oder Rum verrühren, bis die vom Löffel abrinnende Schokolade in der Schüssel nicht mehr auseinanderläuft.

Shit

DIE SCHOKOLADE LÄUFT BEIM SCHREIBEN AUSEINANDER. FÜGE ICH WASSER ODER RUM HINZU, WIRD SIE ZUM SCHREIBEN ZU FEST.

So!

Wasser oder Rum zur Schokolade zu geben, damit sie beim Schreiben nicht zerfließt, ist schon richtig. Es dürfen jedoch nur wenige Tropfen Flüssigkeit sein, da sonst die Schokolade hart wird.

3. Schokolade in ein Papierstanitzel füllen und die Spitze abschneiden.

Für die, DIE ES GENAU WISSEN WOLLEN

Es klingt absurd, wenn man jedoch Flüssigkeit zur Schokolade gibt, wird diese fester. Flüssigkeit wirkt wie ein Kleber. Sie benetzt Kakao- und Zuckerteilchen als dünne Sirupschicht – die Teilchen an der Oberfläche bleiben aneinander kleben und verabschieden sich so aus der flüssigen Kakaobutterphase. In diesem Fall kannst du nur noch Schokoladesauce daraus machen, indem du noch mehr Flüssigkeit hinzufügst, damit der Zucker vollständig zu Sirup wird.

DEKOR AUS SCHOKOLADE

Zutaten

- 200 g grob geraspelte Kuvertüre
- Geduld und Übung

Zubereitung

1. Schokolade langsam im Backrohr bei 45 °C schmelzen.

Shit DIE SCHOKOLADE WIRD BRÖCKELIG, NACHDEM ICH SIE IM WASSERBAD ERHITZT HABE.

So!

Die Gefahr ist groß, dass Schokolade über Wasserdampf überhitzt. Die Bröckerl entstehen eher, wenn etwas Wasser in die Schokolade gelangt.

2. Schokolade etwas abkühlen lassen.

3. Schokolade wieder anwärmen.

Shit DIE GARNITUREN SIND ZU WEICH UND HABEN KEINEN GLANZ.

So!

Damit die Schokolade glänzt und dabei knackig bleibt, musst du sie zuerst vorsichtig schmelzen und dann so weit abkühlen, bis sie fast erstarrt ist. Das erreichst du entweder, indem du das Geschirr unter ständigem Rühren in ein kaltes Wasserbad stellst oder kalte, fein geriebene Kuvertüre unter die geschmolzene Schokolade rührst. Im nächsten Schritt erwärmst du die Kuvertüre wieder auf Betriebstemperatur. Die ideale Temperatur von 32 °C wird nicht leicht messbar sein.

Du kannst sie jedoch folgendermaßen ziemlich genau bestimmen: Erhitze die Schokolade unter ständigem Rühren über einem Wasserbad oder noch besser im Backrohr bei 35 °C. Wenn die Schokolade geschmolzen ist, kannst du sie verwenden. Erhitze sie ab diesem Moment keinesfalls weiter. Übrigens: Der Profi nennt diesen Vorgang Temperieren.

Für die, DIE ES GENAU WISSEN WOLLEN

SCHOKOLADE UND KUVERTÜRE SCHMELZEN UND TEMPERIEREN

Kakaobutter kann in sechs verschiedenen Fettkristallformen kristallisieren. Vier davon bilden ein lockeres Netzwerk, das flüssiges Fett enthält. Die zwei weiteren Fettkristallarten bilden stabile Formen.

Damit alle Kristallformen schmelzen, wird Schokolade auf ca. 50 °C erwärmt. Anschließend wird sie abgekühlt, bis sie fast stockt. In diesem Temperaturbereich können sich nur die stabilen Kristalle ausbilden. Anschließend wird die Schokolade noch einmal leicht erwärmt. Die instabilen Kristallarten schmelzen, während die stabilen bleiben. Mit dem Temperieren erreicht man, dass die zwei stabilen Fettkristallarten wieder die Oberhand gewinnen und die Schokolade knackig und glänzend wird.

Die Qualität leidet, wenn Schokolade irgendwie schmilzt und unkontrolliert wieder fest wird, weil die instabilen Fettkristalle die Vorherrschaft übernehmen.

Eigentlich ist Schokolade schon durch die Erzeugung temperiert und kommt auch so in den Handel. Um die stabilen Kristalle zu erhalten, darfst du die kleingehackte Schokolade unter ständigem Rühren nicht über 32 °C erhitzen. Schokolade solltest du zum Schmelzen immer zerkleinern, da große Schokostücke die Wärme nicht gut leiten können.

ÖSTERREICHISCH-DEUTSCHES SPRACHENGEWIRR

Man will es nicht für möglich halten, dennoch kommt es auch innerhalb des deutschsprachigen Raumes immer wieder zu mehr oder weniger drolligen Missverständnissen und Verwechslungen aufgrund regional unterschiedlicher Bezeichnungen. Die folgende Übersicht ist ein Versuch, etwas Klarheit zu schaffen.

Bauchfleisch	Dicker Lappen, Bauchlappen
Beinfleisch	Zwerchrippe, Spannrippe, Querrippe
Beiried	Roastbeef
Bratlfett	Bratenfett
Bröckerl	Klümpchen
Buchteln	Ofennudeln, Rohrnudeln
Dampfl	Hefeansatz, Vorteig
Dicke Schulter	Dickes Bugstück, Dickes Blatt
Eidotter	Eigelb
Eierschwammerl	Pfifferlinge
Eiklar	Eiweiß
Einbrenn	Einmach
Erdäpfel	Kartoffeln
Faschierte Laibchen	Buletten,Frikadellen,Fleischpflanzerl
Faschiertes	Hack bzw. Hackfleisch
Fisolen	grüne Bohnen
Frankfurter	Wiener Würstchen
Garnelen	Krevetten
Gatsch	Matsch
Grammeln	Grieben
grieselig	körnig
Gschnatter Anschnitt	Hesse, Haxe
Hals	Nacken, Kamm
hantig	herb
Häuptelsalat	Kopfsalat
Hendl	Huhn
Heurige	Frühkartoffeln
Hieferscherzel (Hüferscherzel)	Huft, Blume, Rose, Mürbe Schoß
Hinteres Ausgelöstes	Fehlrippe, Abgedeckte Rippe, Siegelrippe, Mürbekamm
Kalbsschale (Kaiserteil)	Oberschale, Oberschlag, Kluft vom Kalb
Kalbsvögerl	ausgelöste Hesse bzw. Haxe
Karfiol	Blumenkohl
Karotte	Möhre
Karree	Rippenspeer
Kartoffelpuffer	Reibeküchlein, Reiberdatschi
Knödel	Kloß
Laibchen	Plätzchen, Frikadelle
letschert	zu weich, schlapp, nicht knusprig
Lungenbraten	Filet
Marille	Aprikose
Mehlbröckerl	Mehlklümpchen
Nockerl	Spätzle, Eiernudeln
Nuss	Schlussbraten
Obers	süße Sahne
Palatschinke	Pfannkuchen, Eierkuchen
Paradeiser	Tomate
Plastiksackerl	Plastiktüte
Powidl	passierte Zwetschgenmarmelade
Reindl	Kochtopf, Kasserolle, Bräter
Rostbraten	Hochrippe, Hochrücken, Schorrippe
Sauerrahm	saure Sahne
Schlagobers	Schlagsahne
Schlussbraten	Rose, Kleine Nuss
Schmalz	Schweinefett
Schopf(braten)	Hals, Kamm vom Schwein
Schwammerl	Pilz
Schwartel	Schwarte
Semmel	Brötchen
Semmelbrösel	Weckmehl
Senf	Mostrich
Stanitzel	Verpackung, Backbehelf, Tüte
Staubzucker	Puderzucker
Striezel	Zopf
Topfen	Quark
Weißes Scherzel	Rolle, Mäuserl, Rundes Schwanzstück, Walze
Zapfen	Schlussbraten

Ein herzliches Dankeschön

Ein besonderes Dankeschön der Firma Rist (www.rist.at), die uns für die Fotoaufnahmen Schneidebretter zur Verfügung gestellt hat.

REZEPTREGISTER